# VOCÊ É O UNIVERSO

DEEPAK CHOPRA
MENAS KAFATOS

# VOCÊ É O UNIVERSO

## CRIE SUA REALIDADE QUÂNTICA E TRANSFORME SUA VIDA

Tradução de
Maria Sylvia Corrêa
e Vera Caputo

Copyright © 2017 Deepak Chopra e Menas C. Kafatos
Copyright da tradução © 2017 Alaúde Editorial Ltda.

Título original: *You Are the Universe: Discovering Your Cosmic Self and Why It Matters*

Publicado mediante acordo com Harmony Books, um selo de The Crown Publishing Group, uma divisão da Penguin Random House LLC.

Todos os direitos reservados. Nenhuma parte desta edição pode ser utilizada ou reproduzida – em qualquer meio ou forma, seja mecânico ou eletrônico –, nem apropriada ou estocada em sistema de banco de dados sem a expressa autorização da editora.

O texto deste livro foi fixado conforme o acordo ortográfico vigente no Brasil desde 1º de janeiro de 2009.

PREPARAÇÃO: Mariana Padoan
REVISÃO: Cacilda Guerra e Dan Duplat
ADAPTAÇÃO DO ÍNDICE: Ana Luiza Candido
CAPA: Amanda Cestaro
IMAGEM DE CAPA: Suns07butterfly / ShutterStock.com

1ª edição, 2017
Impresso no Brasil

Dados Internacionais de Catalogação na Publicação (CIP)
(Câmara Brasileira do Livro, SP, Brasil)

Chopra, Deepak
   Você é o universo : crie sua realidade quântica e transforme sua vida / Deepak Chopra, Menas C. Kafatos ; tradução Maria Sylvia Corrêa, Vera Caputo. – São Paulo : Alaúde Editorial, 2017.

   Título original: You are the universe: discovering your cosmic self and why it matters
   ISBN: 978-85-7881-421-2

   1. Autoconsciência 2. Autoajuda 3. Espiritualidade 4. Física quântica 5. Terapia de transformação de realidade I. Kafatos, Menas C. II. Caputo, Vera. III. Título.

17-02109                                                                                      CDD-539

Índices para catálogo sistemático:
1. Física quântica 539

*O conteúdo desta obra, agora publicada pelo Grupo Editorial Alta Books, é o mesmo da edição anterior.*

2022
A Editora Alaúde faz parte do Grupo Editorial Alta Books
Avenida Paulista, 1337, conjunto 11
01311-200 – São Paulo – SP
www.alaude.com.br
blog.alaude.com.br

Acesse o QR Code para conhecer outros livros do autor.

Compartilhe a sua opinião sobre este livro usando a hashtag
#VocêÉOUniverso
nas nossas redes sociais:

/EditoraAlaude
/AlaudeEditora

# Sumário

**PREFÁCIO** Você e o universo são um só ..... 7

**PANORAMA** O princípio do Universo Humano ..... 13

## PARTE 1
**OS MISTÉRIOS CRUCIAIS** ..... 33

O que existia antes do big bang? ..... 35
Por que o universo é tão perfeitamente coeso? ..... 60
De onde veio o tempo? ..... 82
Do que é feito o universo? ..... 105
Existe "design" no universo? ..... 122
O mundo quântico tem relação com a vida cotidiana? ..... 139
Vivemos em um universo consciente? ..... 159
Como a vida começou? ..... 176
A mente é uma criação do cérebro? ..... 195

## PARTE 2
**ACEITANDO O SEU EU CÓSMICO** ..... 213

O poder da realidade pessoal ..... 215
De onde realmente viemos ..... 231
Sem risco nenhum ..... 247

Apêndice 1: Sinta-se à vontade com o qualia ..... 259
Apêndice 2: Como se comporta a consciência cósmica ..... 270

**AGRADECIMENTOS** ..... 275

**ÍNDICE** ..... 278

Prefácio

# VOCÊ E O UNIVERSO SÃO UM SÓ

Existe um relacionamento que tem sido mantido em segredo na vida de todas as pessoas. Não sabemos quando começou, mas somos totalmente dependentes dele. Se ele um dia terminasse, o mundo desapareceria como uma nuvem de fumaça. Trata-se de nosso relacionamento com a realidade.

É preciso que muitas coisas se encaixem com perfeição para que a realidade seja formada; no entanto, isso acontece sem que tomemos qualquer conhecimento. Vamos pensar na luz solar. É claro que o Sol não brilharia se não existissem estrelas, já que ele mesmo é uma estrela de porte médio que orbita ao redor do centro da Via Láctea, a galáxia em que moramos. Ainda existem alguns mistérios a serem desvendados sobre a formação das estrelas, do que são feitas, e como a luz surge nesse caldeirão incrivelmente quente que é o centro de uma estrela. Mas o segredo reside em outro lugar. Quando a luz viaja cerca de 150 milhões de quilômetros até a Terra, ela penetra na atmosfera e incide em algum ponto do planeta. Neste caso, os únicos pontos em que estamos interessados são os nossos olhos. Os fótons, esses pacotes de energia que transportam a luz, estimulam a retina no fundo dos olhos, dando início a uma cadeia de eventos que levam ao nosso cérebro e ao córtex visual.

É sabido que o milagre da visão reside no mecanismo pelo qual o cérebro processa a luz. Porém, a etapa mais importante desse processo, que consiste em converter a luz solar em visão, ainda é

## PREFÁCIO

um grande mistério. Não importa o que se enxergue – uma maçã, nuvens, montanhas ou árvores –, é a luz refletida nos corpos que os torna visíveis. Como isso ocorre? Ninguém sabe ao certo, mas a visão faz parte da fórmula secreta, pois enxergar é uma das maneiras mais fáceis de saber que algo é real.

O que faz da visão algo tão misterioso pode ser resumido em poucos fatos incontestáveis:

- Os fótons são invisíveis. Eles não são brilhantes, embora a luz solar assim nos pareça.
- O cérebro não contém luz alguma, é uma massa escura de células cuja textura parece a de um mingau de aveia, envolvida por um fluido não muito diferente da água do mar.
- Como não há luz no cérebro, tampouco há imagens ou figuras. Quando imaginamos o rosto de alguém que amamos, esse rosto não é reproduzido – como uma fotografia – em lugar nenhum do cérebro.

Atualmente, ninguém consegue explicar como esses fótons invisíveis, que sofrem reações químicas no cérebro e são convertidos em frágeis impulsos elétricos, geram essa realidade tridimensional que tratamos com tanta normalidade. Imagens digitalizadas do cérebro reconhecem a atividade elétrica, e é por isso que uma fMRI [Imagem por Ressonância Magnética Funcional] apresenta traços de luminosidade e cor. Portanto, *alguma coisa* acontece no cérebro, mas a real natureza da visão continua sendo um mistério. No entanto, nós sabemos de uma coisa: a criação da visão é algo feito por nós. Sem nossa percepção, o mundo inteiro – e este vasto universo que se expande em todas as direções – não existiria.

*Sir* John Eccles, famoso neurologista britânico premiado com um Nobel, afirmou: "As pessoas precisam entender que não existe nenhuma cor no mundo natural, nem som... nada. Nenhuma textura, nenhum padrão, nenhuma beleza nem odor". O que Eccles quer dizer é que todas as características da natureza, desde o perfume inebriante da rosa à picada de uma vespa e o sabor do mel, são produzidas pelos seres humanos. Trata-se de uma afirmação extraordinária, e nada fica de fora dela. A estrela mais distante, a bilhões de anos-luz, não é real sem alguém que a perceba, pois tudo o que a torna real – seu calor, sua luminosidade e massa, a posição no espaço e a imensa velocidade que desenvolve – depende de um observador humano com um sistema nervoso humano. Se não existisse ninguém para perceber calor, luminosidade, massa e assim por diante, nada existiria da maneira que conhecemos.

É por isso que esse relacionamento secreto é o mais importante que temos ou jamais teremos. Somos os criadores da realidade, entretanto não sabemos como fazemos isso – não há esforço nesse processo. Quando enxergamos, a luz ganha brilho. Quando ouvimos, a vibração do ar se transforma em sons audíveis. A atividade do mundo à nossa volta, em toda a sua riqueza, depende de como nos relacionamos com ele.

Esse conhecimento profundo não é novo. Na Índia antiga, os sábios védicos diziam *Aham Brahmasmi*, o que pode ser traduzido por "Eu sou o universo" ou "Eu sou tudo". Chegaram a esse conhecimento mergulhando fundo na própria consciência, onde fizeram descobertas surpreendentes. Essas pessoas desconhecidas foram Einsteins da consciência, cuja genialidade se comparava à do cientista que revolucionou a física do século xx.

Atualmente, examinamos a realidade através da ciência, e não admitimos haver duas realidades. Se é verdade que "eu sou o universo", a ciência moderna tem que apresentar provas disso, e ela assim o faz. Embora a ciência, de forma geral, trate de medições externas, dados e experimentos, visando a montar um modelo do mundo físico e não do mundo interior, há uma enorme quantidade de mistérios incompreensíveis por meio de medições, dados e experimentos. Longe da fronteira do espaço-tempo, a ciência deve adotar métodos novos a fim de responder a algumas questões básicas como "O que veio antes do big bang?" e "Do que é feito o universo?"

# PREFÁCIO

Apresentamos nove dessas questões, os maiores e mais desconcertantes enigmas enfrentados pela ciência atual, mas o nosso objetivo não é simplesmente colocar nas mãos do leitor mais um livro de divulgação científica. Nós temos um propósito, que é o de trazer à luz esse relacionamento oculto. Queremos mostrar que este é um universo participativo, cuja existência depende dos seres humanos. Neste exato momento, um grupo crescente de cosmólogos – cientistas que procuram explicar a origem e a natureza do cosmos – desenvolve hipóteses sobre um universo completamente novo, um universo vivo, consciente e em evolução. Tal universo não se encaixa em padrões preexistentes. Não se trata do cosmos da física quântica nem da Criação descrita no Gênesis como sendo o trabalho de um Deus todo-poderoso.

Um universo consciente reage a como pensamos e sentimos. Sua forma, cor, som e textura derivam de nós. Portanto, consideramos que o melhor nome para ele é *Universo Humano*, que é o universo real, o único que temos.

Mesmo uma pessoa pouco familiarizada com a ciência – ou que apresente pouco interesse por ela – se interessará pelo funcionamento da realidade. A maneira pela qual encaramos a vida importa a cada um de nós, claro, e a vida de todos está atrelada à matriz da realidade. O que significa ser humano? Se a realidade é que somos pontinhos insignificantes na vacuidade imensa e escura que é o espaço cósmico, temos que aceitar isso. Por outro lado, se somos criadores da realidade e vivemos em um universo consciente que reage à nossa mente, temos que aceitar isso. Não há meio-termo nem uma segunda realidade que possa ser escolhida só porque gostamos mais dela.

Vamos agora iniciar a jornada. A todo momento, vamos deixar que você desenvolva seu próprio julgamento. Para questões como "O que veio antes do big bang?", lhe apresentaremos as melhores respostas que a ciência já apresentou, acompanhadas das razões pelas quais elas ainda não são satisfatórias. Assim, fica aberto o caminho para se investigar respostas inteiramente novas em um universo de respostas oferecidas pela vivência de todos. Provavelmente, esta é a grande surpresa: que a sala de controle da criação da realidade esteja nas experiências que cada um de nós vive todos os dias. Uma vez revelado como esse processo criativo funciona, você estará diante de uma visão de si completamente diferente da que tinha antes. Tanto a ciência como a espiritualidade, dois dos grandes prismas da nossa visão de mundo através da história, contribuem para nosso objetivo principal, que é descobrir o que é "realmente" real.

Uma verdade desconcertante vem emergindo à nossa volta: o universo atual não tem funcionado como deveria. Enigmas demais têm se acumulado. Alguns tão desnorteantes que o próprio método utilizado para responder a eles está sendo questionado. Existe, então, uma brecha para encontrarmos uma abordagem completamente nova, o que alguns chamam de "mudança de paradigma".

Um paradigma é o mesmo que um modelo de visão de mundo. Se nosso paradigma se baseia em uma crença religiosa, a Criação necessita de um Criador, um sujeito divino que tenha ordenado a deslumbrante complexidade cósmica. Se nosso paradigma se baseia no Iluminismo do século XVIII, ainda pode existir um Criador, mas esse ser não tem relação alguma com o funcionamento cotidiano do mecanismo cósmico – talvez se pareça um pouco mais com um relojoeiro, que colocou a máquina para funcionar e saiu de cena. Os paradigmas não param de mudar, tanto por conta da curiosidade humana quanto por estarmos usando, nos últimos quatrocentos anos, as lentes apresentadas pela ciência. Neste momento, o paradigma que predomina na ciência proclama um universo incerto e aleatório destituído de propósito e significado. Qualquer um que lide com essa visão de mundo tem a sensação de que avanços estão constantemente acontecendo. Mas devemos lembrar que, para um erudito cristão do século XI, o avanço na direção da verdade divina também era constante.

Os paradigmas realizam a si mesmos, então a única maneira de causar uma mudança radical é abandoná-los. É o que pretendemos fazer com este livro: abandonar um paradigma antigo e mergulhar em um novo. Mas há um porém. Novos paradigmas não podem apenas ser escolhidos de uma prateleira qualquer. Precisam ser testados, o que pode ser feito com uma pergunta simples: A nova visão de mundo explica melhor os enigmas do universo que a antiga? Acreditamos que o Universo Humano *deva* prevalecer, pois não é apenas um adendo a uma teoria preexistente qualquer.

Se o Universo Humano existe, isso significa que deva existir para cada um de nós como indivíduos. O universo atual está "aí", abrangendo distâncias enormes, com pouca ou nenhuma relação com o nosso modo de viver o dia a dia. Porém, se tudo à nossa volta precisa da nossa participação, somos tocados pelo cosmos a cada instante. O maior mistério, para nós, é como um ser humano cria a própria realidade e depois se esquece do que fez. Apresentamos este livro como um guia para que cada um se lembre de quem realmente é.

Essa mudança para um novo paradigma está acontecendo. As respostas apresentadas neste livro não são invenções ou voos excêntricos da imaginação. Todos nós vivemos num universo participativo. Uma vez que alguém decida participar dele inteiramente, de corpo e alma, essa mudança de paradigma se torna pessoal. A realidade que habitamos será nossa, seja para acolhê-la, seja para mudá-la.

Não importa quantos bilhões sejam gastos em pesquisa científica, não importa quão fervorosa seja a fé dos religiosos em um Deus, o que importa, por fim, é a realidade. Os argumentos que embasam o conceito de Universo Humano são muito fortes; fazem parte da mudança de paradigma que emerge à nossa volta. O motivo pelo qual afirmamos que "Você é o universo" é que a verdade começa a partir disso.

Panorama

# O PRINCÍPIO
# DO UNIVERSO HUMANO

Há uma fotografia de Albert Einstein ao lado do homem mais famoso do mundo, que era ninguém menos que Charles Chaplin, o grande comediante. Em 1931, em visita a Los Angeles, Einstein o encontrou por acaso nos estúdios da Universal, onde acabou recebendo um convite para assistir à estreia de *Luzes da cidade*, novo filme de Chaplin. Observando a foto, em que ambos estão vestindo *smoking* e sorrindo largamente, é espantoso pensar que Einstein era, na verdade, o segundo homem mais famoso do mundo.

Sua fama mundial não estava relacionada ao grau de compreensão que as pessoas em geral tinham da sua teoria da relatividade.[*] As teorias de Einstein pertenciam a uma esfera muito acima da vida cotidiana. Só isso já era de espantar. O filósofo e matemático britânico Bertrand Russell não era especialista em física, mas, quando os conceitos de Einstein lhe foram explicados, ele exclamou: "E pensar que passei a vida inteira como um perfeito idiota". (Russell acabou escrevendo uma explicação brilhante para leigos: *ABC da relatividade*.)

Um sujeito mediano conseguia entender que, de alguma forma, a relatividade conseguiu subverter tempo e espaço. $E = mc^2$

---

[*] Embora seja comum referir-se a ela como teoria da relatividade, Einstein divulgou suas ideias revolucionárias em duas etapas: primeiramente, na teoria da relatividade especial, em 1905, depois na grande teoria da relatividade geral, em 1915.

era a equação mais famosa da história, mas seu significado parecia pouco se aproximar da vida cotidiana. As pessoas continuavam levando a vida como se nada dos conceitos profundos de Einstein tivesse alguma importância, pelo menos em termos práticos.

Mas essa suposição acabou se revelando errônea.

Quando as teorias de Einstein abordaram tempo e espaço, algo real aconteceu: o tecido do universo foi rasgado e depois recosturado na forma de uma nova realidade. Mas poucos compreenderam que Einstein imaginou essa nova realidade; ele não estava apenas lidando com a matemática numa lousa. Desde a infância, ele tinha uma capacidade notável de conceber problemas complicados. Quando estudante, tentou imaginar como seria viajar à velocidade da luz. A velocidade da luz tinha sido calculada em 300.000 km/s, mas Einstein achava que a luz tinha algo misterioso que ainda não fora descoberto. Diferentemente do que alguém que estuda física faria, ele não se perguntava sobre as propriedades da luz ou sobre como ela seria, mas, sim, sobre como seria a *experiência de orientar um raio de luz*.

Por exemplo, a relatividade tem como princípio que todos os observadores que venham a medir a velocidade da luz chegarão ao mesmo resultado, mesmo que se movimentem em velocidades diferentes, em sentido oposto ou de encontro um ao outro. Isso implica que nada no universo físico poderia se locomover mais rápido que a velocidade da luz. Então, vamos imaginar que estamos nos movendo fundamentalmente na velocidade da luz e lançamos uma bola de beisebol. Ela sairia da mão? Afinal, já estamos no limite absoluto, não é possível aumentar mais a velocidade. Se a bola saísse da mão, como reagiria?

Assim que definia uma imagem mental para o problema, Einstein procurava uma solução que fosse igualmente intuitiva. O que faz das soluções dele fascinantes – sobretudo para nossos propósitos – é quanto de imaginação estava envolvido. Por exemplo, Einstein imaginou um corpo em queda livre. Para alguém vivenciando essa experiência, a impressão seria de gravidade zero. Se essa pessoa tirasse uma maçã do bolso e a largasse, a maçã pareceria flutuar no ar ao lado dela, dando a impressão, novamente, de gravidade zero.

Com essa imagem em mente, Einstein teve um pensamento revolucionário: talvez não haja mesmo *nenhuma* gravidade nessa situação. A gravidade era considerada, até então, como uma força que atua entre dois corpos, mas o que ele enxergou foi simplesmente um espaço-tempo curvado, ou seja, o espaço e o tempo seriam afetados pela presença de massa. Então, na vizinhança de objetos colapsados como buracos negros, esse espaço-tempo curvado resultaria na dilatação do tempo até o ponto em que ele para, como veriam observadores distantes. Porém, alguém localizado junto desse corpo em queda não perceberia nada de incomum. Rebaixar a gravidade da sua condição de força foi um dos aspectos mais chocantes da relatividade.

É possível ver na prática o que Einstein imaginou quando vemos astronautas sendo treinados em condições de gravidade zero em aviões. Pela câmera, nós os vemos flutuando no ar, completamente livres de gravidade, e qualquer corpo solto dentro desse espaço também não apresenta peso. O que a câmera não mostra é que, para atingir essa sensação de gravidade zero, a aeronave está sendo acelerada durante a queda livre o suficiente para neutralizar o campo gravitacional da Terra. A aceleração transforma a gravidade em uma condição mutável.

E o que dizer de outras coisas que damos como fixas e confiáveis? Einstein causou uma ruptura decisiva também em relação ao tempo. No lugar de uma noção de tempo absoluta, dada como certa antes da relatividade, ele descobriu que a noção de tempo é alterada pelo referencial de um observador, e também se estiver próximo de um campo gravitacional muito intenso. Essa noção ficou conhecida como "dilatação do tempo". Assim, para um astronauta, o relógio da Estação Espacial Internacional parece funcionar normalmente, enquanto, em relação aos relógios da Terra, está ligeiramente mais rápido. Um viajante que se aproxima da velocidade da luz não perceberia diferença alguma nos relógios do foguete espacial, mas, em relação a um relógio da Terra, eles estariam desacelerando. Relógios que estejam próximos de campos gravitacionais muito intensos são mais lentos que aqueles na Terra, por exemplo.

A relatividade nos mostra que não existe tempo absoluto. Universo afora, os relógios não podem ser sincronizados. Eis um exemplo extremo: uma nave espacial que se aproxima de um buraco negro seria afetada por sua intensa atração gravitacional de tal modo que, para um observador na Terra, os relógios da nave estariam drasticamente mais lentos, mostrando um tempo infinito para cruzar o horizonte do buraco negro até ela ser sugada por ele. Enquanto isso, para a equipe dentro da nave que está caindo em direção ao buraco negro, a passagem do tempo seguiria normalmente até que, de repente, os tripulantes fossem esmagados pela imensa atração gravitacional desse corpo.

Embora esses efeitos já fossem conhecidos há cerca de um século, algo novo ocorreu agora: a relatividade tem de fato importância na vida diária. Na Terra, os relógios são mais lentos que no espaço, distante da atração gravitacional. Então, à medida que os relógios se afastam de um determinado campo gravitacional, eles se aceleram ou, em termos mais corretos, parecem se acelerar, o que significa que os satélites usados para nos fornecer coordenadas de GPS têm relógios mais rápidos que os aqui da Terra. Quando consultamos o aparelho de GPS do carro para nos localizarmos, a resposta seria errada, ainda que por pouco, a menos que os relógios do satélite estejam de acordo com o horário terrestre. ("Pouco" ainda seria o suficiente para errar nossa localização na medida de vários quarteirões, uma falha desastrosa para um sistema que se pretende orientar por meio de um mapa.)

Einstein iniciou sua jornada até a teoria da relatividade especial com suas imagens mentais, e isso é extremamente importante para os nossos propósitos. Ele mesmo ficou surpreso ao perceber que esse trabalho puramente mental acabou de fato correspondendo ao funcionamento da natureza. Sim, e tudo o que a teoria previu se concretizou, incluindo os buracos negros e a desaceleração temporal na presença de forças gravitacionais muito intensas. Einstein percebeu que tanto o tempo quanto o espaço, a matéria e a energia são intercambiáveis. Essa ideia foi o suficiente para que desmoronasse o entendimento comum dos cinco sentidos, pois nada do que vemos, ouvimos, provamos, tocamos ou cheiramos é confiável.

Podemos verificar esse fato ao fazer uma visualização. Vamos nos imaginar num trem em movimento. Olhamos pela janela e observamos um segundo trem em um percurso paralelo ao nosso. Porém, esse outro trem não parece estar avançando, portanto, de acordo com nossos olhos, ele só pode estar parado. Mas essa percepção é relativa, pois tanto o nosso trem como o outro apresentam a mesma velocidade ao se deslocarem um em relação ao outro. Mentalmente, todos nós nos ajustamos às ilusões que nossos sentidos produzem. Nós nos conformamos com a ilusão de que o sol nasce no Leste e se põe no Oeste. O tom da sirene de um caminhão dos bombeiros é mais agudo ao se aproximar de nós numa estrada e mais grave ao se afastar. Mentalmente sabemos que o som da sirene não se alterou. As mudanças no tom são uma ilusão criada pelas nossas orelhas.

Não podemos confiar em nenhum dos sentidos, igualmente. Se dissermos que vamos colocar a mão de alguém em um balde de água fervente, mas, em vez disso, a mergulhamos em água gelada, a maior parte das pessoas vai gritar como se a água estivesse quente. A expectativa mental faz o sentido do tato emitir uma falsa ideia de realidade. Então, a relação entre o que pensamos e o que vemos é uma via de mão dupla. A mente consegue desvirtuar o que vê, mas os olhos também enganam a mente com ilusões. (Isso lembra um incidente que aconteceu de verdade com um conhecido. Quando ele entrou em casa, sua esposa lhe pediu que se livrasse de uma aranha imensa que estava na banheira. Ele foi até lá e afastou a cortina. Do andar de baixo, a mulher o ouviu dar um grito. Ele achou que estava vendo a maior aranha do mundo. Como era 1º de abril, ela tinha colocado uma lagosta viva na banheira!)

Se a mente consegue enganar os sentidos e os sentidos conseguem enganar a mente, de repente a realidade se torna menos consistente. Como podemos confiar em uma "realidade" externa se ela é influenciada pelo movimento que descrevemos ou pelo campo gravitacional em que nos encontramos? Talvez Einstein tenha contribuído mais do que qualquer outra pessoa – até o advento da mecânica quântica – para criar a sensação esquisita de que nada é como parece. Consideremos esta citação dele sobre o tempo: "Percebi que o passado e o futuro são ilusões que existem apenas no presente, que é o que existe, é tudo o que existe". É difícil imaginar uma afirmação mais radical, e o próprio Einstein não ficava à vontade com quão precária é a nossa aceitação do mundo cotidiano – afinal, aceitar que o passado e o futuro são ilusões desestabilizaria um mundo que funciona com base na suposição de que a passagem do tempo é completamente real.

## Será que tudo é relativo?

O ano de 2015 marcou o centésimo aniversário da versão final de Einstein sobre a teoria da relatividade, conhecida como teoria da relatividade geral; no entanto, suas implicações mais radicais ainda não foram absorvidas, pelo menos não no que diz respeito ao que é real e o que é ilusório. Estamos acostumados a aceitar a relatividade no dia a dia apesar de não a classificarmos dessa forma. Se nosso filho desenha na parede, joga comida no chão ou faz xixi na cama, provavelmente aceitaremos melhor esse comportamento do que se o filho do vizinho fizer as mesmas coisas em nossa casa. Também estamos acostumados a aceitar as ilusões que a mente cria sobre o que nossos sentidos detectam. Digamos que uma pessoa vá a uma festa e saiba de antemão que o sr. X vai estar lá, e ele está sendo processado por muitos furtos e invasão de domicílios na região. Na festa, o sr. X se dirige a ela e pergunta casualmente: "Onde você mora?" Nesse caso, a resposta gerada na mente dessa pessoa pelos sons detectados através do mecanismo da audição será muito diferente da resposta gerada caso uma pessoa insuspeita tivesse feito a mesma pergunta.

Einstein conseguiu imaginar que um corpo em movimento pareceria estar viajando a velocidades diferentes se observado por alguém montado num raio de luz e por uma pessoa em outro corpo também em movimento. Se a velocidade de um corpo qualquer é mensurada a partir do tempo que ela leva para percorrer uma certa distância, de repente o tempo e o espaço tinham que ser relativos também. Em pouco tempo essa corrente argumentativa de Einstein ficou complicada – ele passou dez anos, de 1905 a 1915, consultando matemáticos a fim de formular corretamente sua teoria. No final, a teoria da relatividade geral foi aclamada como o mais importante feito científico já alcançado por uma única mente. Não devemos perder de vista, porém, que Einstein decodificou o conhecimento sobre espaço, tempo, matéria e gravidade a partir da *experiência* de visualização mental.

Será que isso prova que estamos criando nossa própria realidade de acordo com nossas experiências? É claro que sim. A todo momento estamos nos relacionando com a realidade através de uma infinidade de filtros que são exclusivamente de cada um. Gostamos de alguém que outra pessoa não aprecia. De uma cor que consideramos bonita, mas que outra pessoa acha feia. Uma determinada entrevista de emprego nos coloca em situação de estresse, mas não afeta outro candidato mais autoconfiante. Na verdade, a questão não é se estamos criando a realidade – todos nós estamos –, mas até onde vão nossas intervenções. Existe algo "externo" que seja real independentemente de nós? A resposta é não. Tudo o que é tido como real, de uma partícula subatômica aos bilhões de galáxias, do big bang a um possível fim do universo, está vinculado à observação e, consequentemente, ao ser humano. Jamais saberemos se algo é real para além de nossa experiência. Queremos deixar claro que não estamos tomando uma posição não científica nem contra a ciência. Enquanto Einstein estava visualizando em sua mente imagens que subverteriam o tempo e o espaço, outros pioneiros da física quântica estavam desmantelando a realidade do dia a dia de maneira ainda mais radical. Enquanto as teorias da relatividade eram, sobretudo, fruto do trabalho de uma pessoa (com alguma ajuda de colegas), a física quântica foi sendo desenvolvida coletivamente por muitos físicos europeus. Corpos sólidos passaram a ser vistos como nuvens de energia. Observou-se que a maior parte de um átomo é, na verdade, um grande espaço vazio (se um próton fosse do tamanho de um grão de areia colocado no centro de um estádio de futebol, um elétron orbitando esse próton estaria na altura da cobertura do estádio).

A revolução quântica que explodiu na época de Einstein eliminou, um a um, cada aspecto do mundo "externo" em que achávamos que podíamos confiar. Intelectualmente, as consequências foram devastadoras. Há um famoso aforismo do iminente astrônomo e físico britânico *Sir* Arthur Eddington, ao observar as peculiaridades do campo da quântica: "Algo desconhecido está fazendo sabe-se lá o quê". Essas palavras são normalmente tomadas como uma brincadeira de um tempo passado. Eddington, que apresentou algumas das primeiras provas de que a teoria da relatividade de fato tinha respaldo na prática, viveu antes do período em que a física se voltou para encontrar uma explicação total do cosmos – uma teoria de tudo –, que alguns acreditam estar bem próxima de ser descrita.

Mas esse gracejo (algo que Eddington gostava de fazer) deve ser levado a sério. Mesmo uma mente confiante como a de Stephen Hawking meio que desistiu dessa teoria de tudo, contentando-se com uma miscelânea de teorias menores que vão poder explicar aspectos específicos do funcionamento da realidade, não o todo. Será mesmo verdade que a realidade é tão enigmática que todos nós temos estado enganados sobre ela desde que nascemos?

## O quantum e os meticulosos planos da física

A relatividade é uma teoria capaz de dar tantos nós na nossa mente que, na imaginação popular, ela parece ser o ponto máximo ao qual a física consegue chegar, mas isso está longe de ser verdade. A história sobre o que é ou não real sofreu uma guinada impressionante conhecida como "revolução quântica". Isso não aconteceu independentemente do trabalho de Einstein. Há muito conhecimento envolvido em $E = mc^2$, conhecimento este que se aplica aos mais diversos fenômenos, como buracos negros e fissão de átomos. De certa forma, porém, o aspecto mais surpreendente da equação $E = mc^2$ é o sinal de igualdade.

"Igual" significa "equivalente a" e, neste caso, energia é o mesmo que massa (matéria), ou massa é equivalente a energia. Nada consegue ser mais incrível, pois, no que diz respeito aos cinco sentidos, uma duna de areia, um eucalipto e um pão (todos apresentam massa) são inteiramente diferentes de um relâmpago, um arco-íris e o magnetismo que move a agulha de uma bússola (energia). Mas a fórmula de Einstein já foi comprovada inúmeras vezes. Não se pode dizer o mesmo dos problemas que ela gerou. Ao retratar a impermanência da natureza, com matéria possivelmente se transformando em energia como em reações nucleares, $E = mc^2$ levantou a questão sobre como esse tipo de comportamento funciona.

Para incômodo de quem confia no mundo corriqueiro das dunas, árvores e arco-íris, percebeu-se que as bases da natureza, conhecidas como partículas subatômicas, às vezes se comportam como energia e outras vezes, como matéria. O exemplo mais simples é a luz. Quando age como energia, a luz se comporta como onda; essas ondas podem ser separadas em comprimentos de onda – por isso o arco-íris e o prisma demonstram que a luz solar – branca – é, na verdade, a união de várias cores distintas, cada uma com um comprimento de onda característico. Mas, quando a luz se comporta como matéria, viaja em partículas (fótons), que são pacotes discretos de energia. Em latim, a palavra para "quantidade" é *quantum*, e foi ela a escolhida pelo físico alemão Max Planck, que deu início à revolução quântica, em dezembro de 1900, e ganhou o Prêmio Nobel em 1918. O termo designa a menor quantidade, ou pacote, de energia.

Se $E = mc^2$ leva a crer que a natureza pode ser, em princípio, reduzida a uma simples equação – algo em que Einstein acreditou até o fim de sua vida –, o avanço atingido pela teoria da relatividade estava caminhando para uma colisão com a teoria quântica, cujas equações não são compatíveis com a relatividade geral. Essa colisão incomoda os físicos ainda hoje, e causou uma ruptura na história do que é real e do que não é. Superficialmente, essa dificuldade não parece ter muita importância. É só uma questão de coisas grandes *versus* coisas pequenas. Da maçã de Newton às extensas galáxias, todas as coisas grandes do mundo se comportam de acordo com o que diz a teoria da relatividade geral de Einstein. Mas as coisas pequeninas, os quanta, ou partículas subatômicas, obedecem a um conjunto distinto de regras, o que é bastante estranho, ou assustador, nas palavras do próprio Einstein.

Em breve chegaremos aos detalhes desse comportamento bizarro, mas, por ora, o importante é a visão geral. No final dos anos 1920, era consenso que as teorias da relatividade e da física quântica tinham sido ambas muito bem-sucedidas em seus propósitos, bem como que as duas não se articulavam. A questão candente era a gravidade e seus incríveis efeitos não lineares (curvos). Einstein havia revolucionado a noção de gravidade ao usar visualizações mentais para levantar novas questões. Além da imagem de um corpo em queda livre, mencionada anteriormente, vejamos outra. Einstein imaginou uma pessoa em um elevador que está subindo acelerado.

A pessoa sente seu peso aumentar, mas, como sua perspectiva é de quem está confinado no elevador, não consegue perceber por que parece estar ficando mais pesada. A causa disso poderia ser uma mudança na gravidade ou consequência de um movimento acelerado. As duas explicações funcionam, por isso Einstein considerou que a gravidade não tem o *status* privilegiado de uma força.

Em vez disso, deveria ser incluída na transformação constante da natureza, só que nesse caso a mudança não é de matéria para energia e vice-versa. A gravidade passa da posição de ser uma força constante à de ser uma curvatura no espaço-tempo, que varia de um lugar para outro. Vamos imaginar que estamos atravessando uma superfície plana de neve em um dia de inverno. De repente, escorregamos e caímos em um bueiro escondido pela neve. Num piscar de olhos, deslizamos pela superfície curva do bueiro, mais rapidamente do que na superfície plana, e o nosso peso aumenta, como vamos descobrir quando colidirmos com o fundo do bueiro. Analogamente, o espaço é curvo ao redor de grandes corpos, como estrelas e planetas. Einstein supôs que a gravidade, através da curvatura do espaço, curvaria a trajetória retilínea da luz que se aproximasse de tais corpos. (Foi extremamente incrível a prova dessa hipótese em 1919. Vamos tratar disso mais adiante.)

De uma só vez, Einstein levou a gravidade de sua posição de força à de elemento da geometria espaço-temporal. Porém, no lado quântico dessa história, os físicos ainda se referem à gravidade como uma das quatro forças fundamentais da natureza. Observou-se que as outras três forças – o eletromagnetismo e as forças nucleares forte e fraca – teriam um comportamento semelhante ao da luz, ora como onda, ora como partículas. Mas durante décadas ninguém conseguiu detectar ondas gravitacionais nem partículas gravitacionais (já denominadas "grávitons"). Portanto, a detecção de ondas gravitacionais no final de 2015 foi uma notícia extraordinária.

Surpreendentemente, a teoria da relatividade geral de Einstein previu tais ondas, embora à época ninguém tivesse a mais vaga ideia de como detectá-las. Mesmo munidos de tecnologias modernas extremamente sofisticadas, detectar ondas gravitacionais parecia impossível devido à sua sutileza. De maneira simplória, conseguimos imaginar o big bang provocando ondulações no tecido do espaço há 13,7 bilhões de anos, porém as tentativas de detectar essas ondas sempre esbarravam em alguns problemas. Em primeiro lugar, há a interferência da radiação de fundo, o que significa que localizar ondas gravitacionais seria, aproximadamente, como jogar uma pedrinha no mar bravo e querer identificar o distúrbio causado por ela.

Depois, o projeto denominado Observatório de Ondas Gravitacionais por Interferômetro Laser (LIGO, na sigla em inglês) foi fundado com a ambiciosa meta de construir gigantescos dispositivos de 2 quilômetros calibrados a 1/1000 do raio do núcleo de um átomo a fim de captar os indícios de ondas gravitacionais cósmicas, não necessariamente do big bang. Teoricamente, as ondulações gravitacionais poderiam ser causadas por cataclismos imensos no espaço sideral.

Por coincidência, em setembro de 2015, alguns dias depois de o LIGO entrar em funcionamento, ondas gravitacionais provocadas há 1,3 bilhão de anos pela colisão de dois buracos negros passaram pela Terra e foram detectadas. Uma ocorrência desse tipo provoca ondulações que se propagam através do espaço-tempo na velocidade da luz. O êxito do LIGO marca o início de novas formas de mensurar o universo, pois as ondas gravitacionais podem atravessar as estrelas, revelando o seu núcleo, normalmente oculto. Elas podem levar os cosmólogos até os primórdios do universo, propiciando novas descobertas, como a da formação dos buracos negros.

Contudo, em um panorama mais amplo da ciência moderna, as ondas gravitacionais são irrelevantes. Elas servem como distração ante enigmas não solucionados que, estes sim, poderiam de fato mudar o paradigma da nossa noção de realidade. Por exemplo, a detecção das ondas gravitacionais não foi uma surpresa, nem mesmo uma ruptura, em termos da compreensão do universo. Ela concretizou uma previsão de quase um século atrás e a maioria dos físicos tinha certeza de sua existência. O cosmos não ganhou um novo fenômeno.

A maioria dos físicos vai reconhecer que ainda há uma quebra na história da realidade. Acontece que essa quebra leva a uma possibilidade maravilhosa. A nossa mente, incluindo o fluxo diário dos pensamentos que passam pela nossa cabeça, pode estar influenciando a realidade "externa". Talvez seja por isso que as coisas pequenas não se comportam como as grandes. Por exemplo, vamos imaginar um limão, com sua superfície esverdeada e rugosa e sua casca oleosa. Agora, uma faca corta o limão ao meio. Gotinhas do sumo espirram enquanto a faca atravessa a polpa clara do limão.

Enquanto imaginava isso, você salivou? Essa seria uma reação previsível, pois as imagens mentais do limão são o suficiente para gerar a mesma resposta física no corpo humano que um limão de verdade. Esse é um exemplo de uma ocorrência "interna" provocando uma ocorrência "externa". As moléculas que enviam a mensagem do cérebro para as glândulas salivares não são diferentes das moléculas "exteriores", de limões, pedras e árvores. O corpo, afinal, apresenta a mesma condição de um objeto físico.

Nossa mente realiza esse tipo de feito sobre a matéria constantemente. Todo pensamento demanda uma alteração física no cérebro, descendo até o nível da atividade de nossos genes. Microvolts de eletricidade são disparados através de bilhões de neurônios enquanto reações químicas ocorrem nas sinapses (ou brechas) que separam as células cerebrais. Mas o padrão dessas ocorrências não é automático; ele muda de acordo com o modo como experimentamos o mundo.

Através dessa descoberta, de que o ato da observação – apenas olhar – não é passivo, o fato de a mente se sobrepor à matéria atrapalha os delicados planos da física. Se passarmos os olhos pelo cômodo onde estamos neste momento, as coisas que observamos – paredes, móveis, luminárias, livros – não se alteram. O nosso olhar parece completamente passivo. Mas, no que diz respeito ao que está acontecendo "internamente", nenhum olhar é passivo. À medida que o olhar pousa em diferentes objetos, acontece uma alteração na atividade do córtex visual em nosso cérebro. Se por acaso topamos com um camundongo em algum canto, pode ser que uma profusão de atividades se inicie em nosso cérebro. No entanto, damos como certo que enxergar é algo passivo para o ambiente "externo". Foi aí que a mecânica quântica causou um desconforto.

Se passamos das coisas grandes para as pequenas, observar fótons, elétrons e outras partículas subatômicas, um fenômeno misterioso ocorre, conhecido como "efeito do observador". Já mencionamos que os fótons e outras partículas elementares podem se comportar tanto como onda quanto como partícula, mas não podem ser as duas coisas ao mesmo tempo. De acordo com a teoria quântica, contanto que um fóton ou um elétron não esteja sendo observado, ele age como onda. Uma das características das ondas é que elas se propagam em todas as direções; quando observamos o comportamento ondulatório, não há como usar uma tachinha e localizar o fóton. No entanto, assim que o fóton ou o elétron é observado, ele age como partícula, apresentando uma localização específica, além de outras características como carga elétrica e momento.

Vamos deixar para depois os princípios da complementaridade e da incerteza, dois conceitos fundamentais do comportamento quântico. Por ora, vamos nos concentrar na possibilidade de que pequeninas coisas "externas" possam ser alteradas simplesmente por meio da observação, que é um ato mental. Nosso senso comum torna difícil aceitarmos isso, pois estamos muito acostumados a pensar na visão como um ato passivo. Vamos voltar ao camundongo no canto do cômodo. Quando enxergamos esse pequeno animal, em geral ele fica paralisado e depois sai correndo na tentativa de escapar de um provável ataque. Ele percebeu nosso olhar e isso provocou sua reação. Será que um fóton ou um elétron consegue perceber o olhar de um cientista?

Essa questão em si já soa despropositada para cientistas que sustentam, como faz a maioria, que a mente não faz parte da natureza, pelo menos não até que uma série de eventos evolutivos levaram à existência de vida humana na Terra. Há séculos a crença científica mais comum é a de que a natureza é tanto aleatória quanto irracional. Portanto, como um proeminente físico contemporâneo como Freeman Dyson pode fazer a seguinte afirmação?

> No laboratório, os átomos são esquisitos, comportando-se como agentes ativos e não como substâncias inertes. Fazem escolhas imprevisíveis entre possibilidades alternativas, de acordo com as leis da mecânica quântica. Parece que a mente, no sentido de capacidade de fazer escolhas, é algo até certo ponto inerente a todos os átomos.

Essa afirmação de Dyson é ousada em dois pontos, pois ela denota que os átomos fazem escolhas, o que é sinal de raciocínio, e afirma que o próprio universo manifesta a mente. Em apenas uma tacada, abre caminhos sobre a reação das grandes e das pequenas coisas. Em vez de os átomos reagirem de modo totalmente diferente do das nuvens, árvores, elefantes e planetas, eles apenas pareceriam diferentes. Se observamos a poeira em um raio de luz, o movimento dela parece inteiramente aleatório, que é como a física dos corpos em movimento (cinemática) a descreveria. Outra visualização mental, porém, ajuda a esclarecer essa situação.

Vamos imaginar que estamos ao lado de um físico no mirante do Empire State Building. Estamos ambos contemplando a rua lá embaixo. Nas esquinas, carros viram à esquerda, outros, à direita. Este padrão é aleatório? Sim, responde o físico. É possível fazer uma série estatística mostrando que, num dado período de tempo, muitos carros tanto pegam a direita quanto a esquerda. Além disso, ninguém vai conseguir prever com segurança se o carro seguinte vai virar à direita ou à esquerda – a probabilidade é de 50/50. Mas sabemos que as aparências enganam neste caso. Todos os motoristas dos carros têm um motivo para virar à direita ou à esquerda, portanto nenhuma curva é aleatória. Basta saber a diferença entre escolha e acaso.

Na ciência, o conceito de acaso é tão preponderante que mencionar a possibilidade de escolha chega a ser absurdo, no tocante a corpos físicos. Vamos considerar o nosso planeta: todos os elementos químicos mais "pesados" – inclusive muitos metais comuns e elementos radioativos, como o urânio e o plutônio – foram dispersos no espaço por conta da explosão de estrelas gigantes conhecidas como "supernovas".

Sem essas explosões, nem o calor impressionante de estrelas comuns, como o nosso Sol, seria suficiente para fundir os átomos em elementos mais pesados. Quando uma supernova explode, esses elementos pesados viram poeira estelar. A poeira se junta em nuvens, que, no caso do sistema solar, finalmente aglutinam-se e viram planetas. O núcleo fundido da Terra é composto de ferro, mas existem correntes que levam um tanto desse ferro até a superfície do planeta. Um pouco desse ferro também se dissolve nos oceanos e nas camadas superiores do solo. Assim obtemos o ferro que deixa nosso sangue vermelho e nos permite respirar, recolhendo o oxigênio do ar.

Ainda que os grãozinhos de poeira que flutuam num raio de luz sejam exatamente iguais à poeira estelar que flutua aleatoriamente pelas galáxias, o destino de parte dessa poeira foi único: transformou-se em um aspecto vital da vida na Terra. Nós, seres humanos, agimos com propósito, significado, sentido e intenção – o oposto do aleatório. Como é que algo aleatório se tornou não aleatório? Como é que uma poeira sem significado produziu o corpo humano, que é o veículo que utilizamos para correr atrás de tudo o que faz sentido na vida? Se Freeman Dyson estiver certo, a resposta é a mente. Se a mente liga as pequenas coisas às grandes, então não há sentido em dividir o universo em eventos aleatórios e não aleatórios. A mente pode estar em todos os lugares, e nossa vida de fato reflete isso.

## Um poeta encontra uma saída

Como Einstein é praticamente o ícone de uma mente brilhante, as pessoas não percebem que, depois do grande triunfo da teoria da relatividade geral, elaborada quando tinha apenas uns trinta e poucos anos, o cientista apostou no lado errado da física moderna, pois não conseguia aceitar suas conclusões. Quando afirmou que não acreditava que Deus jogasse dados com o universo, uma de suas frases famosas, ele anunciou discordar da noção de incerteza e aleatoriedade no comportamento quântico. Ele depositou sua fé em uma criação unificada, que operava sem quebras, lágrimas nem separações.

Até sua morte, em 1955, Einstein empenhou-se em provar que existe apenas uma realidade e não duas, mas essa busca se distanciou tanto da física predominante que, depois dos anos 1930, ele passou a ser considerado um pensador superveniente. Nos momentos de mais franqueza, até seus maiores admiradores balançavam a cabeça ao pensar numa mente tão brilhante desperdiçando décadas em quimeras. Houve uma ocasião, porém, em que lhe foi dada uma pista para escapar da armadilha colocada pela relatividade e pela mecânica quântica. No entanto, essa via de escape não era científica, e sim poética.

Em 14 de julho de 1930, jornalistas do mundo todo se reuniram na entrada da casa de Einstein, em Caputh, um vilarejo nos arredores de Berlim, preferido pelos mais ricos como refúgio do agito da cidade. O motivo era a visita de Rabindranath Tagore, um grande poeta indiano, na época no auge da fama. Nascido em uma ilustre família bengalesa no ano de 1861, quase vinte anos antes de Einstein, Tagore passou a ocupar a imaginação ocidental ao ganhar o Prêmio Nobel de Literatura, em 1913. Era também filósofo e músico, do tipo que o Ocidente enxergava como a encarnação das tradições espirituais da Índia. O objetivo da visita de Tagore ao "maior cientista do mundo", como Einstein era popularmente conhecido – e, provavelmente, com razão –, era conversar sobre a natureza da realidade.

Enquanto os cientistas eram muito céticos quanto à visão de mundo das diversas religiões, os leitores achavam que Tagore desfrutava de uma conexão muito pessoal e incomum com um mundo mais elevado. Podemos ter essa mesma impressão ainda hoje só de ler alguns fragmentos de seus textos.

Sinto na alma uma agonia –
Será minha alma tentando rebentar
Ou a alma do mundo tentando entrar?

Minha mente estremece com as folhas cintilantes.
Meu coração canta com o toque da luz do sol.
Minha vida se alegra em flutuar com todas as coisas
No azul do espaço e no escuro do tempo.

Naquele dia de julho, enquanto gravavam essa conversa para a posteridade, Einstein expressou mais do que uma curiosidade educada em relação à visão de mundo de Tagore – ele reconheceu o apelo de uma realidade alternativa.

Einstein fez a primeira pergunta: "O senhor acredita no Divino como algo isolado do mundo?"

A resposta de Tagore, em um floreado inglês com sotaque indiano, foi surpreendente. "Isolado, não. A infinita personalidade humana abrange o universo. Não existe nada que não possa ser incluído na personalidade humana... A verdade do universo é a verdade humana."

Tagore desenvolveu um tema que misturava ciência e misticismo em uma metáfora. "A matéria é composta de prótons e elétrons, havendo intervalos entre eles, mas a matéria pode parecer sólida, sem os vínculos no espaço que unem um elétron a um próton... Todo esse universo está vinculado a nós, como indivíduos, de maneira similar – é um Universo Humano."

Em uma única expressão – o Universo Humano – Tagore proclamou o maior desafio para o materialismo. Também tinha abalado a acalentada crença em um Universo Divino. O materialismo colocaria o ser humano como uma criação acidental, que aconteceu num pontinho de uma superfície de um planeta entre bilhões de galáxias. A religião, em uma interpretação mais literal, colocaria a mente de Deus infinitamente além da mente humana. Tagore não acreditava em nada disso, e Einstein se envolveu prontamente com ele, como demonstra a transcrição:

> Einstein: Existem duas concepções diferentes sobre a natureza do universo: o mundo como uma unidade dependente da humanidade e o mundo como uma realidade independente do fator humano.

Tagore rejeitou essa proposição dualista.

> Tagore: Quando nosso universo está em harmonia com a humanidade, o eterno, nós o reconhecemos como a verdade, nós o sentimos como beleza.
> Einstein: Essa concepção do universo é puramente humana.
> Tagore: Não existe outra concepção possível.

Ele não estava despejando delírios poéticos nem dogmas místicos. Não obstante a túnica delicada e a longa barba branca de sábio, havia setenta anos que Tagore estava entrando em consenso com a visão científica da realidade, e ele sentia que podia contrapô-la a algo mais profundo e mais próximo da verdade.

> Tagore: Este mundo é um mundo humano... o mundo separado de nós não existe. É um mundo relativo, sua realidade depende de nossa consciência.

Sem dúvida Einstein compreendeu as implicações do "Universo Humano" de Tagore, e ele não o ridicularizou nem tentou diminuí-lo. Tampouco conseguia aceitá-lo. A argumentação mais contundente veio imediatamente em seguida.

Einstein: A verdade, então, ou a beleza não são independentes do homem?
Tagore: Não.
Einstein: Se um dia não existissem mais seres humanos, o Apolo do Belvedere [famosa estátua clássica do Vaticano] não mais seria bonito.
Tagore: Não!
Einstein: Concordo, em termos do conceito da beleza, mas não em termos de verdade.
Tagore: Por que não? A verdade é concretizada pelo ser humano.
Einstein: Não posso provar que o meu conceito está certo, mas esta é minha religião.

Einstein foi muito humilde ao afirmar que não poderia provar que a verdade independe dos seres humanos, o que é, claro, a pedra angular da ciência objetiva. Os seres humanos não precisam existir para que a água seja $H_2O$ nem para que a gravidade atraia a poeira estelar e forme estrelas. Ao usar a sensível palavra "religião", na verdade Einstein disse: "Tenho fé em que o mundo objetivo seja real, embora não possa provar isso".

Esse encontro entre duas mentes brilhantes, tão famoso na época, foi quase completamente esquecido. De um modo surpreendente, porém, ele foi profético, pois a possibilidade de um Universo Humano, cuja existência dependa de nós, agora se agiganta. A mais extravagante das possibilidades, a de que sejamos criadores da realidade, não é mais tida como extravagante. Afinal, crença e descrença são criações humanas também.

PARTE 1

# OS MISTÉRIOS CRUCIAIS

# O QUE EXISTIA ANTES DO BIG BANG?

Ainda que tempo e espaço tenham começado a se curvar como um varal com roupas, isso não causou grande alarme na física, pois não parecia existir ainda a chance de essa linha se romper (os buracos negros, que romperam o espaço-tempo, só entraram nesse panorama anos depois). Equações brilhantes são concebidas a fim de que a realidade permaneça intacta, então o simples fato de a matemática ser tão complexa manteve o grande público afastado de algumas noções bastante inquietantes. Mas tudo isso mudou com o surgimento da teoria do big bang. De uma vez só, o tempo se separou em dois. Além do tempo como já o conhecemos – que surgiu com o big bang –, há o que existiria fora de nosso universo – um tempo esquisito, um pré-tempo, um não tempo?

Vamos ver se conseguimos visualizar a realidade fora do nosso universo. Por conveniência, vamos colocar esse mistério nos seguintes termos: "O que veio antes do big bang?" A melhor forma de visualizar essa questão é nos imaginarmos entrando em uma máquina do tempo que nos leve rapidamente a uns 13,7 bilhões de anos atrás. À medida que nos aproximamos dessa inconcebível explosão que deu início à criação do universo, nossa máquina do tempo é exposta a perigos extremos. Levou centenas de milhares de anos para que universo primordial – que era superaquecido – esfriasse o suficiente para que os primeiros átomos se aglutinassem. Mas, como nossa máquina do tempo é imaginária, podemos pensar que ela desliza pelo espaço superaquecido sem derreter nem se despedaçar em partículas subatômicas.

Chegando poucos segundos antes do big bang, ou até menos, nos sentimos próximos do objetivo. Falar em "segundos" significa que existe tempo, então o único desafio é fatiar os segundos em milhões, bilhões e trilhões de frações. O cérebro humano não funciona em escalas tão diminutas, mas vamos supor que temos a bordo um computador que consiga traduzir trilionésimos de segundo em termos humanos. Por fim, vamos chegar à menor unidade de tempo (e de espaço) possível de imaginar. Os famosos versos de William Blake: "E ter o Infinito na palma da mão / E a Eternidade numa hora"* estão quase se tornando realidade, embora uma hora ainda seja muito tempo. Quando a escala do cosmos é infinitesimalmente minúscula, o nosso computador entra em curto-circuito e, de repente, mais nada calcula.

Todas as nossas referências se desfazem. No início, não existia a matéria como a observamos hoje, apenas o caos rodopiando e, nesse caos, talvez não existissem as regras que chamamos de leis da natureza. Sem regras, o próprio tempo se desfaz. O piloto de nossa máquina do tempo dirige-se aos passageiros para lhes contar da gravidade da situação, mas infelizmente não consegue fazê-lo, por uma série de razões. À medida que o tempo se desfaz, também se esvaem as noções de "antes" e "depois". Para o piloto, não deixamos a Terra num dado tempo e chegamos depois ao big bang. Os acontecimentos todos se aglutinaram de maneira inimaginável. Tampouco os passageiros podem reclamar: "Me deixe sair daqui", pois o espaço também se diluiu, tornando os conceitos de "aqui" e "lá" inúteis.

Esse colapso em pleno início da criação é real, mesmo que nossa máquina do tempo não seja. Não importa quanto nos dediquemos a essa questão, nem quão finas consigamos fazer as fatias de

---

\* Trecho de "Augúrios da inocência". *William Blake: prosa e poesia selecionadas*. Seleção, tradução e notas de Paulo Vizioli. São Paulo: Nova Alexandria, 1993. (N.T.)

tempo, não é possível atravessar esse início, não com meios comuns, pois, como se sabe, o big bang "aconteceu em todos os lugares", então não havia um lugar para onde poderíamos viajar.

Restam a nós duas opções. Ou é impossível responder à pergunta: "O que veio antes do que veio antes do big bang?", ou, então, precisamos criar meios ímpares que nos ajudem a desenvolver essa resposta. Porém, uma coisa é certa: a origem do tempo e do espaço não aconteceu no tempo e no espaço. Aconteceu em algum "lugar" extraordinário, o que, para nossa sorte, significa que respostas extraordinárias não são inadequadas – são necessárias. Tendo isso em mente, que venham os mistérios cósmicos.

## Compreendendo o mistério

"Antes" e "depois" são conceitos que só têm sentido em termos de espaço-tempo. Nascemos antes de andar, vamos chegar à velhice depois da meia-idade. Mas isso não se aplica à origem do universo. Já foi bastante discutido que tempo e espaço surgiram com o big bang. Se isso for verdade, e isso ainda é só uma possibilidade, não algo estabelecido, então a questão de fato é: "O que veio antes do início do tempo?" Essa forma de colocar a questão é melhor que a primeira em algum sentido? Não. "Antes do início do tempo" é um paradoxo em si, é como dizer "quando o açúcar não era doce". Estamos em pleno reino das questões impossíveis, mas isso não é motivo para desistirmos. A física quântica levou a sério um diálogo entre Alice e a Rainha Vermelha em *Alice no País do Espelho*, de Lewis Carroll. Depois de Alice dizer que tinha 7 anos e meio, a rainha retruca que tem 101 anos, 5 meses e 1 dia.

– Não posso acreditar nisso! – disse Alice.
– Não pode? – disse a Rainha com tom de voz penalizado. – Tente outra vez: respire profundamente e feche os olhos.

Alice riu.

– Não adianta fazer isso – disse ela. – Ninguém pode acreditar em coisas impossíveis.

– Eu diria que você nunca praticou bastante – disse a Rainha. – Quando eu tinha a sua idade praticava sempre meia hora por dia. Às vezes me acontecia acreditar em seis coisas impossíveis antes do café da manhã.*

O comportamento quântico nos força a ser ainda mais tolerantes com as coisas impossíveis. Não há nada de comum sobre as condições que se apresentavam à época do big bang. Para compreendê-las, precisamos contestar e depois abandonar algumas de nossas estimadas crenças. Primeiramente, deve-se perceber que o big bang não foi o início do universo, mas, sim, do universo atual. Ignorando por ora se o universo atual foi criado a partir de outro universo, os físicos não conseguem de fato rastrear o cosmos até seu início absoluto. Fazer medições só funciona quando temos o que medir, mas no comecinho havia apenas uma fatia infinitesimal de *algo*, sem nenhum tipo de organização: nenhum corpo, nenhum *continuum* espaço-tempo, nenhuma lei da natureza. Em outras palavras, puro caos. Nesse estado inimaginável, toda a matéria e a energia que vieram a criar as centenas de bilhões de galáxias que conhecemos estava comprimida. Em uma fração de segundo, a expansão se acelerou em uma velocidade inconcebível. A expansão ocorreu entre $10^{-36}$ (imagine 1 dividido por 10 seguido por 36 zeros) segundos e $10^{-32}$ segundos e, quando terminou, o universo tinha se expandido em tamanho na assombrosa taxa de $10^{26}$, enquanto tinha se resfriado cerca de 100.000 vezes. Um cenário bastante aceito (mas não definitivo) mapeia esse processo de origem da seguinte forma:

---

* Lewis Carroll. *Aventuras de Alice no País das Maravilhas & Através do espelho e o que Alice encontrou lá*. Tradução de Sebastião Uchoa Leite. São Paulo: Fontana/Summus Editorial, 1977. (N.T.)

- $10^{-43}$ segundos – O big bang.
- $10^{-36}$ segundos – O universo sofre uma rápida expansão (conhecida como inflação cósmica) sob condições de superaquecimento, passando do tamanho de um átomo ao de uma laranja. No entanto, não existem átomos nem luz. Num estado muito próximo do caos, as constantes e leis da natureza estariam entrando em curso.
- $10^{-32}$ segundos – Ainda num calor inimaginável, o universo borbulha em elétrons, quarks e outras partículas. Há uma diminuição rápida da inflação anterior ou uma pausa, por razões não compreendidas de todo.
- $10^{-6}$ segundos – Tendo se resfriado drasticamente, esse universo primitivo dá origem a prótons e nêutrons, que são formados a partir de grupos de quarks.
- 3 minutos – As partículas carregadas já existem, mas os átomos ainda não, e a luz não consegue atravessar a névoa escura em que o universo se transformou.
- 300.000 anos – O processo de resfriamento chega a um ponto em que elétrons, prótons e nêutrons começam a formar os átomos de hidrogênio e de hélio. Agora a luz consegue escapar, e a distância que ela percorre vai determinar, desse ponto em diante, a extremidade (o horizonte de eventos) do universo visível.
- 1 bilhão de anos – Atraídos pela gravidade um do outro, hidrogênio e hélio se aglutinam em nuvens que darão origem às estrelas e galáxias.

Essa linha do tempo acompanha o momento produzido pelo big bang, que foi suficiente para gerar, muito tempo depois, os bilhões de galáxias visíveis hoje em dia, mesmo que o universo tenha tido apenas o tamanho de um único átomo. As galáxias continuam a se separar por conta da expansão que se seguiu a essa primeira explosão inimaginável. Muitos eventos complexos já aconteceram desde esse início (existem livros inteiros que descrevem apenas os três primeiros minutos da criação), mas, para nossos propósitos, esse esboço é o suficiente.

Como conseguimos imaginar a explosão de uma banana de dinamite ou de um vulcão, o big bang parece se encaixar no senso comum que temos sobre a realidade. Porém, nossa compreensão sobre o que aconteceu é débil. Na verdade, os primeiros segundos da criação colocam em xeque quase tudo o que concebemos sobre tempo, espaço, matéria e energia. O grande mistério sobre o surgimento de nosso universo é como algo se criou do nada, e ninguém consegue de fato compreender como isso ocorreu. Por um lado, o "nada" não pode ser apreendido por nenhuma forma de observação. Por outro lado, o caos inicial desse universo primitivo é um estado inteiramente alheio, desprovido de átomos, de luz e, talvez, até das quatro leis básicas da natureza.

Não podemos evitar esse mistério, pois o mesmo processo de origem continua ocorrendo neste exato instante e a todo o tempo, em níveis subatômicos. O Gênesis é agora. As partículas subtômicas formadoras do cosmos continuamente piscam, existindo e não existindo. Como um interruptor cósmico, existe um mecanismo que transforma o nada (conhecido como vácuo) em um fértil oceano de corpos físicos. Nosso senso comum sobre a realidade enxerga as estrelas flutuando em um vácuo frio e vazio. Contudo, na verdade, o vácuo está cheio de possibilidades criativas, que se apresentam ao nosso redor.

O raciocínio parece que está ficando abstrato, prestes a desaparecer como um balão de gás hélio. Não queremos que isso aconteça. Todos os mistérios cósmicos têm um aspecto humano. Vamos imaginar que estamos em uma espreguiçadeira em um dia de verão. Sentimos uma brisa quente e ficamos sonolentos, nossa mente se enche de meias imagens e pensamentos não concluídos. De repente, alguém pergunta: "O que você quer para o jantar?" Abrimos o olho e respondemos: "Lasanha". O mistério do big bang está contido nessa pequena cena. A nossa mente consegue ficar vazia, em branco. Imagens e pensamentos caóticos passam por ela. Mas, quando respondemos a uma pergunta, o vazio ganha vida. Entre infinitas possibilidades, escolhemos um único pensamento, que se forma na mente por si próprio.

Esta última parte é fundamental. Quando dizemos "lasanha", ou outra palavra qualquer, ela não se faz a partir de algo menor. Não é construída, apenas surge. Por exemplo, as palavras podem ser fragmentadas em letras, assim como a matéria pode ser fragmentada em átomos. Mas, claro, essa não é uma descrição verdadeira do processo de criação. Toda criação traz algo do nada. Perceber que, mesmo quando estamos à vontade como criadores, mergulhados em palavras e pensamentos infinitos, não temos ideia de onde vêm pode trazer uma sensação de humildade. Quem sabe qual vai ser o nosso próximo pensamento? Até mesmo Einstein considerava seus pensamentos mais brilhantes como felizes acasos. A questão é que criar algo do nada é um processo humano, não um evento cósmico longínquo.

A transição do nada para alguma coisa reflete sempre o mesmo resultado: uma possibilidade se concretiza. A física desumaniza o processo, fazendo isso com uma precisão inacreditável. Numa escala de tempo inimaginavelmente pequena, as vibrações dos quanta surgem do vazio e rapidamente voltam a ele, mas esse "liga e desliga" do ciclo quântico é invisível para nós. As regras que governam a criação física devem ser deduzidas. Não adianta usar um estetoscópio nas paredes de um estádio para descobrir as regras do futebol, mas, de certa forma, é isso o que a cosmologia vem fazendo em suas tentativas de explicar a origem do universo. A dedução lógica é uma ferramenta excelente, mas talvez, neste caso, ela crie tantos problemas quanto os que resolve.

## Um início desnorteador

Não há dúvida de que não existiam corpos no espaço antes do big bang. Mas será que espaço e tempo (tecnicamente, o *continuum* espaço-tempo) também surgiram com eles? A resposta-padrão é sim. Se não existiam corpos, não existia espaço nem tempo. Então, como seria esse estado antes da criação? Não havia o dentro e o fora, que são propriedades do espaço. O universo primitivo se expandia sem haver algo ao seu redor, e agora, enquanto bilhões de galáxias funcionam no espaço sideral, o universo não é como um balão com uma casca. Novamente, os conceitos de antes e depois, dentro e fora não cabem.

Sobra alguma coisa em que se apoiar? Pouco. "Existir" implica a possibilidade de que, mesmo sem tempo e espaço, as coisas acontecem. Eis uma boa analogia. Vamos imaginar que uma pessoa está em um cômodo onde percebe que há corpos que se movimentam ligeiramente: o leite balança na tigela do cereal, e ela sente a vibração vindo do chão.

Por acaso, ela é surda, então não tem como saber se há algo fora do cômodo batendo nas paredes. (Algumas pessoas são sensíveis o bastante para sentir vibrações no corpo – vamos deixar isso de lado.) Mas ela pode mensurar as ondas na tigela e as vibrações de outros corpos, inclusive o chão, o teto e as paredes. *Grosso modo*, é assim que os cosmólogos enfrentam o big bang. O universo está cheio de vibrações e ondas emitidas bilhões de anos atrás. Elas podem ser medidas e é possível fazer inferências a partir disso. Diante de uma pergunta simples, porém, aparece o desconforto: alguém que é surdo de nascença consegue mesmo saber como é o som? Embora existam vibrações mensuráveis associadas ao som, senti-las é uma experiência diferente de ouvir um solo de violino, a voz da cantora de *jazz* Ella Fitzgerald ou uma explosão de dinamite.

Analogamente, medir a luz de galáxias aceleradas ou a radiação de fundo das micro-ondas do universo atual (essa radiação é um resíduo do big bang) não nos mostra como foi o começo do universo. Trabalhamos a partir de inferências, exatamente como um surdo observando as ondas na tigela de leite, de forma que essa limitação pode representar uma fatalidade na tentativa de qualquer explicação sobre a origem do universo.

A partir do ponto em que nos encontramos no espaço-tempo, podemos ainda tentar investigar as leis da natureza que funcionam fora do espaço e do tempo. Em especial, a física pode recorrer à linguagem matemática na esperança de que sua existência não dependa do universo onde vivemos. Muitas das especulações que se seguem se apoiam na fé de que a matemática é sempre válida. Mesmo em um universo alienígena, onde o tempo anda para trás e as pessoas andam no teto, se juntamos uma maçã a outra maçã, o resultado da soma é duas maçãs, não é?

Contudo, ninguém nunca comprovou que essa fé ainda vale. A matemática aplicada aos buracos negros, por exemplo, está cheia de especulações, pois um buraco negro é totalmente impenetrável. A matemática pode ser fruto da mente humana. Pensemos no algarismo 0: nem sempre existiu. Por volta de 1747 a.C., os egípcios e os babilônios antigos tinham um conceito de 0, mas ele só passou a ser usado como algarismo em cálculos a partir de 800 d.C., na Índia, muito depois do auge das culturas grega e romana.

Zero significa a ausência de tudo, mas na matemática "nada" é simplesmente mais um número, não um sinal de desespero existencial. "Não conquistei coisa alguma com a minha vida", seria uma afirmação desesperadora, mas a equação $1 - 1 = 0$ não é. Na física quântica, pode-se brincar com os conceitos de tempo sem que ninguém fique estressado com a própria existência. No entanto, se o tempo começasse a se comportar de modo peculiar no nosso dia a dia, seriam outros quinhentos. Flutuando entre dois mundos, o tempo é um mistério com um quê de particular e, se queremos compreender o Universo Humano, precisa ser explicado.

## As melhores respostas até agora

Obviamente, a transição do antigo caos à organização do universo atual é muito misteriosa. O limite que separa espaço e tempo é dado pela escala de Planck (batizada em homenagem ao físico alemão Max Planck, o pai da mecânica quântica), pela qual é 20 ordens de magnitude menor que o núcleo de um átomo (isto é, 1 dividido por 10 seguido por 20 zeros). É impressionante, mas o aparente caos não travou a compreensão humana. A mente parece ainda encontrar coisas estáveis – talvez.

As medições relevantes em uma escala tão pequena ainda são definidas por três constantes, relativas a aspectos muito básicos da criação: a da gravitação universal, a do eletromagnetismo e a da mecânica quântica. Durante a era de Planck, na ínfima escala de tempo do início do big bang a natureza não era muito reconhecível, pois as constantes e as forças familiares ou eram muito diferentes ou ainda não existiam. Na assim chamada dimensão de Planck, o espaço adquire uma qualidade "espumosa", um estado indistinto onde tem fim qualquer senso de direção, como para cima e para baixo. Em termos de duração, o tempo de Planck – a escala característica da era de Planck – é mais rápido que a mais rápida das escalas de tempo da nanociência atual em cerca de 30 ordens de magnitude, onde um nanossegundo corresponde a um bilionésimo de segundo.

Portanto, perguntar sobre o que existia antes do big bang é o equivalente a perguntar o que existiu antes ou além da era de Planck. Acontece que a física consegue de fato indagar sobre o reinado trans-Planck. Sabemos que as leis da matemática regem as quatro forças básicas: gravidade, eletromagnetismo e as forças nucleares forte e fraca. Essa é uma das razões pelas quais a fé na matemática parece perfeitamente justificada. Algumas constantes conhecidas nos indicam por que essas quatro forças assumem os valores que têm no universo. Por exemplo, ao calcular o módulo da gravidade em qualquer lugar, seja em Marte, seja em uma estrela a anos-luz de distância ou na microscópica escala dos átomos, a constante que se aplica à gravidade é a mesma, independentemente da diferença entre esses ambientes. Confiando em constantes, a física terrestre pode viajar mentalmente aos mais remotos pontos do espaço e do tempo.

Será que as mesmas constantes existem de maneira atemporal, estendendo-se para além de nosso universo? A física atual não consegue dar uma resposta definitiva sobre isso. Mas, se as constantes forem atemporais, podemos imaginar uma continuidade entre a nossa realidade e dimensões desconhecidas. Independentemente disso, é possível perceber o fascínio de constantes atemporais. Em plena perturbação do caos, elas transmitem um senso de estabilidade à realidade. Constantes atemporais também sustentam a matemática como uma linguagem que consegue sobreviver ao malogro das palavras. Se "antes" é uma palavra cujo significado se perde, o valor de pi ($\pi$) e a fórmula $E = mc^2$ se sustentam. Mas essas "certezas" também podem ser ilusórias quando nos deparamos com os princípios da era de Planck. Em primeiro lugar, pensar em constantes atemporais exige que se pergunte de onde elas vieram, deixando-nos órfãos em relação a uma história da origem, que é justamente aonde queremos chegar.

Levando esse questionamento o mais próximo possível do início de tudo, ficamos tentados a dizer que o estado anterior à criação foi o vácuo quântico. Na física clássica, o vácuo é realmente vazio. Ironicamente, esse tipo mais puro de nada está de acordo com as histórias religiosas sobre a criação. ("E a terra era sem forma e vazia; e havia trevas sobre a face do abismo", Gênesis 1:2.) Mas a teoria quântica e suas derivações afirmam que o vácuo não é nem um pouco vazio. É cheio de coisas quânticas. Na verdade, o vácuo quântico é cheio de grandes quantidades de energia que não se manifestam no universo observável. Então, não há problema em conceber um universo surgindo do vácuo quântico, pelo menos em termos da disponibilidade potencial de energias suficientes. Também não há dúvida de que, para chegar à era mais remota do universo, precisamos da física do vácuo (quântico). Mesmo assim, a era de Planck levanta um véu impenetrável, que bloqueia a nossa visão do início. Uma manobra inteligente é se virar sem início algum, o que acabou se tornando um conceito bem comum, por mais estranho que pareça.

## Será que o big bang é necessário?

Teoricamente, existem outras possibilidades além do big bang. Pode soar estranho, caso o big bang seja real. Mas vamos lembrar que a explosão que deu início ao universo não foi como a explosão de uma dinamite. Não havia matéria nem energia do tipo que hoje ocupa o universo criado. As imagens que vemos nos programas televisivos de ciências, que se parecem com estrelas explodindo na escuridão do espaço, são completamente enganosas, já que não existia espaço nesse início remoto. Seria mais fácil se o universo tivesse se originado de outra maneira.

Em 1948, Hermann Bondi, Thomas Gold e Fred Hoyle propuseram o modelo denominado "teoria do universo estacionário", justamente para fugir da questão da origem e do que existia antes do começo. Nesse modelo, o universo também está em constante expansão, como na teoria do big bang, mas com a condição extra de que sempre apresente os mesmos aspectos em qualquer ponto, obedecendo ao princípio cosmológico perfeito. Isso significa que o universo é sempre igual em todos os lugares e a qualquer momento. Em outras palavras, não importa onde observemos, ou quão remota a era, o universo seria sempre o mesmo. Isso significa que a criação da matéria acontece continuamente no espaço-tempo mesmo que ele esteja se expandindo.

De acordo com a teoria do big bang, a criação ocorreu em algum momento e, para isso, foi necessário que o nada virasse tudo. Então qual modelo é verdadeiro? As observações de fontes de luz distantes, datadas da era mais remota do universo, corroboram um modelo evolutivo, o que põe em dúvida o estado estacionário original. Em 1993, Hoyle, Geoffrey Burbidge e Jayant Narlikar propuseram uma versão atualizada dessa teoria, que eles denominaram de "estado quase estacionário". Com ela, eles pressupõem que "minibangs" acontecem repetidamente no universo. Outra alternativa, conhecida como "inflação caótica", é bastante semelhante ao estado estacionário, mas em escalas muitíssimo maiores.

Mais tarde, o termo "inflação caótica" foi substituído por "inflação eterna", que dá uma pista sobre seus *insights* essenciais. A noção de inflação eterna sustenta que certos "pontos-chave" do campo quântico acumulam energia suficiente para permitir que a criação "rebente", e esse estouro inicial propicia impulso suficiente para que um universo inteiro possa se originar num instante.

Existem várias razões para que a ideia de inflação eterna tenha entrado em voga, mas a principal delas é a noção de que uma gênese primordial pode ser substituída por um comportamento constante no vácuo quântico. Fundamentalmente, se o vácuo transborda de coisas pequeníssimas (partículas subatômicas), por que não lhe conceder a capacidade de transbordar de coisas bem grandes (universos)? Todas as teorias inflacionárias aceitam o evento do big bang, mas, com isso, carregam nas costas a questão dos inícios (e finais). Por definição, a eternidade não tem começo nem fim. De acordo com o princípio da inflação eterna, o espaço-tempo sempre transbordou de imensos acontecimentos inflacionários em vários lugares, como um borbulhante banho cósmico. Esses eventos ocorrem na velocidade da luz e continuam para sempre.

Alguns físicos brilhantes estão fascinados pela noção de inflação eterna e não parece plausível que gente tão exigente e antiquada como os filósofos possa estragar as coisas. Mas a filosofia se preocupa com palavras como *existência* e *eternidade*, termos que acabam se revelando bastante capciosos.

## Transitando pelo multiverso

A teoria da inflação eterna tem ligações com outra concepção em voga, a de multiverso. Nesse esquema, o nosso universo não é único, mas, sim, um entre muitos universos – bolhas num banho de espuma –, cujo número poderia chegar a infinito (veremos mais detalhes adiante). Como a teoria do big bang é amplamente aceita, a possibilidade da inflação eterna acaba tendo uma vantagem sobre as teorias do estado estacionário. Uma vez aberta a porta, as tentativas de criação de um universo que comporte a vida humana são tantas quantas desejarmos. Nesse cassino cósmico, a natureza é efervescente de universos, e é provável que eventualmente tope com o certo, o nosso. Afinal, os dados são jogados infinitamente. O cassino cósmico permite, inclusive, mudanças infinitas nas regras (isto é, nas regras da natureza) que governam o funcionamento do cosmos. Gravidade, velocidade da luz e o próprio quantum podem ser sacudidos à vontade – assim diz a teoria.

Vamos imaginar, porém, que estamos em um carro e temos uma pessoa como copiloto. Não conhecemos o lugar, então pedimos que ela nos diga para que lado virar na intersecção seguinte, ao que ela responde: "Existem caminhos infinitos na próxima intersecção, mas não se preocupe, eles levam a infinitas outras intersecções onde você pode virar infinitas vezes. Uma hora a gente chega a Kansas City". É nesse pé que se encontram os físicos quando tratam de multiverso, inflação eterna e cassino cósmico. Além do fato de que não existem dados nem experimentos que demonstrem que um multiverso teórico combine com a realidade, o mais absurdo é que tais teorias acenem com esse mapa das escolhas infinitas, reivindicando que é o melhor mapa já traçado.

O ponto de vista mais comum entre os cosmólogos é que algumas combinações de modelos distintos podem ainda ser viáveis, talvez, inclusive, o estado quase estacionário. Independentemente de quantos universos sejam aceitos, porém, a teoria ainda reivindica para si a questão sobre o que aconteceu antes do processo de criação. "Antes" continua sendo uma palavra inútil; no entanto, dizer que tudo é, foi e sempre será igual soa como um truque.

Existem outras maneiras de evitar a questão do começo. Antes de o modelo "big bang com inflação cósmica" ser estabelecido, muitos cosmólogos preferiram os ciclos de expansão e contração, que implicam ciclos de início e fim. Nas tradições espirituais do Oriente, os universos cíclicos eram aceitos como um conceito geral extraído do ciclo de nascimento, morte e renovação das criaturas. Analogia não é o mesmo que prova científica, mas precisamos lembrar que, no Universo Humano, os processos que regem a vida como a conhecemos devem estar ligados aos mecanismos da criação em escala cósmica.

Uma variante do universo cíclico excluiria um big bang surgindo do nada, mas ainda consideraria o universo atualmente descrito pela relatividade geral. Roger Penrose, especificamente, propôs uma série de universos que remonta ao tempo infinito. O estado atual que conhecemos teria surgido de um universo anterior, num processo de reciclagem de tudo o que havia nele e, sobretudo, das atuais leis e constantes físicas da natureza. Em um ciclo sem fim, um big bang leva a outro, assim o estado anterior à criação é apenas a ponta final do universo anterior. A sequência de criações conserva certo tipo de memória de um ciclo para o outro. Na intrigante concepção de Penrose, a entropia (ou desordem) encontrada no universo desempenha um papel fundamental. Há uma lei da física (a segunda lei da termodinâmica) que afirma que a entropia aumenta ao longo do tempo, em todo o universo. As palavras soam abstratas, mas é essa lei que rege como um universo primordial superaquecido se resfriou, como morrem as estrelas e por que a lenha da lareira vira fumaça e deixa cinzas. A entropia sempre aumenta, tanto em pequena quanto em grande escala.

Existem ilhas de entropia negativa no universo, onde a energia pode ser usada em prol de gerar mais ordem, como nos ecossistemas vivos, em vez de se deslocar ou dissipar. Nós somos uma ilha ordenada. Desde que continuemos a consumir alimentos, ar e água, o nosso corpo é essa ilha, transformando energia bruta em processos organizados em trilhões de células, renovando-as e reabastecendo-as. Há bilhões de anos, a Terra se tornou uma ilha de entropia negativa – pelo menos em sua superfície –, mais precisamente quando a fotossíntese teve início. As plantas convertem a luz solar em processos regulares, assim como o nosso corpo faz em outras situações. Consumir energia em vez de desperdiçá-la é fundamental. A desordem provoca a dissipação de energia em calor, como o calor liberado por uma fogueira. Para combater essa entropia, as criaturas vivas consomem energia extra necessária para contrapor a perda. Uma árvore caída num bosque perdeu sua capacidade de obter energia do sol, portanto dá-se início à deterioração e à decomposição.

Penrose não discordou da segunda lei da termodinâmica: ele reconheceu que o universo inteiro está se resfriando, se espalhando, e está mais caótico. O que ele estava contestando eram, especificamente, as teorias inflacionárias do cosmos. Se a desordem aumenta à medida que o tempo passa, argumentava ele, então o contrário deve ser verdade também. Se voltamos no tempo, todos os sistemas demonstravam maior organização no início. Por exemplo, se revertemos o tempo, a fumaça e as cinzas liberadas pela fogueira se reorganizariam em um pedaço de lenha; uma árvore podre voltaria a viver e crescer. Portanto, o universo remoto deve apresentar o estado mais organizado de todos – mas não. A era de Planck foi a do mais puro caos. Então, de onde vinha a "singularidade" (termo de Penrose) do universo, que possibilitaria o desenvolvimento de vida na Terra? Nada do universo inicial, desde o primeiro instante de caos completo, parece preparar um caminho de evolução de galáxias de modo que a vida neste planeta já seja facilitada.

Para um leigo, a contestação de Penrose às teorias inflacionárias pode parecer bastante convincente, embora cosmólogos céticos levantem algumas questões técnicas. Ele ainda faz uma segunda colocação mais sutil. Vamos supor que aceitamos a vida na Terra como algo tão único que o universo primitivo teve que assentar o caminho através de condições especiais. Vamos até aceitar que havia condições especiais surgindo quando o cosmos estava superaquecido e infinitesimalmente pequeno. E o restante desse vasto universo? A vida evoluiu em nosso planeta independentemente do que estava acontecendo em bilhões de outras galáxias. Então, como é que o universo fez para amparar a nossa evolução – se isso for mesmo verdade –, enquanto em tudo o mais nada parece especial? Penrose afirma que é muito mais provável que as condições para a vida na Terra tenham se tornado especiais algum tempo depois. Talvez tenha sido apenas um acaso aleatório. A ciência deve optar pela explicação menos improvável.

Os astrônomos recentemente descobriram milhares de estrelas com sistemas planetários e, com isso, rebateram até certo ponto a contestação de Penrose. Algumas dessas estrelas são tão parecidas com o Sol que talvez favoreçam o desenvolvimento de vida em planetas como ocorreu neste aqui. Houve grande entusiasmo depois da notícia de que provavelmente não estamos sozinhos no universo. Porém, a alegria desaparece quando se salienta que dizer "provavelmente" não explica como a vida evoluiu a partir de substâncias químicas inertes. As chances podem ser tão minúsculas – uma em milhões e mais milhões – que nem uma profusão de sóis em galáxias longínquas seria o bastante para encontrarmos a chave mágica da vida. Não dá para refutar a contestação; por outro lado, tampouco é possível prová-la. Mas, assim que começamos a tratar de disparidades e probabilidades, ficamos achando que a vida evoluiu por acaso e que a noção de "singularidade" levou um tremendo golpe.

## Uma engenhosa teoria da informação

Ou talvez não. Quando uma teoria se saiu tão bem quanto a do big bang para explicar a evolução do universo, é complicado fazer objeções a ela. Podemos estar simplesmente apontando falhas técnicas que podem ser emendadas. Com certeza, seria preciso um golpe letal para derrubar uma estrutura construída com tanto cuidado desde os anos 1970. Mas o argumento de Penrose sobre a segunda lei da termodinâmica é tão básico que poderia derrubar o castelo de cartas inteiro. O problema da inflação cósmica é que ela não surgiu como uma evolução natural de teorias científicas, mas foi montada para dar conta de alguns enigmas desconcertantes da antiga cosmologia do big bang. A inflação é bem corroborada por medições delicadas. Seu golpe principal mira na tentativa de "salvar" o universo primitivo do caos aparente, mas, para isso, precisamos de uma fonte organizacional que seja mais sofisticada que uma simples roleta de bingo, que vai liberando os números ao acaso.

Lee Smolin, um reconhecido cosmólogo norte-americano, propôs algumas ideias intrigantes sobre a geometria da era de Planck que poderiam salvá-la do caos absoluto. Talvez a fonte da ordem fosse algo imaterial, mesmo que, durante aquela era, o caos ocorresse apenas no nível físico. Penrose e Smolin definiram que o ingrediente-chave era a informação. Essa linha de raciocínio parece intrigante, pois outros físicos já teorizaram que, quando toda a matéria e a energia são sugadas por um buraco negro e aniquiladas, a informação consegue sobreviver. É difícil ou mesmo impossível provar isso, já que o interior de um buraco negro é impenetrável, mas é uma maneira intrigante de contornar a "morte por calor" da entropia. E se a informação não puder ser perturbada mesmo sob as condições mais extremas? Uns e zeros não morrem de frio nem são reduzidos a cinzas no fogo. Talvez o estado de pré-criação fosse rico de informação imune à segunda lei da termodinâmica, que se aplica ao momento do big bang.

Por analogia, a informação que levamos na mente pode sobreviver a todos os tipos de ameaças físicas. Nosso nome é um pedaço dessa informação. Sabendo o próprio nome, não importa se viajamos aos trópicos asfixiantes nem ao polo Sul, já que o calor e o frio não resfriam nem fervem um nome. Ele não sofre variações se descemos o vale da Morte nem se escalamos o monte Everest. Em geral, apenas a morte ou um trauma craniano extremo poderia nos privar desse íntimo pedacinho de informação. Isso também vale para coisas mais complexas, já que a capacidade de armazenamento da mente humana é enorme. (Há casos raros de pessoas que acordaram depois de anos de um coma profundo, recuperaram a memória e retomaram sua vida.)

A permanência da informação nos seres humanos leva a crer que um universo cíclico seja uma possibilidade real. Se um universo anterior deu à luz o nosso, talvez as constantes e as leis da natureza tenham sido transmitidas na forma de informação, sobretudo matemática, já que alguma matemática elementar deve estar envolvida nisso. Todavia essa linha de pensamento impede que a matemática seja considerada uma propriedade física. No modelo de Smolin, a passagem do bastão cósmico acontece quando novos "éons" surgem das singularidades dos buracos negros. Um éon seria uma unidade de tempo cósmica; uma singularidade é a pequenina partícula que sobra quando tudo foi sugado pelo buraco negro. Teoricamente, tal partícula é singular pois não possui as coisas que permitem classificações: espaço, tempo, matéria e energia. (Não existem provas substanciais de que as singularidades de fato existam, mesmo que sejam matematicamente plausíveis.) A noção é de que o universo vai basicamente entrar em colapso e virar um ponto único (uma singularidade), em que matéria, energia, forças da natureza e espaço-tempo desapareçam, ressurgindo somente através de uma nova singularidade.

Em outras palavras, antes do big bang houve o "big crunch", ou o grande colapso. Não sabemos o suficiente sobre buracos negros para dizer como a informação sobreviveria a eles quando mais nada consegue sobreviver, e a singularidade continua sendo apenas uma estrutura teórica. Chegamos ao ponto em que reivindicar que a informação não foi destruída no caldeirão cósmico primitivo mais parece outro truque. De um jeito ou de outro, o que quer que esteja acontecendo num buraco negro é algo tão obscuro quanto a era de Planck no universo primitivo. As mesmas paredes impenetráveis ainda bloqueiam a nossa visão.

## Tangendo a supercorda

Embora muita gente fique apavorada diante da matemática avançada, ela nos ajuda a perceber que qualquer aspecto da realidade que seja transcrito em fórmulas matemáticas também existe como conceito. Em geral, se você consegue compreender o conceito, chega ao âmago do que a matemática está tentando explicar. A matemática é, na verdade, uma linguagem universal e concisa que nos permite descrever os chamados processos físicos, ou melhor, descrever as nossas interações com a natureza. Porém, nem a matemática mais elevada consegue salvar uma ideia incorreta. No debate entre modelos que incluem um big bang e outros que não o incluem, não é tão simples pesar os prós e contras. Se a matemática é a única coisa em que a cosmologia ainda pode confiar, por que não despejar o fardo todo sobre ela? Talvez a única maneira segura de descrever o estado inicial seja como uma realidade em que apenas a matemática pura pode nos orientar. Ou, indo um pouco mais longe, talvez esse estado inicial consista em números e nada mais. Talvez soe como uma proposição esquisita, mas algumas teorias estão dispostas a considerar essa possibilidade.

O principal exemplo é o da teoria das cordas, que acabou se tornando "teoria das supercordas" para acompanhar sua expansiva ambição. Essa teoria surgiu para resolver algumas questões quânticas críticas mas esotéricas, todavia apresenta implicações mais amplas em relação aos mistérios sobre como as partículas elementares, como fótons, quarks e elétrons, se comportam ora como partículas, ora como ondas. Muitos físicos definem este como o problema central da física quântica. A partícula é como uma bola de tênis que passa por cima da rede; a onda é como o rastro de ar turbulento que ela deixa. As duas coisas parecem completamente diferentes. Porém, se a bolinha de tênis e o rastro de ar puderem ser reduzidos a características comuns, talvez o problema seja resolvido.

A teoria das cordas afirma que a característica comum é a vibração. Imagine a corda de um violino vibrando e produzindo notas musicais. A nota tocada depende de onde o violinista posiciona o dedo na corda. De forma análoga, a teoria das cordas considera que as ondas são a vibração de uma corda invisível, sendo que cada "nota" seria uma partícula específica que se manifesta no espaço-tempo. Essa analogia com a música é bastante robusta, pois considera que as "harmonias" subatômicas (vibrações que entram em ressonância) determinam como os quarks, bósons – como fótons e grávitons – e outras partículas específicas se inter-relacionam, formando estruturas complexas. Assim como as doze notas da escala musical ocidental se transformam em inúmeras sinfonias e outras composições musicais – sendo virtualmente infinitas as possibilidades de combinações entre elas –, alguns tipos de cordas vibrantes podem ser a base das múltiplas partículas subatômicas que vêm sendo descobertas nos aceleradores de alta velocidade.

Embora os céticos gostem de dizer que cordas vibrando em um nível não observável podem ser apenas produtos da nossa imaginação, a teoria das cordas é atraente porque se refere à matemática pura. Um modelo avançado, conhecido como teoria das supercordas, expandiu a complexidade das equações necessárias. Inicialmente havia cinco modelos de supercordas que pareciam diferentes, mas em meados dos anos 1990 foi demonstrado que eles apresentam semelhanças sutis e complexas. Daí surgiu a teoria-M, o ponto alto do modelo matemático, em que M corresponde à "mágica", "mistério" ou "membrana", conforme anúncio extravagante do seu principal criador, Edward Witten.

A magia e o mistério entraram em cena porque a teoria-M não tem nenhuma base em experimentos nem em observações. Ela tira da cartola um coelho matemático ao harmonizar as teorias de cordas anteriores, que tampouco se basearam em experimentos ou em observações. O fato de a teoria-M se sair muito bem – no papel – parece tanto mágico quanto misterioso. O truque máximo seria demonstrar que o universo realmente funciona como se descreveu no papel, mas ninguém jamais chegou nem próximo disso. (O terceiro M, "membrana", é um termo técnico da física para descrever como certos corpos quânticos se expandem pelo espaço – como lençóis ou membranas vibrantes. Neste ponto, beiramos a fronteira de equações muito complexas, que só podem ser alcançadas pela alta matemática, mas é possível oferecer aqui um quadro conceitual.)

## Que fim levou tudo isso?

Como foi que a realidade se tornou tão enigmática a ponto de precisar ser reduzida a números? A física trata de fisicalidades, mas, como vimos, as fisicalidades desapareceram na revolução quântica. Estamos falando de fisicalidades simples, básicas, do tipo que os cinco sentidos nos deixam vivenciar quando alguém dá um chute numa pedra e descobre que ela é dura. As fisicalidades sutis permanecem na forma de partículas subatômicas e das ondas com as quais lida a física quântica. Mas dois obstáculos relacionados a elas não puderam ser ultrapassados.

O primeiro obstáculo, como mencionamos anteriormente, tem a ver com a incompatibilidade entre corpos grandes e pequenos. A teoria da relatividade geral, de Einstein, faz um trabalho magnífico com corpos grandes como planetas, estrelas, galáxias e o próprio universo. Através da compreensão que ela proporciona sobre a gravidade a curvatura do espaço-tempo, considera-se que a relatividade nos permite a mais profunda compreensão de tudo o que é macroscópico e de larga escala do próprio universo. No outro extremo, a mecânica quântica (MQ), ao descrever os menores corpos da natureza – sobretudo as partículas subatômicas –, se sai tão bem quanto ela. Mas, desde o início da formulação de ambas, a teoria geral da relatividade e a MQ não se emaranharam. Cada uma delas faz previsões satisfatoriamente precisas em seu respectivo campo de atuação; os experimentos podem ser conduzidos e as observações, feitas. Mas encontrar o elo entre os maiores e os menores corpos do universo tem sido extremamente difícil.

O segundo obstáculo teve origem nesse dilema. Uma vez que ficou estabelecido que existem quatro forças fundamentais da natureza e que elas consistem em gravidade, eletromagnetismo e as forças nucleares forte e fraca, apresentou-se a possibilidade de uma teoria unificada. Por volta do final dos anos 1970, com a descoberta dos quarks, surgiu o assim chamado "modelo-padrão", que juntava o mundo quântico em três frentes. A força responsável pela luz, pelo magnetismo e pela eletricidade (eletromagnetismo) foi unida às duas forças que mantêm os átomos coesos (as forças nucleares forte e fraca). Um mundo de corpos minúsculos se submeteu à conformidade da matemática. Essa etapa ficou conhecida como modelo-padrão e, considerando quantas mentes brilhantes contribuíram para ela, unificar três forças fundamentais é realmente grandioso.

Só restou a gravidade para completar essa "teoria de quase tudo" (o mais próximo que esperamos chegar do Santo Graal, a teoria de tudo). Por analogia, vamos imaginar que algumas pessoas estão montando um quebra-cabeça da Estátua da Liberdade. Todas as peças já estão encaixadas menos a tocha. Essa peça não está na caixa, então começam a procurá-la. "Não se preocupem", dizem, "é só achar essa peça e completar o quadro. Falta pouco." No entanto, apesar de todo mundo procurar a peça sem parar, ninguém a encontra. Para decepção geral, quando voltam ao quebra-cabeça, a Estátua da Liberdade é apenas uma silhueta em meio a uma névoa densa.

A física moderna está dividida em duas grandes áreas. Uma acredita que o quadro do universo está quase completo, só faltando uma peça, que vai ser encontrada no futuro, desde que a busca seja perseverante. A outra acredita que a peça que falta faz o quadro ser vago e duvidoso. Poderíamos também chamá-las de "área de pesquisa convencional" (construir o maior acelerador, criar mais telescópios poderosos, efetuar mais cálculos, gastar mais dinheiro) *versus* "área revolucionária" (começar tudo de novo com um novo modelo de universo). Como a área convencional se considera mais prática e pragmática, seu mantra é "Cale a boca e faça cálculos", ou seja, teoria demais não passa de especulação fútil.

A fim de que essa área de pesquisa convencional se saia vitoriosa no final, ela deve sondar algumas partículas teimosamente incrustadas no tecido quântico; só então seus cálculos serão comprovados. Desde que o bóson de Higgs, uma das mais importantes dessas partículas, foi observado em 2012, o otimismo é grande. Já mencionamos que o vácuo quântico é um meio no qual partículas subatômicas borbulham. Algumas delas são tão ardilosas que desentocá-las demanda quantidades enormes de máquinas na forma de aceleradores imensos e dispendiosos. Ao bombardear um átomo em energia ultra-alta, às vezes o vácuo quântico libera um novo tipo de partícula. Trata-se de um trabalho preciso, cuidadoso, mas essas novas partículas profetizadas na nova geração de teorias provam se as teorias existentes estão de fato corretas. A existência do bóson de Higgs foi prevista, portanto sua descoberta, quando confirmada, indicaria que o modelo-padrão corresponde à realidade. Mas o modelo-padrão não é definitivo; não é uma unificação grandiosa.

A função do bóson de Higgs é oferecer massa a outras flutuações no campo quântico, uma tecnicalidade na qual não precisamos nos alongar. Mas essa função é básica para a existência de todos os corpos físicos criados. A mídia agarrou-se ao apelido "partícula de Deus", o que constrange quase todos os físicos. Para eles, a comprovação do bóson de Higgs foi um triunfo porque ele era uma das partículas essenciais restantes – a tocha da Estátua da Liberdade foi encontrada, e o quadro teórico está quase completo. Foram cinco décadas em busca dessa pecinha, desde que o físico britânico Peter Higgs e outros pesquisadores propuseram pela primeira vez que o chamado campo de Higgs existia.

A nova descoberta se encaixa num padrão familiar. A história da física moderna apresenta um desfile triunfante de resultados comprovados que se encaixam nas previsões teóricas. O bóson de Higgs pode ser um elo importante para que possamos entender as quatro forças fundamentais e como elas se inter-relacionam, mas também pode significar o final do desfile, já que acrescentar a gravidade a essa mistura pode ser impossível em termos de comprovação. O gráviton, uma partícula teórica que emerge do campo gravitacional quando provocado, está longe de ser observado ou de ser observável. Um dos obstáculos é a questão tecnológica. De acordo com certas estimativas, um acelerador que talvez consiga provocar a aceleração e a energia necessárias para que possamos nos aproximar da origem da realidade física teria que ter circunferência maior que a da Terra.

Porém esse obstáculo não precisa causar o fim da história. A matemática consegue contornar as dificuldades práticas. Não existe uma balança grande o suficiente para se aferir a massa de uma baleia-azul, mas ela pode ser determinada com cálculos sobre o seu tamanho, a densidade da massa e comparações com baleias e golfinhos menores, cuja massa possa ser aferida. Mas a área de pesquisa convencional se vê enfiada até a cintura num pântano matemático, enquanto a teoria das cordas, das supercordas e a teoria-M acrescentaram camadas e mais camadas de complexidade à questão, embora nada que se possa verificar na prática.

É estranho que nossa falta de capacidade para escapar de uma dificuldade tão básica coloque o cosmos inteiro em questão. Mas a realidade é apenas uma, não duas. Tanto as coisas pequenas quanto as grandes devem estar vinculadas de alguma maneira. O fato de essas conexões serem invisíveis não interrompe a matemática. Mas essa matemática ficou muito complicada, ainda com muitos buracos, e caminhos óbvios são aplicados aos pontos áridos, dando a impressão de que se nos afastamos demais da realidade nem a matemática pode nos salvar. A menos, claro, que possamos admitir que o poder irracional da matemática, como dizem os físicos, esteja apontando para a natureza mental do cosmos, onde está a origem da matemática.

# POR QUE O UNIVERSO É TÃO PERFEITAMENTE COESO?

Dizemos que o universo começou com uma explosão, mas, na verdade, sua forma primitiva se assemelha mais a um ator tímido saindo do camarim – levou o tempo necessário até que todos os pontos e costuras estivessem perfeitos. Bilhões de anos depois, olhamos ao redor e ficamos impressionados ao perceber que habitamos um cosmos onde a vida humana se encaixa com perfeição, na verdade, com perfeição até demais. Não conseguimos explicar satisfatoriamente como o big bang conseguiu colocar todos os pontos e costuras no lugar. É como se Leonardo da Vinci tivesse pintado *A última ceia* apenas jogando tinta na parede ao acaso, e torcendo para que desse certo.

No entanto, a cosmologia atual insiste em afirmar que o universo primordial teve que se desenvolver através da aleatoriedade. Definitivamente não existiu nenhum *designer* com um projeto nos bastidores. Todas as histórias científicas sobre a criação excluem qualquer noção de Deus. Mas como se chega à incrível organização do DNA humano, com seus 3 bilhões de bases químicas, tendo como início uma banana de dinamite cósmica? Em outras palavras, como a ordem surge do caos?

Não dá para encontrar uma resposta sem uma boa porção de esforço mental; contudo, o cérebro é um exemplo perfeito de como essa questão atinge todo mundo. A fim de ler as palavras nesta página, processos extremamente precisos devem ocorrer no córtex visual do seu cérebro. Os pontos de tinta da página devem ser registrados como informação significativa; a informação deve ser apresentada em uma linguagem que você compreenda; ao corrermos os olhos de uma palavra a outra, o significado de cada uma está relacionado ao da próxima, e então desaparece do nosso campo de visão, mas não da mente.

Isso já é milagre incrível, mas o grande mistério é o fato de as moléculas em cada célula cerebral estarem presas a ações e reações fixas e predeterminadas. Se colocarmos um pedaço de ferro em contato com átomos de oxigênio livres, eles formam óxido de ferro ou ferrugem, sempre. Os átomos não têm escolha. Não podem virar sal nem açúcar. Enquanto isso, apesar das rígidas leis da química que regem o cérebro, conseguimos ter milhares de novas experiências todos os dias, misturadas de modo tão único que tornam cada dia diferente do outro.

Essa constatação sobre o cérebro nos indica, portanto, que o caos e a ordem não mantêm necessariamente uma relação mais simples. A química é inteiramente predeterminada, o pensamento é livre. Se conseguirmos saber como eles se relacionam, o universo talvez revele os seus segredos mais profundos. E, principalmente, vamos descobrir como a mente funciona, o que, sendo sincero, é mais interessante para a maior parte das pessoas do que o big bang.

## Compreendendo o mistério

Na física, o mistério a respeito de por que um universo aleatório se ajusta tão bem é conhecido como o problema da sintonia fina. Mas, antes de mergulhar na ciência, podemos encontrar pistas disso nos antigos mitos da criação. Apesar de cada cultura apresentar seu próprio mito da criação, que surgiu e foi transmitido ao longo de séculos, todas as histórias podem ser divididas em duas categorias. Na primeira, explica-se a criação por meio de algo familiar a todos. Por exemplo, na Índia, um mito conta que as forças da luz e da escuridão criaram o mundo usando o monte Meru como se fosse um batedor, mexendo-o até que um oceano de leite virasse manteiga. Na segunda, trata-se da criação como um mistério, em que se faz o raciocínio exatamente oposto ao dos mitos da primeira categoria, pois se tenta mostrar que o mundo foi criado por meios totalmente sobrenaturais. No livro do Gênesis, a história judaico-cristã da criação adota esse modelo: Javé começa com o vazio e magicamente o transforma em luz, no céu, na terra e em todas as criaturas da terra. Não há nada que se assemelhe a algo corriqueiro como um batedor de manteiga. Até agora. A cosmologia moderna faz um paralelo com o Gênesis, postulando que o universo surgiu quando algo emergiu do nada. Chamar isso de magia ou de sobrenatural seria uma ofensa à mente científica, então vamos chamá-lo de mistério, o eufemismo do século.

A Criação é grandiosa. Até onde os olhos ou o telescópio conseguem enxergar, o universo parece se estender até 46 bilhões de anos-luz. Esse seria o espaço que a luz já viajou desde o big bang. O universo recém-nascido não se dispersou ao acaso conforme se expandia. Começou a tomar forma de acordo com certas regras conhecidas como constantes da natureza, que podem ser sistematizadas pela matemática. Algumas dessas constantes já apareceram neste livro, a saber, a velocidade da luz e a constante da gravitação universal.

As constantes conferem ordem à natureza, como mães à moda antiga, que acreditavam ser seu dever juntar a família para jantar à mesma hora, toda noite. A questão é que tanto a ordem quanto o padrão têm que vir de algum lugar, mas a única origem que conseguimos comprovar até agora é o big bang, que por sua vez era um caos completo até, de repente, deixar de sê-lo. Obviamente, precisamos de algo mais além de apenas esperar, e isso também vale para o universo – mas o quê?

A comunidade de físicos aceita que a sintonia fina existe. Gravidade de mais ou de menos, massa de mais ou de menos, carga elétrica de mais ou de menos levariam o universo recém-nascido ou ao colapso de si mesmo ou à dispersão rápida demais, impedindo a formação de átomos e moléculas. Assim, estrelas estáveis não teriam se formado, assim como nenhuma das complexas estruturas da evolução cósmica. Nessa sequência, a vida na Terra teria sido impossível sem que uma variedade de coincidências cósmicas tivesse ocorrido, tais como a presença dos aminoácidos essenciais – as bases das estruturas proteicas –, que aparentemente se encontravam na poeira interestelar.

Os físicos também concordam que é preciso descobrir de onde vieram as constantes da natureza. Leis matemáticas precisas regem as quatro forças fundamentais – gravidade, eletromagnetismo e as forças nucleares forte e fraca. Por exemplo, ao medir a gravidade em locais remotos, como Marte ou uma estrela a anos-luz de distância, independentemente das diferenças entre esses ambientes, a constante que se aplica à gravidade é a mesma. Confiar nas constantes permite aos físicos materialistas viajar mentalmente aos mais distantes pontos do espaço e do tempo.

Quando fazem isso, algumas coincidências surpreendentes aparecem. Por exemplo, a explosão das maiores estrelas, as grandes supernovas, são ocorrências que podem ser observadas no espaço longínquo através de telescópios poderosos – localizados aqui na Terra ou em sua órbita. As explosões das supernovas que ocorreram há bilhões de anos são responsáveis pela formação de todos os elementos pesados existentes, tais como cálcio, fósforo, ferro, cobalto e níquel, só para citar alguns. Após uma supernova, os átomos desses elementos todos circularam, inicialmente, como poeira interestelar, mas a atração gravitacional entre eles fez com que se aglomerassem e, por fim, acabassem embolados na antiga nebulosa solar – onde todos os planetas se formaram, inclusive o nosso. O ferro que deixa vermelho o nosso sangue veio de uma supernova que se autodestruiu éons atrás. As especificidades da explosão são determinadas pelas forças fraca e forte, que existem na escala infinitesimalmente pequena do núcleo atômico. Se essas forças fossem diferentes em apenas 1 por cento, aproximadamente, não haveria nenhuma explosão de supernova, nenhuma formação de elementos pesados nem, por fim, a vida tal como a conhecemos. A constante específica que rege a força fraca tinha que ser exatamente o que acaba sendo.

Vamos considerar alguns casos específicos de sintonia fina no nível da realidade cotidiana, onde a matéria é composta de átomos e moléculas. O que é conhecido como constante de estrutura fina determina as propriedades desses átomos e moléculas. Trata-se de um número puro, aproximadamente 1 dividido por 137. Se a constante de estrutura fina fosse diferente em apenas cerca de 1 por cento, nenhum átomo e nenhuma molécula existiriam na forma como os conhecemos. Em relação à vida na Terra, a constante de estrutura fina determina como a radiação solar é absorvida em nossa atmosfera, e ela também se aplica a como a fotossíntese funciona nas plantas.

Acontece que o Sol emite grande parte da sua radiação em uma fração do espectro que a atmosfera da Terra permite atravessar sem absorvê-la nem refleti-la. Aqui nos vemos diante de outro par perfeito de dois extremos da natureza. Esse par perfeito deixa que apenas a parte certa do espectro atinja a superfície da Terra, permitindo que as plantas se alimentem. A constante da gravitação universal (que rege a radiação solar) é um valor macroscópico, enquanto a transmissão atmosférica da luz solar, de apenas alguns comprimentos de onda, é determinada pela constante de estrutura fina em escala microscópica.

Não está claro por que duas constantes que regem, separadamente, coisas muito grandes e coisas muito pequenas deveriam se relacionar. (Isso é o mesmo que descobrir que as impressões digitais de uma criança indicam que ela se tornará uma neurocirurgiã quando crescer.) No entanto, se esses dois elementos não se relacionassem com perfeição, a vida como a conhecemos não existiria. Com razão, o problema da sintonia fina foi considerado um dos maiores constrangimentos da física, embora a biologia também devesse assumir uma parte disso. A vida também depende de um frágil equilíbrio de constantes. Na verdade, foi a completa improbabilidade de um universo orquestrando a vida na Terra que deu tanta relevância à sintonia fina. A existência do DNA também envolve coincidências demais que remontam ao próprio big bang. Os teóricos começaram a considerar se essas coincidências não seriam algo mais, um indicador de que alguma unidade subjacente teria passado despercebida. As pistas dessa unidade oculta são as suspeitas constantes de sintonia fina, embora outras coincidências tenham trazido à tona a mesma suspeita.

Tentar descobrir por que o universo tem uma sintonia tão fina sempre foi uma preocupação de muitos cosmólogos, dos quais uma parte há muito se incomoda com que a atribuição do universo ao mero acaso. Eis um trecho famoso do astrônomo Fred Hoyle:

> Num ferro-velho estão todos os pedaços e peças de um Boeing 747 destroçado. Um tornado passa pelo local. Qual é a probabilidade de que, depois de o tornado passar, alguém encontrasse ali um 747 completamente consertado, pronto para voar? Tão pequena que é negligenciada, mesmo que o tornado passasse por tantos ferros-velhos que desse para preencher o universo inteiro.

Para a maioria dos físicos atuantes, a analogia de Hoyle não procede, pois as equações subjacentes à mecânica quântica e seu formidável poder profético ditam o funcionamento da possibilidade aleatória e da incerteza. Ainda assim, explicar por que as constantes apresentam uma sintonia tão fina é um desafio ao conhecimento atual, e ainda há a possibilidade intrigante de que essa sintonia fina seja necessária para que seres humanos existam. E se o acaso não tiver nada a ver com isso?

## As melhores respostas até agora

Houve uma tentativa de explicar a razão da sintonia fina pelo princípio antrópico. Esse termo foi empregado pela primeira vez em 1973, em uma conferência que celebrava o quingentésimo aniversário do nascimento de Copérnico; o termo deriva de *"antropos"*, "humano" em grego. O sistema planetário com a Terra girando em torno do Sol retira o ser humano da posição central na criação, daí a importância de Copérnico. O astrofísico Brandon Carter, um dos principais autores do princípio antrópico, afirmou: "Embora a nossa posição não seja necessariamente central, é inevitavelmente privilegiada de alguma maneira". Dependendo da interpretação, essa declaração pode ser revolucionária ou escandalosa. Colocar o ser humano de novo em uma posição privilegiada em um cosmos do tamanho de bilhões de anos-luz foi, no mínimo, uma ousadia. Para uma descrição tranquila das implicações do princípio antrópico, precisamos recorrer de novo ao físico e matemático *Sir* Roger Penrose.

Em seu respeitado livro *A mente nova do rei: computadores, mentes e leis da física*, de 1989, Penrose afirma que o argumento que concede uma posição privilegiada ao ser humano é útil "para explicar por que as condições para a existência de vida (inteligente) na Terra, no tempo presente, são tão perfeitas". Apesar da aleatoriedade alegada pela física, Penrose aponta para as "notáveis relações numéricas que se realizam entre as constantes físicas (a constante da gravitação universal, a massa do próton, a idade do universo etc.). Um aspecto bastante intrigante disso é o de que algumas dessas relações só se sustentam na época presente da história da Terra, portanto parece que estamos, coincidentemente, em um tempo muito especial (considerando mais ou menos alguns milhões de anos!)".

Estando aqui, olhamos em volta e descobrimos que o cosmos orientou nossa existência. É preciso serenidade a esta altura, pois ladeando esse debate encontram-se os criacionistas, que leem a Bíblia literalmente, prontos para dar o bote e reivindicar que a física agora dá apoio às suas crenças de que Deus deu ao homem o domínio sobre a Terra, exatamente como afirma o Gênesis. Qualquer sugestão sobre o ser humano ter favorecimento divino na evolução do cosmos é uma heresia científica. Mas o princípio antrópico não trata de questões religiosas. Ele parte de um fato notável, difícil de explicar: a vida inteligente existe agora na Terra – isto é, nós –, e somos capazes de medir as constantes que deram origem à vida inteligente. Será que isso é só coincidência?

Uma analogia talvez ajude. Vamos imaginar que as águas-vivas sejam inteligentes e queiram saber do que é feito o oceano. Águas-vivas cientistas analisam a composição química do oceano e fazem uma observação surpreendente. "Os elementos químicos dentro de nosso corpo batem exatamente com os da água do oceano. A combinação é perfeita demais para ser apenas coincidência. Deve haver outra explicação." Elas estariam certas, pois a água do mar e o líquido nas águas-vivas combinam porque a evolução assim o fez – as águas-vivas não estariam vivas sem o mar.

## Será que os seres humanos são mesmo tão importantes?

O princípio antrópico teve o apoio de cientistas que se sentiram incomodados com tantas coincidências, porém ele não nos oferece nenhuma explicação definitiva que esteja de acordo com a ciência atual. Assim como com as águas-vivas, pode ser que a evolução tenha criado um casamento entre o cérebro humano e as constantes do universo. Ou não. Talvez combinem por alguma outra razão ou a aparente combinação talvez seja ilusória; se continuarmos pesquisando, vamos acabar descobrindo tipos importantes de incompatibilidades. A questão sobre quão acidentais realmente são os eventos no cosmos são muito controversas, mas pelo menos quebraram a barreira da aleatoriedade, em termos teóricos. (A descoberta recente de planetas orbitando estrelas distantes semelhantes ao Sol deu um impulso à aceitação da ideia de aleatoriedade, pois existem, então, milhões e mais milhões de planetas potencialmente capazes de sustentar a vida. Sendo assim, a Terra teria tido, talvez, sorte na loteria cósmica, mas não seria a única e, talvez, nem tão especial. Copérnico pode rir por último.)

Para sustentar sua credibilidade, o princípio antrópico foi enunciado nas versões forte e fraca. O princípio antrópico fraco (WAP, na sigla em inglês) procura deixar de fora da equação qualquer disposição especial. Ele não reivindica que a vida inteligente na Terra tenha sido alguma meta da evolução cósmica, que começou com o big bang. Esse princípio apenas afirma que o universo, se chegar a ser inteiramente explicado, deve estar de acordo com a vida na Terra. Talvez as constantes que temos medido contenham algum tipo de flexibilidade, de modo que nosso conhecimento, sendo correto, fique limitado à nossa perspectiva. Vamos imaginar uma abelha que só colete o pólen de flores cor-de-rosa. O princípio antrópico fraco diria que, independentemente de como seja tratada a evolução das flores, deve ser feita alguma conexão entre as flores cor-de-rosa e as abelhas. O fato de existir uma infinidade de outras flores de cores diferentes pode ser explicado como bem quisermos, sem nos preocuparmos com abelhas.

O princípio antrópico forte (SAP, na sigla em inglês) é mais ousado: reivindica que não pode existir nenhum universo cognoscível sem que o ser humano esteja nele. A evolução do cosmos deve, necessariamente, chegar até nós. Muitos físicos se contorcem diante dessa sugestão, que acerta em cheio a metafísica. Um comentarista brincalhão foi ainda mais longe e, empregando um princípio antrópico muitíssimo forte, afirmou: "O universo veio a existir para que eu, pessoalmente, pudesse discutir sobre causa e efeito nesta página da web, especificamente". Levar esse princípio a um extremo tão ridículo pode soar como piada, mas, se o universo deve acomodar o ser humano, não há razão lógica para que não acomode este exato momento. Causa e efeito não têm vida própria. Se as constantes levam a um resultado determinista (isto é, jogar uma bola sempre significa que ela vai cair em direção à Terra), não é difícil que um momento do tempo seja predeterminado – podemos escolher qualquer um.

Agora podemos perceber por que a crença em causas e efeitos é uma das principais entre as que caíram por terra na era pós-quântica. Simplesmente não dá para afirmar que o big bang tenha levado inevitavelmente a este presente momento, a esta página de livro, ao sanduíche de presunto e à xícara de café que estão ao seu lado, nem à grafia de seu sobrenome. Causa e efeito em sentido estrito significaria que o próximo pensamento ou a próxima palavra a sair da nossa boca tenha sido predeterminada 13,7 bilhões de anos atrás. Ao transformar a rigidez de causa e efeito em probabilidades, a mecânica quântica facilitou essa questão. Agora vivemos em um regime de causa e efeito "leves", digamos assim. Toda ocorrência surge de um conjunto de probabilidades e não de uma sequência rígida de reações.

Ainda assim, o mistério do universo com sintonia fina não desapareceu. A probabilidade pode nos apontar a chance de um elétron surgir num determinado ponto A no tempo e no espaço. Não vai apontar nada sobre como os elétrons surgiram como parte de um universo sintonizado. Por analogia, se temos um amigo cujo vocabulário tem 30.000 palavras e sabemos com que frequência ele emprega cada uma delas, podemos usar da probabilidade para calcular qual é a chance de *"jazz"* ser a próxima palavra que ele dirá. Talvez ele não seja fã de *jazz*, nesse caso a probabilidade será pequena, de 1 em 1.867.054. Trata-se de um nível alto de precisão. Mas, sempre que *"jazz"* sair da sua boca, ainda assim não é possível explicar por que ele escolheu essa palavra. Em uma escala mais ampla, nossas habilidades probabilísticas não são capazes de explicar por que a linguagem surgiu nas sociedades primitivas centenas de milhares de anos atrás.

Não importa se o princípio antrópico é fraco ou forte, com ele a Terra deixa de ser um ponto aleatório no oceano cósmico.

É difícil abandonar a proposição de que os valores específicos das constantes da natureza têm origem em um universo que foi constituído de modo a permitir que a vida se desenvolvesse. Se alguém já tentou construir um castelo de cartas, sabe que o menor deslize leva ao colapso de toda a estrutura. Vamos imaginar que, em vez de um castelo de 52 cartas, tenhamos o DNA humano, que apresenta 3 bilhões de pares de base, os degraus químicos ao longo da escada da dupla hélice.

Vamos considerar que o processo de construção do DNA humano tenha levado uns 3,7 bilhões de anos desde o primeiro protótipo de vida na Terra, além de outros 10 bilhões de anos de existência cósmica para que se pudesse chegar àquele ponto. Quantos deslizes poderiam aleatoriamente ocorrer ao longo do percurso, derrubando o castelo de cartas do DNA? Difícil calcular. Os nossos genes foram herdados de nossos pais, mas, no processo de transmissão, ocorreram em média cerca de 3 milhões de irregularidades – na forma de mutações. Essas alterações aleatórias do DNA, somadas às mutações causadas por raios X, raios cósmicos e outros aspectos do ambiente, lançaram grandes dúvidas sobre o caráter acidental da criação da vida.

A taxa de mutações aleatórias é verificável estatisticamente. Aliás, essa é a principal forma que temos de rastrear o percurso dos genes humanos, desde o primeiro grupo dos nossos ancestrais – que migrou da África há 200.000 anos – até hoje. As mutações no DNA servem como uma espécie de relógio, com o qual podemos acompanhar esse caminho. Portanto, a aleatoriedade apresenta argumentos poderosos a seu favor, ao mesmo tempo que a estatística também a debilita, dado quantas vezes o DNA poderia ter se perdido ao longo de 3,7 bilhões de anos. No entanto, todos os deslizes foram evitados e esse fato obscurece nossa visão, se quisermos ter a aleatoriedade como única força atuante no desenvolvimento cósmico. A vida se equilibra no ápice da ordem e da desordem. Independentemente das outras coisas que ela diz, a sintonia fina sublinha como é misterioso esse entrelaçamento.

## O corpo cósmico

Para um número crescente de físicos, a questão da sintonia fina pode ser resolvida caso seja aceito que o cosmos todo é uma entidade única e contínua, que funciona em harmonia, assim como o corpo humano. Todo mundo concorda em que células específicas do coração, fígado, cérebro e assim por diante estão vinculadas à atividade do corpo inteiro. Se avaliamos uma célula isolada, perdemos sua relação com o todo. Tudo o que vemos são reações químicas entrando e saindo das células. O que não vemos é que essas reações dão conta de duas tarefas simultaneamente: num nível local, conservam viva a célula específica, ao mesmo tempo que, num nível holístico, mantêm vivo o corpo inteiro. Uma célula traidora que se rebele pode se tornar maligna. Na defesa incansável dos próprios interesses, dividindo-se infinitamente e matando outras células e tecidos no seu caminho, a célula maligna se transforma num tumor canceroso. A quebra da lealdade de uma célula ao corpo inteiro é, em última análise, inútil. O câncer é destruído no instante em que o corpo morre. O universo teria aprendido a fugir da destruição éons atrás? A sintonia fina seria uma proteção cósmica que o ser humano deveria respeitar se deseja sobreviver no longo prazo?

Vamos voltar às histórias e mitos da criação e examinar essas questões a partir da perspectiva deles. Os mitos já nos ofereciam dicas sobre essas questões muito antes do caos ameaçador dos terroristas, *hackers* e destruição do meio ambiente. Nas lendas medievais do Santo Graal, a fé era o elo invisível que unia o mundo; o pecado era o câncer que podia destruí-lo. Quando os cavaleiros da Távola Redonda saíram em busca do cálice da Última Ceia do Senhor, o panorama era cinzento e mortal. O sofrimento da natureza refletia o pecado humano. O Santo Graal era um objeto concreto, não apenas um símbolo de salvação, portanto era compreensível para uma população pouco letrada. De muitas maneiras, a fé era o elo invisível com o Criador. Se a taça pudesse ser erguida à vista das pessoas, esse elo demonstraria que Deus não as tinha abandonado, e a ordem natural seria preservada.

Um único objeto isolado ecoava por toda uma religião – pode-se até dizer que por toda uma visão de mundo. Outro dito espirituoso de *Sir* Arthur Eddington se aplica aqui: "Quando o elétron vibra, o universo treme". Tudo no cosmos está entrelaçado (como a mente humana pode compreender), pois a mesma realidade está em funcionamento. Se existir outra realidade "por aí", além da percepção humana, para todos os efeitos ela não existe.

Um daltônico não torna as cores irreais, há gente bastante vendo as cores e verificando que elas existem. Mas, se todas as pessoas fossem daltônicas, a existência de certas cores não seria percebida pelo nosso cérebro. O ser humano não consegue ver os comprimentos de onda infravermelhos nem a luz ultravioleta, que estão além da capacidade de nossos olhos. Podemos confirmar a existência deles usando ferramentas construídas para detectar tais ondas. Quando a "escuridão" do universo não contém luz nem radiação mensurável, a realidade se parece muito mais com uma banda de rádio em que sintonizamos apenas uma estação – aquela que reconhecemos como nosso universo.

Avaliando a fase do universo primitivo, durante a qual os átomos começaram a surgir, a física quântica afirma que toda partícula de matéria foi equilibrada por uma partícula de antimatéria. Tinham potencial para se aniquilar, encurtando em muito a história do cosmos. Mas acontece que – uma frase com a qual você, leitor, já deve estar se acostumando – havia um pouquinho mais de matéria que de antimatéria, aproximadamente uma parte por bilhão. Essa diferença foi precisamente o bastante para que toda a matéria visível sendo criada escapasse da aniquilação e desse origem ao universo presente.

## Um mistério secundário: planura

A sintonia fina, quando reduzida a constantes, parece abstrata e matemática. Como em todo enigma cósmico, porém, existem provas visíveis de forma física ao nosso redor. Um exemplo maravilhoso é conhecido como "problema da planura", um mistério secundário que aprofunda o mistério principal da sintonia fina. Estendendo os limites até o mais próximo possível do início da criação, foram dados grandes passos no modelo inflacionário discutido no capítulo anterior. A versão mais bem-aceita desse modelo foi desenvolvida pelo físico teórico Alan Guth na Universidade Cornell, em 1979 (e publicado em 1981). Segundo a descrição de Guth, o universo não começou a se expandir exatamente no instante do big bang, mas, sim, depois de uma pequenina fração de segundo.

A prova de que esse universo remoto inflou com rapidez notável vem de pistas variadas. Uma delas é a quase uniformidade da radiação que surgiu durante o big bang e que continua a permear o universo ainda hoje. Outra é a característica quase plana do espaço. Planura é um termo técnico da física que se refere à curvatura do universo e à distribuição de matéria e energia por ele. Newton desenvolveu uma teoria que trata a gravidade como força, que é realmente um modo de examiná-la. A teoria desenvolvida por Einstein descreve a gravidade em termos de uma geometria tridimensional, de modo que efeitos gravitacionais fortes ou fracos podem ser representados como curvatura no espaço. Quanto maiores a massa e a energia, maior a curvatura.

A curva pode ter duas trajetórias: interior, que produz uma esfera como uma bola de basquete, ou exterior, gerando um objeto que se alarga, como a sela de um cavalo. A física se refere a elas como curvaturas positiva e negativa. Uma bola de basquete e uma sela podem ser representadas em superfícies bidimensionais, mas a curvatura do espaço, que ocorre em três dimensões, é mais complexa: uma bola, por exemplo, tem um interior e um exterior, enquanto o universo não. A relatividade geral consegue computar quanto de massa e energia são necessárias, em um determinado ponto do espaço, para que ele se curve de um jeito ou de outro. Se o nosso universo ultrapassasse um valor crítico, ele se encolheria como uma bola que murcha até o tamanho de um ponto e desapareceria ou, ao contrário, se alargaria infinitamente. A concentração média de massa e energia precisa estar próxima desse valor crítico a fim de gerar o universo que conhecemos, onde, em larga escala, o espaço é plano.

Como o universo primitivo era quase infinitamente denso, com sua expansão, a densidade só poderia diminuir, como um puxa-puxa que vai ficando mais fino à medida que o esticamos. Na idade atual do universo, a densidade de massa-energia por unidade de espaço é bastante baixa, o equivalente a 6 átomos de hidrogênio por metro cúbico. Em uma visão global, o presente universo parece bastante plano. Mas há uma falha. As equações da relatividade geral nos dizem que, se o valor crítico oscilar, mesmo que muito pouco, o efeito no universo primitivo seria bastante ampliado rapidamente. É óbvio que o universo primitivo ficou perto desse valor crítico, o que é auspicioso se queremos que o universo exista como é hoje em vez de ter formato de sela ou desmoronar em si mesmo. Mas os cálculos demonstram que o universo primitivo deve ter tido uma densidade incrivelmente próxima da crítica, afastando-se disso por não mais que uma parte em $10^{-62}$, ou seja, uma parte em um imenso número formado por 1 dividido por 10 seguido de 62 zeros. Como uma precisão tão inacreditável foi possível?

A solução de Alan Guth, que foi aceita como parte do modelo-padrão, foi recorrer a um campo inflacionário cuja densidade nunca se altera, diferente do universo que efetivamente surgiu, cuja densidade se altera à medida que se expande. (Em uma analogia grosseira, o puxa-puxa pode ser esticado até ficar muito fino, mas continuará sempre doce. Seu sabor é "plano" por inteiro, uniforme, não importa seu tamanho.) Na verdade, o campo inflacionário seria como uma grade que conservou o universo num rumo estável, mesmo sob condições extremas próximas do caos. (Em um artigo do mesmo período, Guth ofereceu uma solução para outro quebra-cabeça, conhecido como problema do horizonte, relacionado à estabilidade da temperatura do universo. Não vamos nos aprofundar nisso aqui, já que a uniformidade ilustra muito bem a sintonia fina.)

Se a física algum dia descobrir como integrar a teoria quântica e a gravidade, talvez isso se deva inteiramente ao cenário inflacionário. O princípio básico é que pregas de espaço encontradas no campo quântico (ou vácuo) formaram o universo visível e sua plêiade de galáxias. Essas pregas, ou ondulações, poderiam ter sido geradas por forças gravitacionais extremas microssegundos depois do big bang (ver debate anterior nas páginas 23-4). Não há tanta certeza sobre o que aconteceu antes da inflação; corroborar a era de Planck demanda desenvolvimentos teóricos que ainda não possuímos.

## E se a sintonia fina tiver que existir?

Em muitas das teorias atuais, a confiança na aleatoriedade parece suspeita, se considerarmos a beleza e a complexidade da criação. Por que a física foi persuadida a trilhar esse caminho? Apesar de *"design"* ser uma palavra abominável para os cosmólogos, é difícil aceitar a sintonia fina sem suspeitar que haja padrões ocultos; diante disso, somos forçados a nos perguntar de onde vêm esses padrões, se tudo deveria ser aleatório.

No século passado, Eddington e o físico Paul Dirac perceberam que é possível encontrar certas coincidências nos coeficientes não dimensionais. Ou seja, em vez de serem aplicáveis apenas a dimensões muito grandes ou muito pequenas, esses coeficientes vinculam uma à outra tanto as quantidades microscópicas quanto as macroscópicas. Por exemplo, a taxa da relação entre o coeficiente de força elétrica e a constante da gravitação universal (presumidamente uma constante) é um número grande (força elétrica/força gravitacional = $E/G \sim 10^{40}$), enquanto a taxa entre o tamanho da porção observável do universo (que se presume estar mudando) e o tamanho de uma partícula elementar também é um número grande, surpreendentemente próximo do primeiro número (tamanho do universo/partícula elementar = U/PE ~ $10^{40}$). É difícil imaginar que duas taxas tão grandes e desvinculadas acabariam sendo tão parecidas.

 Dirac argumentou que esses números fundamentais estariam relacionados. O problema essencial é que o tamanho do universo está mudando à medida que o cosmos se expande, enquanto a primeira relação presumivelmente não muda, já que envolve duas supostas constantes.

 Para que isso fique menos abstrato, vamos imaginar que uma pessoa nasceu a 4 quilômetros do melhor amigo. Durante a vida toda, permanecem amigos – algo constante – e para onde quer que essa pessoa se mude o amigo também se muda, sempre mantendo a distância de 4 quilômetros entre eles. A mudança de uma casa a outra é a parte que se altera. No mundo humano, esse amigo pode decidir (por alguma estranha razão) que a distância entre eles deva ser de 4 quilômetros. Mas como a natureza "resolve" combinar essas relações que Dirac descobriu? A *hipótese de número grande* de Dirac é uma tentativa matemática de vincular essas taxas de modo que elas não sejam mera coincidência.

 Mas o princípio antrópico não estava fazendo a mesma coisa? Em vez de usar a matemática avançada, ele desenvolve uma sequência lógica que pode ser compreendida intuitivamente. Se um marciano aterrissasse num estádio de futebol, não teria como compreender as regras do jogo só de olhar, mas poderia deduzir que os jogadores estão conectados – pelas regras do jogo, que orientam todos os movimentos. Se não conhecemos as regras, um escanteio ou um impedimento parecem coisas aleatórias, assim como muitos movimentos, como uma recepção ou um passe. O princípio antrópico defende uma lógica similar. Mesmo que nós, como o visitante marciano, não consigamos descobrir as regras ao observar o universo diretamente, seus movimentos precisos nos dizem que deve haver alguma conexão orientando o jogo.

 O princípio antrópico é especialmente fascinante para os dois autores deste livro que você tem nas mãos, pois ele é um passo na direção de um Universo Humano. No entanto, há uma questão que refreia nosso entusiasmo, a saber, coincidências não são ciência. Mesmo a mais remota das coincidências não é ciência. Por exemplo, em raras oportunidades, duas pessoas muito parecidas se encontram na rua ou numa festa. Ou alguém se parece tanto com Elvis Presley que até trabalha como sósia dele. As coincidências são notáveis, mas a aparente lógica em se reivindicar que deve haver uma razão mais profunda para que elas existam é falsa.

Pensando bem, o princípio antrópico apenas afirma o óbvio: "Estamos aqui porque havia boas condições para isso". Não há poder explanatório nessa frase. É como dizer: "Os aviões voam porque conseguem sair do chão". Mesmo assim, nada na física atual apresenta uma explicação que passe por cima do princípio antrópico.

Uma maneira de lidar com as falhas desse princípio é sugerir que as constantes vêm mudando à medida que o universo evolui. Mas essa possibilidade é desagradável. É mais cômodo acreditar nas constantes atemporais. Podemos sempre contar com a constante da gravitação universal ou com a velocidade da luz (c), da fórmula $E = mc^2$.

Mas essa estabilidade poderia ser uma ilusão, e a palavra *ilusão* não é reconfortante. Se nos livramos de constantes fixas, como viver? Como chegar ao trabalho ou combater uma infecção com antibióticos ou manter as contas em dia a menos que adotemos a ilusão? A resposta é que vivemos melhor assim. Não é preciso jogar pela janela as constantes atemporais; só precisamos enxergar através delas, percebendo que, em um universo participativo, o *status* do ser humano é mais alto que o dos números, não importa quão avançada seja a matemática. Num Universo Humano, as constantes mudam para nos acomodar, não o contrário. Sim, é uma exigência enorme. Estamos justamente reivindicando isso, e a tarefa agora é mostrar que mesmo as melhores respostas da física atual apresentam problemas intransponíveis, a menos que a nossa visão de mundo seja outra.

## Escolhendo um caminho para seguir

No que diz respeito ao que tratamos neste livro, o problema da sintonia fina se reduz a dois caminhos bastante claros. De um lado, temos que a sintonia fina é um caso de coincidências que se acumulam, de forma que a existência do ser humano ter ocorrido no universo "certo" foi puro acaso. É este o ponto de vista preferido pelos proponentes da teoria do multiverso e da teoria-M, entre eles Stephen Hawking e Max Tegmark. Eles aceitam a possibilidade de que haja uma infinidade de universos, de forma que todos os tipos de combinação entre constantes ocorrem, zilhões dos quais não favorecem o desenvolvimento de vida. Mas pelo menos um deles favorece, o nosso. Esse raciocínio seria o equivalente cósmico a imaginarmos que centenas de macacos teclando aleatoriamente em máquinas de escrever poderiam, eventualmente, produzir a obra completa de Shakespeare (tendo também produzido uma montanha quase infinita de bobagens). Se a aleatoriedade pura é a regra e vivemos em um universo incrivelmente improvável só nosso, tivemos muita sorte.

Quão sortudos realmente somos? Estimativas que se encaixam com as supercordas (supondo que existam) calculam que a chance de a vida se desenvolver no universo "correto" em meio a todos os outros é de 1 em $10^{500}$ – isto é, uma parte do número extremamente grande formado por 1 seguido de 500 zeros. É um número muito maior do que a quantidade de partículas no universo conhecido. A imagem de centenas de macacos escrevendo a obra de Shakespeare por acaso é 1 milhão de vezes mais provável; eles poderiam até escrever o resto da literatura ocidental enquanto faziam isso. Mas a questão fica ainda mais complicada. Da assim chamada teoria inflacionária caótica, a probabilidade de estarmos no universo certo é muito menor que $1/[(10^{10})^{10}]^7$! Uma coisa é dizer que centenas de macacos conseguem datilografar a obra de Shakespeare se tiverem tempo, outra é dizer que não há outra maneira de escrever Shakespeare, que é o que reivindicam as hipóteses da teoria-M e do multiverso. (Na verdade, a questão central do multiverso é muito mais radical, já que afirma que todas as possíveis leis da natureza se desdobram de infinitas formas, infinitas vezes. As probabilidades desmoronam quando as vantagens a favor e contra qualquer coisa são ambas infinitas. Como explica Alan Guth, é raro nascerem vacas de duas cabeças aqui na Terra, mas podemos calcular a probabilidade de isso acontecer atribuindo um número a mutações específicas. No multiverso, contudo, vacas de uma cabeça e vacas de duas cabeças são ambas infinitas em número, então, a tentativa de calcular qualquer coisa relativa a elas cai por terra.)

Dissemos que existem dois caminhos bastante claros sobre o problema da sintonia fina. O segundo, e que preferimos, é que o universo se organiza por si mesmo, levado pelo funcionamento de processos próprios. Em um sistema que se auto-organiza, cada nova camada de criação deve regular a camada anterior. Então, a geração de cada nova camada do universo, da partícula à estrela, da galáxia ao buraco negro, não pode ser considerada aleatória, dado que ela foi criada a partir de uma camada preexistente que, por sua vez, estava regulando a camada que a produziu. O mesmo vale para toda a natureza, inclusive o funcionamento do corpo humano. As células formam tecidos que, por sua vez, formam os órgãos, os órgãos formam sistemas e, finalmente, o corpo todo se desenvolve. Cada camada surge do mesmo DNA, mas elas se empilham, digamos assim, até que o cérebro humano, o auge do desenvolvimento, coroe tudo.

Não obstante quão magnífico seja o cérebro – em comparação com uma simples célula do cólon, por exemplo –, o menor elemento em sua estrutura de multicamadas recebe cuidados e nutrição. O DNA desenvolveu a capacidade de montar hierarquias, pois o universo inteiro foi sua escola. Esse sistema recorrente de auto-organização, para usar um termo científico, em que cada camada se curva sobre si mesma para que possa monitorar outra camada, permeia a física e a biologia.

Por exemplo, nossos genes produzem proteínas que monitoram e regulam todo o genoma, fiscalizando a necessidade de restaurações e a ocorrência de mutações no DNA. No cérebro, as redes de neurônios criam novas sinapses (pontos de contato entre as células cerebrais), que, por sua vez, monitoram e regulam as sinapses preexistentes que lhes deram origem. O cérebro reúne todo o conhecimento, a informação e os dados sensoriais novos, associando-os ao que já sabemos. Seja no conjunto genes-cérebro, seja no sistema solar-galáxias, a auto-organização está presente. A existência necessita de equilíbrio, que demanda *feedback*. Um sistema consegue corrigir seus desequilíbrios automaticamente ao se monitorar. Cada novo elemento do universo, ainda que minúsculo, deve criar um circuito de *feedback* com aquele que lhe deu origem. Caso contrário ele não estaria conectado ao todo – em termos humanos, não teria um lar.

Desse ponto de vista, a sintonia fina não é misteriosa. Ninguém vê nada de misterioso no fato de as engrenagens de um carro se encaixarem com precisão. Se assim não fosse, o carro não funcionaria. Da mesma maneira, um universo em funcionamento deve ter uma sintonia fina. Por que esperaríamos que o oposto disso seja verdadeiro – que o universo seja naturalmente desengonçado? O que há de realmente intrínseco na natureza é que, em todos os níveis, existe auto-organização. Mesmo quando uma ocorrência parece aleatória (satisfazendo a matemática da aleatoriedade), algum tipo de propósito está presente, começando pelo propósito essencial da homeostase – o equilíbrio dinâmico das partes em um todo.

Nas aulas de biologia, o exemplo clássico de homeostase é a capacidade do corpo humano de conservar sua temperatura estável em 37 °C sob condições térmicas externas instáveis. Vamos supor que, no outono, uma pessoa está sem casaco e de repente a temperatura cai. Dependendo do tempo de exposição à temperatura menor, o corpo vai passar por uma série de etapas táticas, tais como redirecionar o sangue da pele para a região nuclear do corpo e acelerar a fornalha metabólica, procurando garantir que os órgãos não esfriem. Sob um microscópio, a atividade de qualquer célula isolada poderia parecer arbitrária e aleatória, até que se perceba aonde o corpo inteiro está tentando chegar.

Para nós, a sintonia fina do universo mostra como a natureza é sensível, pois equilibra primeiro as partículas subatômicas para garantir que as galáxias também estejam equilibradas.

A auto-organização faz parte do tecido do cosmos e age como um coreógrafo invisível nos bastidores, estimulando a evolução, mas isso não deve ser confundido com a falácia do *"design* inteligente", que supõe um Deus supernatural no céu. O funcionamento suave do universo tem como base os processos quânticos, que rapidamente tomam escolhas invisíveis e microscópicas que levam aos resultados finais no nível da vida cotidiana.

Será que a existência de seres humanos neste planeta implica que somos vencedores de uma roleta cósmica, tendo superado a chance incrivelmente pequena de nos desenvolvermos no universo certo? Ou existimos porque nos encaixamos num esquema oculto da natureza? A maior parte das pessoas responde a essas perguntas de acordo com sua visão de mundo, que pode ser religiosa, científica ou um híbrido das duas. Porém uma coisa é certa. Se acreditamos num esquema oculto ou numa estrutura superior, é isso o que veremos "lá fora".

Quando procuramos ordem no universo e desvendamos de onde vêm seus padrões, tomamos parte dele. Einstein tocou em uma verdade profunda quando afirmou: "Quero conhecer a mente de Deus; todo o resto são detalhes". Substituindo "mente de Deus" por "o propósito do universo", temos aí um objetivo que vale a pena perseguir por toda a vida.

# DE ONDE VEIO O TEMPO?

O tempo nunca pretendeu ser nosso inimigo. Nós o transformamos em um ao dizer coisas como: "Estou ficando sem tempo" ou "Acabou o tempo", o que dá a entender que o ser humano está preso em uma armadilha do tempo, sem chance de escapar, pelo menos não enquanto não desvendar se há esperança de vida após a morte. Contudo, Einstein encontrou uma maneira de fazer as pazes com o tempo quando disse que o passado e o futuro são ilusões; existe apenas o momento presente. Esse foi um daqueles momentos brilhantes em que as tradições espirituais do mundo e a ciência avançada convergem. A frase "Para sempre e por toda a eternidade só existe o agora, o único e o mesmo presente; o presente é a única coisa que não tem fim" teria sido dita por um sábio iluminado, por um poeta profético ou por um físico famoso?

Essas palavras específicas foram proferidas por Erwin Schrödinger, que, como muitos pioneiros da física quântica, se aproximou do misticismo à medida que foi compreendendo a revolução que tinha ajudado a criar. Já que o "místico" tem efeitos fatais sobre a ciência, o que acontece se afirmarmos que Schrödinger estava sendo absolutamente literal? Ficamos diante de uma incompatibilidade já familiar. No nosso cotidiano, a vida definitivamente vai do passado para o presente e segue para o futuro. Como é que o tempo não se altera e, o que é ainda mais incrível, foi inventado pela mente humana?

Vamos tentar relembrar a noção de Céu largamente difundida. Muitas crianças ouvem histórias que afirmam que o Céu é eterno, dura para sempre, independentemente de como o imaginemos – com anjinhos tocando harpas, nuvens ou um pasto verde com carneirinhos inocentes. Na imaginação infantil, e na de muitos adultos, a eternidade é entediante e monótona. Pode até ser assustadora, já que o tempo se desdobra sem fim e as harpas e os carneirinhos acabam perdendo a graça.

Mas na verdade a eternidade não dura por um longo tempo. A eternidade é atemporal, e quando uma religião promete a vida eterna duas coisas estão envolvidas. Uma delas é a ausência das aflições do tempo, tais como envelhecer e morrer. A segunda promessa é muito mais abstrata. Depois da morte, somos atemporais. Literalmente sem tempo na "zona da eternidade", onde as almas moram. Por que então esperar pela vida depois da morte? Se o tempo é uma ilusão, deveríamos conseguir sair dele sempre que desejássemos, simplesmente vivendo o momento presente, atingindo, então, o Céu.

Os cientistas não pensam assim, pelo menos não a maioria, mas foi a ciência que abriu a porta para que o tempo fosse enxergado de uma maneira nova. Por exemplo, ninguém sabia que o tempo podia ser esticado como um elástico até que Einstein mostrou isso. Os teólogos já haviam nos ensinado que o tempo divino é infinito, e agora alguns cosmólogos estão dizendo a mesma coisa sobre o multiverso. Na verdade, a física moderna é bastante gananciosa na sua busca por capturar cada vez mais tempo. Se de fato existir tempo infinito, então universos infinitos poderiam florescer, e, se temos universos infinitos, poderia existir uma imagem espelhada da Terra em algum lugar "por aí", com imagens espelhadas de todas as pessoas vivas atualmente.

Todas essas especulações, inclusive as religiosas, são interessantes até sabermos de onde veio o tempo. Não há prova de que o big bang levou tempo. Porque, quando mergulhamos no puro caos da era de Planck, o tempo não passava de mais um ingrediente da sopa quântica, revolvendo-se sem nenhum traço de "antes" ou "depois" nem causa ou efeito. O universo era, então, um espaço atemporal. Talvez ainda seja.

## Compreendendo o mistério

Os relógios atômicos mais exatos são tão precisos que, a cada poucos anos, um novo "segundo" deve ser inserido na sua contagem – em geral os jornais divulgam uma pequena resenha quando isso acontece; a última vez foi em 30 de junho de 2015. A necessidade desse segundo a mais ocorre porque a velocidade de rotação da Terra está diminuindo gradualmente, então acrescentar um segundo extra quando necessário sincroniza o Tempo Universal Coordenado (a hora do relógio) com o tempo solar (nascer e pôr do sol).

Quando os relógios que funcionam com base na vibração de átomos conseguem fatiar o tempo em milionésimos de segundo, pode parecer que o tempo já não apresenta mais mistérios. Os relógios são muito úteis para marcar as horas. Mas também nos impedem de conhecer a verdade sobre o tempo. Quando pediram a Einstein que explicasse a relatividade, sua resposta, que ficou famosa, foi: "Coloque a mão num fogão quente por um minuto. Vai parecer uma hora. Fique uma hora com uma moça bonita. Vai parecer um minuto. Isso é relatividade". Sutilmente, ele se referiu ao aspecto pessoal do tempo, e é aí que começam os mistérios. Quando alguém está se sentindo feliz, suspira de alegria: "Queria que este momento durasse para sempre". Será que essa pessoa está desejando algo que já é real?

Como o tempo tem dois aspectos, um relacionado às experiências pessoais, outro relacionado ao mundo concreto descrito por equações científicas, esse tema é intrincado. Não importa quanto pareça durar a sensação de tempo na cadeira de um dentista ou em um engarrafamento, o tempo registrado no relógio não se altera. Podemos dividir esse fato de duas maneiras. Podemos dizer que a hora do relógio é real e que o tempo pessoal não é. Ou podemos apontar que só é possível subtrair o aspecto pessoal do tempo na teoria. No mundo concreto, todo tempo é pessoal. Nós concordamos com a segunda opinião, mesmo que pareça radical ou peculiar.

Quando o tempo fica muito pessoal, percebemos o elemento humano que, geralmente, fica oculto, pois não o valorizamos. Depois de matar um rei e colocar em andamento o próprio destino trágico, Macbeth, personagem de Shakespeare, está num momento de grande melancolia quando declara, aborrecido: "[...] O amanhã, o amanhã; outro amanhã, dia a dia se escoam de mansinho, até que chegue, alfim, a última sílaba do livro da memória [...]"*.

Essa é uma expressão clássica sobre o aspecto pessoal do tempo. Um dia vem, inexoravelmente, depois de outro, aproximando-nos do momento da morte. Mas "escoar de mansinho" é, na verdade, uma ilusão. O tempo não "flui" no campo quântico, onde todas as realidades existem como potencial puro. O campo quântico está longe da noção vulgar de tempo, e quando uma partícula surge desse campo ela não tem história nenhuma. As partículas estão ligadas a um interruptor de liga e desliga, não ao passado.

Em uma realidade quântica, Macbeth diria: "Agora, agora e agora. Nada mais existe além do presente". Se não podemos mais crer no fluxo do tempo, o único tempo que pode existir é o tempo presente. O tempo presente dá a medida do tempo "real", enquanto o "fluxo" de tempo, que gera o nascimento de bebês e a morte dos idosos, é uma ilusão. Eis a dificuldade. Vemos bebês nascendo e idosos morrendo, entre muitas outras coisas que acontecem no fluxo do tempo. Ninguém pode nos dizer que essas coisas são ilusórias.

---

* William Shakespeare, *Macbeth*. Ato V, cena V. (N.T.)

Naturalmente, essa ilusão é bastante convincente se acontece estarmos vivos na Terra. Mas, para um físico, o campo quântico atemporal está sendo filtrado pelo sistema nervoso humano, que corta a eternidade em fatias finas e práticas, para o nosso benefício. O tempo "por aí" é uma dimensão de realidade totalmente desvinculada das preocupações humanas. Macbeth talvez tenha medo de morrer, mas um ímã não tem. Ele existe em um campo eletromagnético que, por todas as razões práticas, nunca envelhece. Pois, enquanto este universo resistir, o campo magnético vai permanecer intacto, sem nunca envelhecer. Uma lâmpada se apaga depois de um certo número de horas, mas a luz em si nunca se apaga. Mesmo que o cosmos atinja um ponto final daqui a bilhões de anos e todas as fontes de luz fiquem escuras, seria um equívoco dizer que a luz envelheceu. Ela simplesmente se apagou.

## Galinha cósmica ou ovo cósmico?

Para um cientista em atividade, essa posição é tão axiomática que ninguém pensaria em contestá-la. O dilema, porém, é quase imediato: "O que veio primeiro, o ovo ou a galinha?" Não há tempo sem o universo, nem universo sem tempo. Os dois dependem um do outro. O mesmo vale para os átomos, que só surgiram 300.000 anos depois do big bang, quando prótons e elétrons livres se combinaram; antes disso, só existia matéria ionizada. Sem o tempo, não haveria átomos. Mas, sem átomos, não haveria nenhum cérebro humano para perceber o tempo. Como os dois se vincularam? Ninguém sabe. A ilusão criada pelos relógios não é confiável, o que gera dúvidas sobre a própria objetividade do tempo. Algo intransponível como a Muralha da China nos impede de espiar além da era de Planck, o estado de pré-criação, e enxergar o que veio antes do big bang. A mesma muralha existe em relação ao tempo, mas isso não impediu que os físicos procurassem uma explicação sobre o funcionamento do tempo neste universo. O tempo traz mudança, e mudança implica movimento, que pode ser observado na criação em todos os lugares. Estranhamente, porém, a noção de movimento não significa que realmente estamos observando algo que se move. Isso também pode ser apenas uma ilusão.

O movimento que percebemos de átomos e moléculas faz parte da ilusão do relógio. Quando assistimos a uma perseguição de carros no cinema, os carros não estão de fato em movimento. Na verdade, vemos fotos estáticas que passam pelo projetor (quando os projetores usavam filme) numa taxa de 24 quadros por segundo, o que cria a ilusão de movimento. O nosso cérebro opera da mesma forma, tirando "fotos" – imagens fixas – e enfileirando-as tão rapidamente que enxergamos o mundo em movimento.

No nível do campo quântico, todo movimento é ilusório. As partículas subatômicas entram e saem do vácuo quântico num piscar de olhos, ressurgindo sempre em um lugar ligeiramente diferente. Fundamentalmente elas não se movem, pois essa diferença entre os lugares nada mais é que uma mudança de estado. Vamos pensar no funcionamento da tela de uma tevê. Se um balão vermelho precisa cruzar a tela, nada dentro da tevê precisa se mexer. Em vez disso, os átomos de fósforo (nos antigos tubos catódicos) ou as luzes LCD (da tela digital) piscam sem parar. Ao cumprir essa sequência (primeiro a LCD vermelha número 1, depois a número 2, a número 3 e assim por diante), parece que o balão flutua da esquerda para a direita, de cima para baixo ou de qualquer outra maneira escolhida.

Pode ser que esse truque seja do nosso conhecimento, mas quando estamos sentados diante da tela do cinema mergulhamos na ilusão. A qualquer hora podemos nos levantar e sair da sala de exibição, voltando ao mundo real. Mas como saímos do mundo real, em primeiro lugar? Se o tempo que experimentamos no dia a dia é tão ilusório quanto o do cinema, temos um problema. O sistema nervoso humano é feito de pequenos relógios que regulam outros reloginhos pelo corpo todo. Além dos ritmos realmente longos aos quais o corpo obedece (dormir e acordar, comer, digerir e excretar), existem ritmos medianos (respirar), ritmos curtos (batimento cardíaco) e ritmos muito curtos (reações químicas dentro das células).

É um milagre que o sistema nervoso humano consiga sincronizar todos esses ritmos, entre muitos outros. Existem as contrações das fibras musculares, o fluxo hormonal, a divisão do DNA, a divisão celular – todos esses processos têm relógios próprios. A atividade do DNA também controla desde ritmos mais longos (como o nascimento dos dentes dos bebês, o início da menstruação e outros aspectos da puberdade) até ocorrências mais distantes (como calvície, menopausa e o surgimento de doenças crônicas que levam anos para se desenvolver, tais como muitos tipos de câncer e doença de Alzheimer). Ainda é um mistério como os nossos genes conseguem abarcar escalas de tempo tão curtas quanto um milésimo de segundo (o tempo de uma reação química em uma célula) e tão longos quanto setenta anos ou mais.

A essa altura, uma pessoa prática fica tentada a dizer: "O mistério do tempo é abstrato demais. Desde que o meu cérebro funcione de acordo com o relógio, está tudo bem". Mas não está. Vamos imaginar que uma pessoa está deitada, sonhando. Nesse sonho, ela é um soldado no campo de batalha. Atravessa o campo com o coração disparado. À volta dela, bombas explodem, a artilharia zune. O espetáculo a prende, apesar do pavor, e a pessoa, então, acorda. Nesse instante, a ilusão do sonho se revela, mas, sobretudo, a do tempo. Nos sonhos, longos intervalos temporais se passam, mas os neurologistas sabem que os episódios de sono REM (movimento rápido dos olhos, em inglês), quando ocorre grande parte dos sonhos, não levam mais que alguns segundos ou minutos.

Em outras palavras, não há relação entre o "tempo cerebral", como é medido pela atividade neurológica, e a vivência do sonho. O mesmo vale para quando estamos acordados. Vamos imaginar que estamos sonhando acordados, olhando pela janela as pessoas e os carros que passam. Quando acordamos, um pesquisador nos diz que esse sonho, que pareceu levar metade do dia, não passou de 23 segundos do tempo cerebral. A experiência de estarmos acordados olhando o mundo passar pela janela também é gerada pelas mesmas células cerebrais que criam os sonhos. O disparo de alguns neurônios, que leva apenas poucos centésimos de segundo, pode nos levar a enxergar um raio de luz que dura bastante tempo (é comum enxergar tais luzes em situações de enxaqueca ou epilepsia). Podemos escolher o que queremos chamar de real, o tempo cerebral ou a nossa experiência. Mas, na verdade, nenhuma é mais real que a outra, pelo simples motivo de que não podemos "sair do cérebro" a fim de capturar o tempo real. Sair do cinema é fácil. Sair desse sonho acordado não é.

Como o cérebro aprende a respeitar o tempo? Vamos analisar as reações químicas que ocorrem nas células cerebrais, que, como todas as outras células, são fábricas químicas. Assim como a atividade elétrica que "ilumina" uma ressonância magnética, essas reações têm um tempo de duração preciso. Uma atividade crucial é a troca de íons de sódio e potássio na membrana externa de uma célula cerebral. (O íon é um átomo ou molécula que apresenta carga elétrica não nula, podendo ser positiva ou negativa.) O tempo que essa troca leva é infinitesimal, mas não é instantâneo. Aí está a base do nosso relógio cerebral, ou uma parte importante dele.

Infelizmente, o relógio cerebral não está vinculado à experiência de tempo. Enquanto todos esses íons estão estalando, o tempo pode estar se comportando como bem entende, em sonhos, alucinações, nas situações de doença, em momentos de inspiração ou em outros momentos incomuns em que o tempo para. O estalar dos íons não nos diz nada sobre o comportamento do tempo. De qualquer modo, não haveria íons sem o big bang. Continuamos no mesmo beco sem saída onde o mistério começou. A questão do ovo ou da galinha cósmicos ainda precisa ser explicada.

## Ou talvez não...

O tal beco sem saída acabou sendo uma pista importante. A cada disparo de um neurônio no cérebro, a existência do tempo emerge. Enquanto uma pessoa estiver viva, ela está "criando" tempo; sempre há tempo. (Quando alguém diz que "não deu tempo", naturalmente se refere a um prazo final.) Portanto, não precisamos voltar ao big bang. Perguntar sobre a origem do tempo não tem a ver com o universo, mas, sim, com nossa vivência aqui e agora. *Não existe outro tempo*. Resolver o mistério do tempo nos dirá se somos os criadores do tempo ou suas vítimas involuntárias, os peões da atividade cerebral. Parece que não há outra escolha. Se o tempo depende do cérebro, e vice-versa, estamos falando sobre o modo mais importante de participarmos do universo. Antes da relatividade, a crença de que todo mundo compartilha da mesma experiência de tempo gerava uma espécie de democracia cósmica. Somos todos iguais perante o funcionamento do tempo. Esse estado pode ser denominado "democracia galileana" (em referência a Galileu Galilei, famoso cientista que viveu na época da Itália renascentista), pois algumas das observações fundamentais de Galileu reforçam a realidade do senso comum. Por exemplo, se alguém que passa de carro por você joga uma bola na mesma direção e sentido do movimento, a velocidade da bola pode ser calculada com precisão, e o resultado será sempre o mesmo. Um carro a 90 km/h pode ter o maior arremessador de beisebol como passageiro. Se ele lançar uma bola rápida à velocidade recorde de 170 km/h, a velocidade resultante da bola será de 260 km/h (velocidade do carro mais velocidade da bola).

A democracia galileana era boa o suficiente, desde que houvesse um ponto fixo para nos apoiarmos. Para o arremessador do carro, a bola só chega a 170 km/h, já que ele mesmo está se deslocando tão rápido quanto o carro. Porém, Einstein mostrou que não há de fato nenhum ponto fixo no universo em que se possa medir o tempo. Todo observador está em movimento em relação a outro observador. (Ninguém consegue comprovar com certeza quem está em movimento e quem está parado, pelo menos em termos de constantes de movimento.) Assim, todas as medidas são relativas, dependendo da velocidade que dois objetos têm ao passar um pelo outro.

A relatividade ameaçou a democracia galileana. Não se pôde mais confiar em uma realidade igual para todos os participantes inseridos nela. Se estamos em uma nave espacial, viajando à velocidade da luz, e atiramos com uma arma de raios, os fótons presentes no feixe disparado pela arma também se deslocam com a velocidade da luz. Ao contrário do caso do arremessador no carro, não é possível somar a velocidade da nave à velocidade dos fótons disparados. Ao viajar na velocidade da luz, já estamos no limite absoluto para qualquer observador em todos os modelos de velocidade conhecidos. Einstein demonstrou que a velocidade do tempo dependeria do modelo de referência em que estamos. Assim, a relatividade demoliu para sempre a suposição de que a experiência de tempo é sempre a mesma para qualquer pessoa. O tempo não é universalmente o mesmo para todo observador. Somos como pontos que flutuam livremente no espaço, onde só vale o tempo local.

Mas, se encaramos isso de outra perspectiva, todo observador define o modelo de tempo que está vivendo, e pode mudar essa referência ao se movimentar com mais rapidez ou lentidão, seja em uma curva fechada, seja ao se aproximar de um forte campo gravitacional. A democracia galileana virou democracia einsteiniana.

Na verdade, trata-se de uma democracia universal, que trouxe consigo maior liberdade de participação. As constantes ainda estão ali. A velocidade da luz continuará impondo a mesma limitação na rapidez com que um corpo pode se movimentar através do espaço-tempo. Mas, em vez de agir como um muro e nos aprisionar, as constantes são como as regras de um jogo. É preciso respeitar as regras e, desde que isso seja feito, é possível se movimentar como se queira, seja num jogo de xadrez, seja no de futebol ou no de paciência. A ciência tende a se inclinar demais para as regras. Por exemplo, já que as ondas eletromagnéticas se propagam no vácuo com a velocidade da luz, elas não vão mudar de velocidade em lugar algum do cosmos. Fixar a velocidade da luz como um absoluto foi uma conquista desejável do ponto de vista dos cálculos, pois eliminou a falibilidade do tempo subjetivo.

O ponto de vista científico que diz que o cérebro está sujeito à velocidade das correntes elétricas não passa disso, um ponto de vista. Na democracia einsteiniana, todo mundo fica liberado para priorizar as regras ou a liberdade. Não existe um ponto fixo em que se apoiar. A constante da velocidade das ondas eletromagnéticas é uma fronteira que nosso cérebro deve respeitar, mas, apesar disso, a mente tem liberdade de pensamento. Podemos brincar de qualquer jogo mental que desejarmos e, no final, todos os jogos são mentais. A velocidade da luz não comprime nossa humanidade, apenas nossos neurônios.

Quando a relatividade derrubou o tempo absoluto, ela também derrubou o espaço. Assim como o tempo, o espaço parece distorcido quando medido a partir de referências de movimento diferentes. De acordo com a relatividade, um observador em repouso que perceba uma nave se aproximando da velocidade da luz enxergaria o comprimento da nave sendo encurtado na direção do seu movimento progressivo. Não percebemos esses efeitos da relatividade no tempo e no espaço, pois as velocidades às quais estamos acostumados no dia a dia são mínimas se comparadas à velocidade da luz. Porém, no acelerador de partículas onde o bóson de Higgs foi descoberto – o LHC (Grande Colisor de Hádrons), em Genebra, na Suíça –, faz parte da rotina acelerar as partículas subatômicas a velocidades próximas à da luz. Eis um lugar na Terra onde os efeitos da relatividade são mensuráveis e totalmente aceitos pelos estudiosos como um fato da natureza.

Ou seja, é possível enxergar como o tempo poderia ser no início da criação. Vamos pensar em livros *pop-up*, que parecem livros comuns, achatados, mas de onde saem casas, animais e paisagens elaboradas, e até partes em movimento. A criação é assim, quando vista no nível quântico. Existe a planura e, de repente, corpos no espaço-tempo. Tudo salta de uma vez. Dessa forma, o comportamento isolado de cada partícula não é de fato um indicativo de realidade. Para que uma árvore, uma nuvem, um planeta ou o corpo humano possam existir, não há um empilhamento real de partículas subatômicas, átomos e moléculas, como os tijolos de uma casa em construção. As partículas subatômicas *trazem com elas o espaço e o tempo.*

Esse fato traz implicações fascinantes. Por exemplo, uma partícula que se movimenta em velocidade próxima à da luz pode deteriorar-se num curto período de tempo, medido em milionésimos de segundo, mas vai durar mais observada por cientistas em um laboratório estacionário em relação às partículas em movimento. Uma partícula que se movimente exatamente à velocidade da luz dura para sempre, pois, para ela, o tempo não vai passar, parece congelado. No que diz respeito à luz, o tempo não existe, enquanto de nossa perspectiva, num mundo isolado da velocidade da luz, a duração de um fóton é infinitamente longa. Os fótons, partículas de luz, têm massa zero. Se uma partícula (qualquer partícula) apresenta uma massa finita, jamais conseguirá atingir a velocidade da luz.

Temos agora como provar uma das ideias que pareciam impossíveis no início deste capítulo: a eternidade está ao alcance das nossas mãos. A luz, que é atemporal, deu origem à vida na Terra e continua a sustentá-la. Portanto, a verdadeira questão que precisamos nos perguntar é como dois opostos, tempo e não tempo, se relacionam. O tempo, o espaço e a matéria surgem da planura de uma vez só, e, quando os corpos sólidos são arrastados para a democracia einsteiniana, eles se tornam relativos. De acordo com a relatividade, a massa de um corpo não é constante. A matéria é constantemente transformada em energia, e vice-versa, como se verifica em $E = mc^2$. Mas é aqui que nossa capacidade de visualização termina. Ficamos limitados pela lentidão de nosso cérebro, só porque ele é composto por matéria. Os impulsos elétricos no cérebro se propagam com grande velocidade, mas os pensamentos que eles provocam são "rebaixados", como as voltagens enormes nas linhas de força, reduzidas para o uso doméstico. As únicas partículas que se movimentam à velocidade da luz são fótons e outras partículas com massa zero, como o ardiloso neutrino, se é que sua massa é mesmo nula. Se alguém conseguisse milagrosamente ultrapassar a velocidade da luz, o tempo pareceria andar para trás, um portal teórico que leva ao início do tempo.

Einstein ponderou que isso não poderia acontecer em um mundo clássico, mesmo em um mundo com efeitos relativísticos. Porém, isso pode ocorrer em um mundo quântico. Todas as permutações de tempo são possibilidades quânticas, o que nos apresenta outra pista valiosa. Se o reino quântico permite que o tempo pare, volte para trás ou siga uma flecha do passado para o presente e o futuro, então não há razão para que o big bang tenha favorecido qualquer uma dessas possibilidades em detrimento das outras. Questionar por que vivemos em um tempo cronológico é quase a mesma coisa que perguntar por que o universo se encaixa com tamanha perfeição. O tempo cronológico beneficia o ser humano, assim como a sintonia fina do universo.

Como acontece com todas as formas de vida, o ser humano não pode existir sem nascimento e morte, criação e destruição, maturidade e decadência. Esses são presentes do tempo cronológico e, embora as estrelas e as galáxias também passem pelo nascimento e pela morte, seus ciclos são apenas uma questão de reembaralhar matéria e energia no tabuleiro cósmico. A situação humana é muito mais complexa, pois, ao contrário dos corpos físicos, apresentamos uma mente, que cria novas ideias em um campo infinito de possibilidades. De alguma forma, o mistério do tempo deve estar ligado ao funcionamento da mente humana. Vejamos se a revolução quântica trouxe o tempo e a mente para mais próximo um do outro.

## Os quanta são regidos pelo tempo?

Seria bastante constrangedor para a relatividade se viajássemos mais rápido que a velocidade da luz, e agora isso aconteceu. Recentemente, pesquisadores encontraram um modo de movimentar os fótons de uma posição a outra sem atravessar o espaço entre eles, no primeiro exemplo real de teletransporte. Como os fótons passam do ponto A para o ponto B instantaneamente, o tempo não transcorre. Mas não se excede a velocidade da luz, de fato; ela se torna irrelevante. Podemos dizer que se desviou do tempo. Na verdade, o teletransporte revela nitidamente o surgimento do espaço, tempo e matéria.

O teletransporte de fótons tem implicações imensas. O raciocínio de Einstein, como fomos percebendo, ainda estava preso a um mundo clássico, um mundo limitado pela velocidade da luz. Como cavalos selvagens soltos de um curral, se os corpos quânticos conseguem ir além da velocidade da luz – sem ultrapassá-la, mas, sim, através de uma ação instantânea –, algo desconhecido nos aguarda. Uma das coisas que desconhecemos é a quantidade de dimensões que realmente existem. O tempo cronológico é unidimensional. Ele percorre uma linha reta que ocupa uma dimensão, como todas as linhas retas, que só conseguem ligar o ponto A ao ponto B. Mas na teoria quântica não há limite de dimensões, já que elas existem como meras construções matemáticas. Por exemplo, certas teorias quânticas exigem que nós sigamos além da gravidade para o campo da supergravidade, que postula onze dimensões. O estado anterior à criação, antes do big bang, poderia não ter dimensões (ocupando zero dimensão, em termos matemáticos) ou poderia ter infinitas dimensões. As possibilidades são de dar nó na cabeça, distantes demais da experiência cotidiana.

Temos que acrescentar o nosso universo tridimensional ao monte de absolutos desmantelados, e o tempo, a quarta dimensão, talvez tenha que ir junto. Em termos matemáticos, ele já foi. É bem aceito que as partículas estão emergindo aqui e agora, de um "lugar" adimensional, denominado "vácuo quântico". Segundo a teoria de alguns físicos radicais, os únicos dois números remotamente reais são o zero e o infinito. Zero é onde se dá o truque do nada virar algo. Infinito é o número de possibilidades que podem surgir em uma escala absoluta. Todos os números nesse intervalo são tão reais quanto bolhas de sabão ou fumaça.

A ausência de dimensões é algo que não pode ser visualizado – mesmo matematicamente isso pode parecer um truque barato, pois muitas variáveis ou são desconhecidas ou são mera conjetura –, mas certamente todos nós existimos porque o eterno, que não tem início nem fim, se expressa na forma de tempo no momento presente. Essa transformação desafia a lógica, o que a esta altura não seria surpreendente.

Já que o reino quântico não é cronológico, por que não aceitar que o tempo é inteiramente maleável? A partir desse ponto, não é nenhum exagero entender qualquer versão do próprio tempo como artificial. A fim de facilitar a compreensão, precisamos explorar um termo básico da física quântica que também se aplica à realidade do dia a dia: *estado*. Quando vemos uma árvore, o seu estado é o de um objeto tangível que pode ser localizado no espaço-tempo e vivenciado pelos cinco sentidos. Uma nuvem, mesmo sendo vaporosa e mais ilusória que uma árvore, existe nesse mesmo estado de fisicalidade.

Quando a física penetra no domínio quântico, passa a envolver outro estado, chamado de virtual. Ele é invisível e intangível, entretanto real. Na verdade, visitamos o estado virtual a todo momento. Vamos pensar em uma palavra, qualquer palavra. Quando pensamos ou pronunciamos "abacate", ele existe como objeto mental. Antes de pensarmos ou pronunciarmos a palavra, onde ela está? As palavras não ficam armazenadas em um estado físico nas células cerebrais, mas existem invisíveis e estão sempre à mão, em um estado virtual. É possível arrancá-las de lá à vontade, uma capacidade que se deteriora quando a recuperação da memória cerebral fica fisicamente fragilizada ou prejudicada. Um aparelho de rádio danificado tampouco consegue sintonizar ondas de rádio. Mas mesmo sem um receptor que funcione, os sinais de rádio existem à nossa volta, invisíveis e imperceptíveis.

Analogamente, o cérebro é um receptor das palavras que usamos, mas não para por aí; as regras de uso da língua também estão no reino virtual. Quando vemos a frase: "As casa precisa vento?", sabemos de imediato que ela não obedece às regras da língua. Não gastamos energia mental para apontar a diferença entre sentido e falta de sentido. As regras estão invisivelmente incrustadas em um lugar que, para todos os efeitos, não é físico. As partículas subatômicas também vêm de um lugar não físico, e não há motivo para não acreditar que o terreno de onde vem a palavra "rosa" não seja o mesmo no qual as galáxias florescem.

O estado virtual encontra-se além da criação manifesta. Quando uma onda se transforma em partícula, um passo básico necessário para trazer fótons, elétrons e outras partículas ao mundo das nossas experiências, o estado virtual fica para trás. É por conta dele, também, que a física calcula que um centímetro cúbico de espaço vazio não é, de fato, vazio. No nível quântico, ele contém uma quantidade imensa de energia virtual.

Todas as coisas do universo conseguem mudar de estado. Na experiência diária, ninguém se surpreende ao ver a água virar gelo ou vapor, que são diferentes estados de $H_2O$. No nível quântico, as mudanças de estado chegam ao limite, equilibradas entre existência e não existência. Uma mesa de cozinha transita do virtual ao manifesto centenas de vezes por segundo, rápido demais para que alguém observe. É aí que se apresenta o interruptor de liga-desliga que já mencionamos inúmeras vezes. Uma mudança de estado quântica é *o próprio* ato básico da criação. A ideia de multiverso ganhou imensa popularidade por essa mesma razão, quando se percebeu que um universo saltando para a existência não é nem um pouco mais importante que um elétron fazendo o mesmo. As mesmas flutuações no campo quântico estavam em funcionamento para ambos os eventos.

A olho nu, o universo parece muitíssimo grande e um elétron parece muitíssimo pequeno, mas no ato da criação essa diferença não importa.

Um quantum saltando para a existência não vem de um lugar "qualquer" nem vai para um lugar qualquer. Trata-se apenas de uma mudança de estado. Assim, em vez de usar o tempo como medida de mudança, devemos pensar em termos de estados. Vamos pensar em uma bola de vôlei amarrada a um poste. Quando batemos nela, a bola começa a dar voltas no poste, mas chega certo momento em que sua energia acaba e ela vai se aproximando do poste, até finalmente chegar ao estado de repouso. (Os planetas que orbitam o Sol cairiam dentro dele se perdessem energia e momento angular ao longo do tempo, ou seja, se não se locomovessem no vácuo do espaço sideral. Ao contrário da bola de vôlei, nessa situação não há resistência do ar, então ficam girando durante éons.)

Vamos imaginar um elétron em órbita em torno do núcleo de um átomo, uma imagem muito semelhante à da bola no poste. Com os átomos, cada órbita de elétron é chamada de "camada", e os elétrons ficam dentro de sua respectiva camada, a menos que ocorra um evento quântico em que eles saltam para uma camada mais interna ou mais externa. A palavra "quantum" foi designada porque, sendo um "pacote" de energia, o quantum passa de um estado definido a outro, carregando consigo a sua energia. Os elétrons não deslizam de um local a outro, nem desaceleram. Eles saltam de uma órbita (camada) e reaparecem em outra.

Quando compreendemos a importância do "estado", vemos por que os quanta não são cronológicos. O tempo cronológico é como a fita que sai continuamente de um telégrafo, enquanto o domínio quântico é cheio de lacunas, mudanças repentinas de estado, ocorrências simultâneas, inversões de causa e efeito. Então, se a base da criação é quântica, como os corpos físicos se prenderam ao tempo cronológico? A resposta mais simples é que o tempo cronológico é apenas um outro estado. Uma vez que o universo amadureceu, em torno de 1 bilhão de anos depois do big bang, todos os objetos físicos brutos (isto é, maiores do que um átomo) ficaram no mesmo estado de manifestação. A matemática avançada, por meio da teoria da probabilidade, consegue computar as chances, muitíssimo remotas, de que uma mesa de cozinha possa desaparecer completamente em um campo virtual, só para reaparecer um metro adiante. Mas essa não é uma consideração prática. Estando presos à sua manifestação, os objetos do mundo cotidiano são confiáveis em sua submissão ao espaço-tempo. Apesar da ação de fuga quântica, em que elas entram e saem da existência num piscar de olhos, as mesas não vão a lugar algum sozinhas.

Então a verdadeira pergunta é: como acontecem as mudanças de estado? O big bang, que fez um universo inteiro emergir instantaneamente, foi uma mudança de estado que não pode ser explicada como algo que ocorreu em um lugar ou em uma hora específicos. Durante a era de Planck, todo lugar e nenhum lugar eram a mesma coisa, assim como antes e depois. Apesar do muro que nos impede de testemunhar a era de Planck, poderíamos chamá-la de uma fase de transição por meio da qual um estado se transformava em outro e o virtual se tornava manifesto. É bastante intrigante pensar que, estando aqui, num mundo onde os relógios trabalham, percebemos que, da mesma forma que um elétron salta para uma nova camada, o mesmo ocorreu com toda a criação quase 14 bilhões de anos atrás. Mas, se pudermos imaginar isso, teremos uma ideia sobre como algo tão pequeno quanto um elétron e tão grande como o cosmos estão vinculados. Nenhum deles segue o tempo cronológico, portanto devemos adotar maneiras de pensar completamente novas.

## A psicologia entra em cena

Estamos prontos para escapar da prisão do tempo. Nosso corpo participa do universo através de mudanças de estado. Vamos imaginar que um desconhecido bata à nossa porta e se apresente. Se ele disser: "Sou seu irmão perdido, há anos tento encontrar você", vamos entrar em um certo estado, diferente daquele em que entraríamos caso a fala dessa pessoa fosse: "Sou da Receita Federal. Vamos confiscar seus bens". Nosso corpo apresentaria uma reação instantânea e dramática em ambos os casos. Só de ouvir algumas poucas palavras, nosso batimento cardíaco, respiração, pressão sanguínea e equilíbrio químico cerebral mudam rapidamente.

Na vida humana, uma mudança de estado é holística; como um elétron, podemos pular para um novo nível de excitação. Um desconhecido que se apresenta pode virar a nossa vida de ponta-cabeça. Mesmo passando por uma alteração de estado dramática, não há como observarmos os processos físicos microscópicos que ocorrem em nossas células. As regiões específicas do cérebro que geram alegria ou ansiedade vão se iluminar numa tomografia cerebral, mas subjetivamente temos apenas a experiência do resultado final, sem conhecer os mecanismos que levaram a ele.

Uma coisa, porém, se destaca: o evento que dispara o gatilho da ocorrência – o desconhecido que bateu à porta – é o que dá início à mudança de estado. Não se trata de o quantum estar de fato construindo a experiência, embora ele seja considerado muitas vezes o tijolo estrutural da natureza. A cadeia de comando, digamos assim, vai de cima para baixo. Primeiro, o desconhecido bate à porta, depois vêm as palavras que ele enuncia, seguidas da nossa reação mental e de toda a parte física. Resumindo, a mente vem antes da matéria. Só temos certeza disso no mundo humano, apesar das lamúrias dos materialistas, que acreditam que todos os eventos, inclusive os mentais, sejam causados por porções de matéria que trocam porções de energia. Antes de mais nada, as palavras são ocorrências mentais, pois o propósito delas é a troca de informação, não a troca de energia física. Se alguém pronuncia a frase "Eu te amo", a parte física do corpo reage de uma maneira; se, ao contrário, o que se ouve é "Eu quero o divórcio", o físico reage de outra maneira.

Esse fato não ficou perdido entre os físicos quânticos como John von Neumann, um teórico brilhante que ousou ao declarar que tanto o reino quântico quanto a própria realidade apresentam um componente psicológico. A natureza é dualista, tanto subjetiva quanto objetiva. É por isso que nós, seres humanos, conseguimos enxergar qualquer situação a partir dessas duas perspectivas. Ao nos deparar com um desconhecido à porta, conseguimos verificar sua altura, peso, cor de cabelo e assim por diante (objetividade) e ouvir o que ele tem a dizer (subjetividade). Os relatos de pessoas que testemunham crimes nos tribunais não são tidos como confiáveis, pois nós misturamos os pontos de vista. Alguém que nos ameaça cresce em tamanho na nossa mente, o que torna difícil um relato objetivo sobre a altura da pessoa.

Von Neumann levou essa natureza dual da realidade bem longe, à própria essência do funcionamento da natureza. Ele descreveu uma realidade em que as partículas quânticas fazem escolhas e na qual o observador altera o que observa. Por mais de um século, a física quântica esteve atolada em efeitos subjetivos, graças, principalmente, ao princípio da incerteza, que sustenta não ser possível conhecer todas as propriedades de um quantum. O observador seleciona uma propriedade para averiguar e, de repente, é ela que o quantum apresenta. Ao mesmo tempo, suas outras propriedades desaparecem e até podem ser alteradas, simplesmente por estarem sendo observadas.

Embora isso soe abstrato, eis um exemplo corriqueiro. Uma pessoa está na costa norte de Oahu, no Havaí, um lugar famoso pelas ondas imensas, a meca do surfe de alto risco. Enquanto a onda quebra, ela tira uma foto para mostrar aos amigos. A foto congela o movimento da onda, ou seja, é possível enxergar o tamanho dela, mas não sua velocidade. Apenas uma propriedade foi selecionada. Quando um físico observa uma partícula subatômica, é como se tirasse uma foto que revela algo que deseja medir, ignorando as outras propriedades. Contudo, enxergar a realidade desse modo é insatisfatório, já que a realidade é mais abrangente.

Para compensar as propriedades que somem do mapa quando se observa uma delas, as outras são calculadas como probabilidades.

Ainda no exemplo anterior, quando a pessoa mostrar para alguém a foto da onda, ele pode lhe perguntar: "Qual é a velocidade dela?", ao que ela responderia vagamente: "Muito rápida". Se tivesse que definir, ela saberia que a onda era mais rápida que uma lesma e mais lenta do que um avião a jato. Sua velocidade real fica, provavelmente, no intervalo entre 30 km/h e 100 km/h. Já que a onda há muito desapareceu, o que nos resta é a probabilidade. A física quântica se encontra em uma posição semelhante, deixando em aberto uma pergunta básica. Quanto um observador altera os fatos "reais"?

Von Neumann não entrou nesse assunto. Afirmou apenas que a realidade tem um elemento psicológico (o comportamento quase mental das partículas subatômicas) que é fundamental. Alguns físicos, como Schrödinger, sustentavam que o componente psicológico seria predominante. Schrödinger declarou ser "absolutamente essencial" que "abandonemos a noção de um mundo real exterior, por mais alienígena que possa parecer ao pensamento comum". Mas o materialismo, que relaciona todos os fenômenos à existência do mundo externo, não se alterou. Ou se nega o elemento psicológico de todo ou ele é retirado da equação.

Como o aspecto psicológico da realidade afeta o tempo? Sabemos bem que experiências traumáticas podem fazem o tempo desacelerar. Pessoas relatam que, no meio de uma batalha ou durante um acidente de carro, tudo passa devagar. No esporte, o conceito de estar "no fluxo" descreve o estado alterado do jogador, no qual seus sentidos estão aguçados para alcançar o máximo de suas habilidades, quando tudo o mais se encaixa bem e, além disso, o mundo silencia e o tempo desacelera. Os atletas contam que é como estar num tipo de sonho, separados da realidade comum.

É difícil imaginar como seria possível eliminar o componente subjetivo desses relatos. No entanto, existem experimentos bem-sucedidos em ambientes controlados. Em uma pesquisa, os indivíduos iam a um parque de diversões onde um brinquedo os jogava do alto de uma torre. Sentiam a queda livre antes de um paraquedas se abrir e pousá-los gentilmente no chão. Quando perguntados sobre o tempo da queda livre, eles sempre o exageravam, como qualquer pessoa faz em situações traumáticas. O tempo real da queda pode ser medido, e extrair o elemento subjetivo que o distorce é simples.

Será que isso é o suficiente? Se Von Neumann estiver certo, o componente psicológico não se separa do modo como vivenciamos o mundo a cada momento. Talvez a realidade "verdadeira" esteja esperando por alguém que consiga encontrá-la. Os materialistas, que preferem ser chamados de fisicalistas – já que sua visão de mundo inclui tanto energia quanto matéria –, insistem em que não é necessário nenhum componente psicológico, mas a história da física quântica mostra outra coisa. Como místico, Schrödinger foi descartado, mas, com base em evidências empíricas, ele sabia que, no nível básico, a partícula subatômica não se comporta como um pequeno planeta, mas como uma nuvem de possibilidades. O observador determina qual possibilidade vai passar pela mudança de estado, manifestando-se como algo que pode ser mensurado.

Então, a melhor resposta para o mistério sobre a origem do tempo acaba sendo uma resposta humana. Não foi preciso que estivéssemos presentes no big bang para que ele tivesse um componente psicológico. A única versão do big bang que vamos conhecer é aquela relatada por seres humanos que fazem uso de sua mente e cérebro. O mesmo mecanismo está produzindo realidade neste exato instante. Portanto, o mistério do tempo está diante de nosso olhar. Sem uma resposta humana, vai ser um enigma para sempre.

Neste capítulo, oferecemos uma prévia dos benefícios de um Universo Humano em que o tempo está do seu lado, pois você participa da criação dele. Atualmente, porém, os físicos ainda lutam para conservar intacto o tempo objetivo, preservando-o como o "tempo real", o único com o qual a ciência deve se preocupar. Mas e se o único tempo real é o momento presente? Isso derrubaria o obstáculo que divide o tempo subjetivo do objetivo. Quando isso ocorrer, a vida cotidiana pode vir a ser uma vida eterna, aqui e agora. Essa possibilidade surpreendente faz o mistério do tempo ser importante para todo mundo. Cada um de nós tem uma relação única com o tempo, todavia nossa fonte é atemporal. Se conseguirmos enxergar além da ilusão criada pelos relógios, a corrida contra o tempo chega ao fim e o medo da morte é eliminado de vez.

# DO QUE É FEITO O UNIVERSO?

Há muito tempo o universo vem se despindo pouco a pouco, quase como num *striptease*, deixando cair, um a um, os véus que encobrem a verdade sobre a natureza. No início, o espetáculo foi entediante de tão lento. A plateia teve que ficar esperando séculos até que o primeiro véu caísse – o da ideia de um átomo sólido. A noção de átomo é antiga, remonta a Demócrito e seus seguidores. Os filósofos da Grécia antiga não conseguiam enxergar um átomo – mais de 2.000 anos depois, nós também não –, mas eles supuseram que, se alguém fatiasse indefinidamente um objeto qualquer, chegaria a um pedacinho mínimo que não poderia mais ser fatiado. A palavra *átomo* vem de duas palavras gregas que significam "não" e "cortar".

O *striptease* teria acontecido muito mais depressa se tivessem encontrado um jeito de provar que os átomos existem, mas ninguém conseguiu isso. Portanto, se perguntássemos do que era feito o universo, as respostas eram cheias de teoria e nenhum procedimento. Mas se considerava certo que devia existir algum tipo de unidade mínima para a matéria. A partir do século XVIII, a retirada dos véus foi acelerada, pois os pesquisadores começaram de fato a fazer experiências, e o comportamento das reações químicas deu a primeira pista de que átomos únicos e completos reagiam uns com os outros. Vamos pular para o século XX, quando foram encontradas provas da existência de elétrons, radiação, núcleo, partículas subatômicas e assim por diante. As estruturas do átomo foram sendo descobertas uma a uma. Não dava mais para o universo se esconder, recatado.

A plateia então ficou espantada quando o último véu caiu, e atrás dele não havia nada! Se fatiamos um pão em pedacinhos cada vez menores, o átomo desaparece no vácuo quântico. Algo vira nada, como já vimos. Existe, porém, um lado subversivo nesse *striptease*. Assim que ele termina ficamos apenas com ideias sobre o universo em vez de enxergá-lo de fato. De certa maneira, voltamos à estaca zero com os gregos da Antiguidade, confiando na lógica e na especulação em vez de nos fatos demonstráveis.

Neste momento, longe do olhar público, está em andamento uma "batalha pelo coração e pela alma da física", parafraseando algo dito na proeminente revista *Nature*. George Ellis e Joe Silk, dois físicos muito respeitados, escreveram um artigo em 2014 que chama a atenção justamente para a questão da reflexão pura substituindo a análise de dados e fatos. Será que a reflexão pura pode ser considerada ciência, que durante quinhentos anos buscou a verdade através de medições e experimentos? Quando chegamos ao nada, ao ponto zero do universo, a possibilidade de fazer experimentos chega ao fim. Devemos nos incomodar com isso?

Eis uma analogia com a vida cotidiana. Vamos imaginar que estamos prestes a atravessar um cruzamento em uma cidade movimentada. Diante de nós há o semáforo: verde/vermelho. Os carros estão passando pelo cruzamento o tempo todo e alguns o ultrapassam no vermelho. O nosso objetivo é cruzar a rua sem sermos atropelados. Para que isso seja realmente um desafio, devemos usar uma bitola – como as usadas por cavalos –, de modo que só podemos olhar para a frente.

Qual será a nossa estratégia para não sermos atingidos? A faixa de visão é muito estreita, e tudo o que temos para nos guiar são pistas. É assim que os físicos examinam um buraco negro, os eventos anteriores ao big bang ou o interior do vácuo quântico. As pistas são até úteis. Podemos usar a audição para escutar os carros. Podemos verificar se o sinal está verde. Existem outros pedestres que podemos observar para sair do meio-fio junto deles. Isso tudo pode nos dar uma boa ideia de quando é seguro atravessar a rua. Mas a verdade é que não sabemos. A probabilidade de não sermos atingidos por um carro é alta, e isso é o máximo que conseguimos aferir.

Não podemos conhecer a realidade do interior de um buraco negro. Tudo o que podemos fazer é calcular algumas probabilidades, com base em uma série de dados. O mesmo vale para quase todos os enigmas abordados neste livro. A ciência chegou a um ponto em que ou as coisas são pequenas demais, grandes demais, distantes demais, ou ainda inacessíveis mesmo aos instrumentos mais poderosos do mundo. Se pensamos na menor das partículas subatômicas que os maiores aceleradores (que custam bilhões de dólares) conseguem extrair do campo quântico, as menores entre as menores partículas (ou seja lá o que venham a ser) ainda são 10 milhões de bilhões de vezes menores que o que qualquer acelerador consegue detectar.

O que nos leva à seguinte encruzilhada, onde uma placa diz: "Siga em frente para pensar mais"; outra placa diz: "Beco sem saída". A ciência não gosta de becos sem saída, por isso a física continua mergulhando em pensamentos cada vez mais profundos. Uma área conserva a fé na prática há muito testada de fazer experimentos e campanhas para a construção de aceleradores de partículas ainda maiores, mesmo que a energia necessária para tais máquinas gigantes, segundo alguns cálculos, seja equivalente à eletricidade de todas as torres elétricas da Terra. Outra área abandona os experimentos e opta pela reflexão pura, à moda da Grécia antiga, na esperança de que a natureza um dia ofereça novas evidências, que ainda não conseguimos enxergar.

Sherlock Holmes e Albert Einstein tinham algo em comum: acreditavam na lógica. Einstein tinha fé absoluta na lógica por trás da relatividade. Chegou a dizer, apenas em parte como brincadeira, que, se tivesse ficado provado que sua teoria estava errada, "então eu teria pena do Senhor". É estranho pensar que, se seguramos um pão nas mãos e nos perguntamos do que é feito, a derradeira resposta é: "Nada, mas temos ótimas ideias sobre isso". Essa é a nossa situação atual em relação ao mistério sobre a composição do universo. Deve haver um outro jeito.

## Compreendendo o mistério

Um problema que não conseguimos analisar porque as informações sobre ele estão "escondidas" é conhecido na ciência como "caixa-preta". Por exemplo, vamos imaginar que carros novos saiam da linha de montagem com o capô lacrado. Não é possível ver o motor – ele está numa caixa-preta –, mas ainda é possível dizer muito sobre o funcionamento do carro. Uma a uma, as informações podem ser acumuladas. Por exemplo, quando o carro parar de repente podemos descobrir que precisa de combustível. Como o painel se acende, deduzimos que o funcionamento da máquina envolve eletricidade de alguma maneira.

As caixas pretas são divertidas e frustrantes ao mesmo tempo, e os cientistas em geral gostam delas. Mas, se não abrirmos o capô, jamais vamos saber como o motor realmente funciona. É desconcertante perceber, então, que o universo em si é a maior das caixas pretas. Se um físico resolve compreender do que ele é feito, tudo parece estar à mostra. As leis da natureza são bem compreendidas, assim como as propriedades da matéria e da energia. O modelo-padrão da teoria do campo quântico dá conta de todas as forças essenciais, exceto a gravidade. Embora a gravidade seja teimosa, progressos minúsculos vêm sendo acumulados (no momento, as duas principais teorias rivais são conhecidas como gravidade quântica em *loop* e gravitação quântica de supercorda, ambas muito esotéricas), e as pessoas continuam dizendo que "devagar e sempre" se vai longe.

A menos que tudo isso não tenha saída. O universo primitivo foi formado num lugar onde ninguém consegue chegar ou, ao menos, designar os materiais brutos empregados. Como observou Ruth Kastner, uma talentosa filósofa da ciência, o universo físico é como o Gato de Cheshire, em *Alice no País das Maravilhas*: o corpo desapareceu, deixando apenas seu riso no ar. Os físicos estudam o riso na tentativa de descrever o gato. Será uma iniciativa vã? A metáfora do Gato de Cheshire surgiu no trabalho sagaz do físico John Archibald Wheeler, ao descrever o colapso da matéria no buraco negro. Einstein usava termos espirituosos para mencioná-lo: "Antes da minha teoria, as pessoas achavam que, se nós retirássemos toda a matéria do universo, o que sobraria seria o espaço vazio. A minha teoria diz que, se retiramos toda a matéria, o espaço também desaparece!" Quando consideramos que o buraco negro literalmente devora a estrutura inteira da realidade física, chega a ser fácil enxergar um grande agrupamento de galáxias rodopiantes como se não passassem do riso de um gato.

Os físicos querem encontrar uma explicação única sobre a realidade. Mas não há como superar a encruzilhada. Um caminho leva a um universo onde a matéria é substancial, confiável e até compreensível. A física quântica mais ou menos desconsidera esse caminho como sendo uma rota viável para a realidade, ainda que grande número de cientistas em atividade ainda o escolham. Eles têm seus motivos, que vamos analisar. O outro caminho leva a uma total reconsideração do universo, com base no fato de que a existência material seja ilusória. O dilema se assemelha aos versos iniciais do famoso poema de Robert Frost: "Num bosque, em pleno outono, a estrada bifurcou-se/mas, sendo um só, só um caminho eu tomaria".*

---

\* Robert Frost. "A rota não escolhida". Tradução de Bê Sant'Anna. (N.T.)

A maior parte dos argumentos irresolvidos da teoria quântica giram em torno de que caminho tomar. Reflexão pura ou novos dados? Como no poema de Frost, o que nos frustra é não poder saber o que aconteceria no caminho não trilhado.

## Abrindo a caixa-preta

Os cosmólogos aceitam que o universo visível seja constituído por apenas uma fração da matéria e da energia liberadas pelo big bang. A maior parte da criação desapareceu quase de imediato, mas isso não eliminou da equação a matéria nem a energia escuras. Por exemplo, o espaço vazio não é vazio, mas contém enormes quantidades de energia indisponível no âmbito quântico. A quantidade exata de energia foi calculada, mas acontece que, por conta das evidências sobre a expansão do universo, esses números estão muito equivocados. À medida que as partículas subatômicas "espumam" no vácuo, as forças envolvidas nisso exigem uma imensa quantidade de energia. A densidade de energia por centímetro cúbico de espaço vazio é expressa por um número denominado "constante cosmológica".

Infelizmente esse número é cerca de 120 ordens de magnitude (10 seguido de 120 zeros) menor do que se esperava. O espaço vazio é muito mais vazio do que os teóricos da teoria quântica gostariam que fosse. Supõe-se, por alguma razão, que todas as forças que deveriam estar agitando o estado de vácuo se anulam entre si. Mais de um físico já mencionou esse cancelamento perfeito como sendo "mágico". Na melhor das hipóteses, o que acontece se deve à energia escura e seus efeitos nas galáxias, mas a energia escura está no topo da lista das coisas com as quais não podemos experimentar, pelo menos por enquanto.

Se o lado oculto da criação realmente estiver no controle da expansão do universo, então estaremos diante de possibilidades que desafiam a visão corrente sobre as leis da natureza (o modelo-padrão). Em poucas palavras, quando percebemos que a matéria não é sólida e segura, desapareceu o conceito de "matéria". Entender isso acaba sendo de extrema importância, caso as coisas que tomamos como certas sobre a física dos corpos – o peso da pedra, a doçura do açúcar, o brilho do diamante – forem criações da mente humana, pois isso implica que o universo inteiro é criado na mente humana. Mas não chegamos a isso ainda.

Para se ter uma ideia, ninguém sabe dizer, de fato, por que o universo físico existe. Durante o big bang, a energia era bastante ativa, "chacoalhando" o espaço-tempo. Os cálculos não conseguem nos dizer por que uma agitação tão violenta não causou o fim da estrutura da matéria. Se a matéria primordial tivesse sido tão agitada como a equação afirma, ou o cosmos primitivo teria colapsado sobre si mesmo, por conta da tremenda atração gravitacional da matéria (como num buraco negro), ou o universo sobrevivente teria sido composto por energia pura. Porém, é óbvio que a matéria passou a existir; portanto, as equações devem ser corrigidas até se ajustarem ao estado real das coisas. Mas precisamos tomar cuidado, pois emendar pode ser bem parecido com manipular os números.

A realidade é, obviamente, mais que apenas física, mas tentar enfiar de qualquer jeito as "coisas" quânticas numa caixa física não corresponde ao que a realidade está nos pedindo para fazer. Porém, a crença na fisicalidade faz parte do DNA da maioria dos cientistas. Eles apontam para o êxito do modelo-padrão e garantem que todas as lacunas restantes serão preenchidas. "Estamos chegando lá", embala o otimismo. Explicações não físicas para o universo, com base na aceitação de que o conceito de "matéria" está ultrapassado, nos fariam voltar ao ponto de partida. Se pudessem escolher entre "estamos chegando lá" e "ainda nem começamos", a maioria dos cientistas sem dúvida escolheria a primeira opção.

## O que vemos

Antes de desafiar radicalmente a posição fisicalista, é preciso dar crédito ao conhecimento acumulado por ela. Trata-se de realizações impressionantes, todas com base na máxima: "Ver para crer". Com certeza, há muito que ver. Em aproximadamente 14 bilhões de anos-luz (o universo pode ser bem maior), há provavelmente 80 bilhões de galáxias, que os astrônomos classificam por tamanho (entre grandes e pequenas), forma (espiral, elíptica ou irregular) e atividade ("normal" – que não apresentam muita atividade no seu núcleo – ou "ativa" – explodindo com grandes quantidades de energia e matéria que sai dos núcleos).

Em uma galáxia típica, como a Via Láctea, um tipo grande de espiral, existem entre 200 bilhões e 400 bilhões de estrelas. A maioria delas é chamada de "anã vermelha"; são pequenas, pálidas e de cor avermelhada, durando cerca de 10 bilhões de anos. As estrelas que vemos no céu noturno são muito mais brilhantes, de cor esbranquiçada ou azulada. Essas estrelas brilhantes podem ser vistas de muito longe, mas o que vemos não reflete sua verdadeira condição. Uma grande porcentagem de estrelas, desconsiderando as anãs vermelhas, é como o nosso sol e muitas delas estão rodeadas de planetas, como já ficou demonstrado. Como vimos, se uma porcentagem desses planetas abrigar as condições adequadas à vida, então as pessoas que acreditam na aleatoriedade levam vantagem sobre aquelas que escolheram a teoria antrópica (e sua crença de que a vida na Terra é especial).*

No total, o universo contém cerca de $10^{23}$ estrelas (ou seja, o número 1 seguido de 23 zeros, o equivalente a 100 sextilhões), um

---

\* Até a presente data, a sonda Kepler, da Nasa, já avistou 1.000 "Terras" em potencial no espaço. Quando estávamos escrevendo este livro, Kepler 452b, um novo candidato a planeta habitável, foi acrescentado à lista. Situado a 1.400 anos-luz de distância – o que o torna um dos candidatos mais próximos –, o tamanho de Kepler 452b e sua distância até a estrela que orbita o colocam na "zona habitável", nem muito quente nem muito fria, favorecendo a formação de oceanos e o desenvolvimento de vida.

número desconcertante, sem a menor dúvida. Uma quantidade imensa de matéria luminosa, que se apresenta na forma de estrelas, ilumina as galáxias. Ainda que existam mais estrelas do que grãos de areia na Terra, elas só respondem por 10% da massa total do universo observável. Calculando o número total de prótons e elétrons que formam a matéria atômica regular, chegamos a $10^{80}$ (o algarismo 1 seguido de 80 zeros, que equivale a 100.000 trilhões de sextilhões de sextilhões de sextilhões de átomos! É o equivalente a 25 milhões de sextilhões de Terras).

Neste ponto, o caminho da matéria visível parece estar se esvaindo, pois toda a matéria luminosa responde por aproximadamente 4% das "coisas" do universo. A maior parte, cerca de 96%, é "escura" e, sendo assim, inobservada e desconhecida. Pelo menos temos um inventário seguro do cosmos feito pela sonda Wilkinson Microwave Probe (WMAP), da Nasa: temos 4,6% de matéria regular, 24% de matéria escura e 71,4% de energia escura. Grande parte desse universo é bastante exótica, para dizer o mínimo. Uma caixa-preta.

No pé em que as coisas estão, matéria escura e energia são conjecturas formuladas em linhas de raciocínio elaboradas e cuidadosas – a própria existência delas fica muito distante do "ver para crer". Alguns céticos acham que a física está flertando com a fantasia. Vamos imaginar que estamos procurando o reino animal e vemos cavalos galopando nas planícies. Olhando ao redor, vemos um narval, mamífero aquático de um chifre. Será que esses fatos visíveis nos permitem concluir que existem unicórnios, com corpo de cavalo e chifre de narval? A resposta da modernidade é "não", mas na Idade Média não havia uma divisão tão rígida entre o real e o mítico. A cosmologia atual está sobrecarregada de criaturas míticas, desde quarks, supercordas e multiverso, criadas apenas pelas conclusões matemáticas.

A matéria escura é um ótimo exemplo de algo que se considera real por inferência. Primeiramente, a inferência da matéria escura vem da rotação acelerada das estrelas em uma galáxia típica.

As estrelas são atraídas pela força gravitacional de alguma massa externa, com mais rapidez do que a física consegue acompanhar. (É assim que a Nasa usa a gravidade quando manobra uma sonda espacial e a aproxima de um planeta imenso, como Júpiter ou Saturno. A gravidade do planeta serve de estilingue, acelerando a sonda quando ela se move nas proximidades dele.) Por medições tradicionais, uma galáxia típica não apresenta massa suficiente para explicar a rotação observada; o universo conhecido também não.

Em segundo lugar, a maioria das galáxias é encontrada em aglomerados de diversos tamanhos. Alguns são pequenos, com apenas poucas galáxias, enquanto outros são imensos, com dezenas de milhares de galáxias que emitem quantidades enormes de raios X. Esses aglomerados gigantes também parecem conter mais massa que o previsto, seja em estrelas, seja em material gasoso interno, e essa massa só pode ser observada através de raios X. Por inferência, deve haver mais matéria em algum lugar dentro do aglomerado. Por fim, na observação de galáxias distantes, feita quando a luz delas atravessa um aglomerado de galáxias mais próximo (tal como o Aglomerado da Bala, *Bullet Cluster*"), a curvatura que sua luz sofre devido ao campo gravitacional da galáxia mais próxima age como uma lente gravitacional, e indica a presença de muito mais matéria escura dentro do aglomerado. Esses três indícios estão de acordo, com base na mesma variável: a gravidade. Eles resultam em previsões numéricas precisas que já foram confirmadas. As inferências delineadas não são frágeis, porém tampouco são suficientes.

Para ilustrar, vamos imaginar que estamos em um cômodo em rotação, onde não há janelas, como uma estrela. É possível sentir a força inercial centrífuga à medida que somos jogados contra as paredes, então inferimos que algo do lado de fora está nos puxando. Trata-se de uma inferência grande, mas dá para ver as limitações dela – a fim de descrever de onde vem uma força externa (um ciclone, um elefante zangado, um gigante brincando?) não dá para ser realista com apenas uma inferência na mão, apesar dos cálculos refinados feitos nesse cômodo, que confirmam o poder dessa força.

## Quando a escuridão reina

Já que a escuridão parece ser a regra na criação, a solução para o mistério sobre o universo e do que ele é feito deve começar por ela, mas logo surgem os impedimentos. A maior parte dos cosmólogos acredita, atualmente, que a matéria escura é "fria", ou seja, no período de um ano depois do big bang, suas partículas se movimentavam lentamente em relação à velocidade da luz. (Como já imaginamos, a essa altura essas partículas são apenas conjecturas.) Também propuseram que a matéria escura pode se apresentar de três maneiras: quente, morna e fria. Por exemplo, partículas subatômicas conhecidas como neutrinos formariam a matéria escura quente, aproximando-a do reino da matéria comum. Consideram que a matéria escura morna é como uma anã marrom, corpos pequenos demais para se iluminarem através de reações termonucleares como fazem as estrelas comuns.

O consenso hoje é de que a matéria escura fria é composta de partículas massivas de interação fraca (em inglês, WIMPS), que são pesadas e lentas. As WIMPS, cuja denominação é bastante apropriada, interagem somente por meio da gravitação e da força fraca. Se não fossem distribuídas por todo o universo nem representassem grande parte de sua matéria total – exercendo uma força gravitacional poderosa –, elas poderiam permanecer completamente ocultas.

A energia escura é consideravelmente mais exótica e parece estar muito mais presente. Conquanto a matéria escura, embora invisível, ainda influencie o universo visível através de seu impulso gravitacional, a energia escura age como antigravidade, desmembrando o universo em escalas muito grandes (isto é, além das galáxias e aglomerados de galáxias). Como isso ocorre não é um mistério banal e não é fácil propiciar explicações teóricas para isso. Até para que isso exista são necessárias medições precisas da velocidade de aceleração das galáxias umas em relação às outras. Conforme quantas estrelas são consideradas – as mais importantes são supernovas muito distantes –, o valor da energia escura muda consideravelmente. Alguns céticos contestam até mesmo a suposta aceleração das galáxias, o que prejudica completamente a defesa da energia escura. Mas a matéria escura fria com energia escura é agora o modelo-padrão da cosmologia. Supostamente, residimos em um universo plano dominado pela energia escura, com quantidades menores de massa escura e ainda menores de matéria comum ou luminosa.

Olhando por outro lado, a escuridão pode estar relacionada à nossa forma de observar o universo, mas não ao que ele é realmente. Os gigantescos aceleradores de partículas, que nos revelam partículas subatômicas, funcionam em uma escala mínima, meros bilionésimos de metro e bilionésimos de segundo. Será esse tipo de observação compatível com o efeito da matéria escura, que funciona numa escala muito maior, da ordem de bilhões de anos-luz? Antes que alguém consiga responder sim ou não, é preciso discutir se a situação que observamos hoje é a mesma que existia há muito tempo. Provavelmente não é. A aceleração que está separando as galáxias cada vez mais rapidamente entrou tarde na jogada, cerca de 6 bilhões de anos atrás. Os cosmólogos acreditam que, antes disso, a expansão estava desacelerando. Isso porque a matéria escura e a energia escura se desenvolvem de forma diferente em um universo em expansão. Quando o universo primitivo dobrou de volume, a densidade da matéria escura caiu pela metade, mas a densidade da energia escura se conservou (e se mantém) constante. Quando o equilíbrio oscilou em prol da energia escura, a desaceleração virou aceleração.

A área de pesquisa do "nem começamos ainda" é favorecida pelas lacunas no modelo-padrão. O que seria necessário para que surgissem pensamentos inteiramente novos? A jornada começa com o aspecto psicológico da realidade, que Von Neumann disse ser fundamental. Junto dele vem uma miríade de físicos eminentes que fizeram as primeiras descobertas da era quântica. Max Planck tinha convicção de que, no fundo, a realidade envolve consciência.

Segundo ele: "Toda matéria tem origem e existe apenas em virtude de uma força. Devemos acreditar na consciência e na mente inteligente por trás dessa força. A mente é a matriz de toda matéria".

Isso significa que não há mais pedaços de matéria flutuando "por aí" como flocos de neve que caem do céu e se juntam na gola de um casaco. Pelo contrário, a matéria está contida na mesma matriz que sustenta pensamentos e sonhos. Planck expressa sua crença de que a mente é ainda mais essencial do que a matéria com grande clareza: "Considero a consciência fundamental. Considero a matéria como derivada da consciência... Tudo de que falamos, tudo o que consideramos existência, tem a consciência como requisito".

Se estamos procurando por uma concepção totalmente nova, ela já existe. O que nos falta é aceitação, então vamos desenvolvê-la um pouco.

## A realidade é um jogo mental

Os pioneiros são ousados quase que por definição. Mas o que fez Planck se unir a Schrödinger em sua firme crença de que o universo é como a mente? Isso remonta a uma questão básica demais para ser explicada: qualquer coisa que experienciamos é uma experiência. Será que isso nos diz mesmo alguma coisa? Queimar a língua com café quente é obviamente uma experiência, assim como construir a sonda espacial *New Horizons*, lançando-a com um míssil imenso, de modo que ela viaje a 58.000 km/h através do espaço (chegando a mais de 75.000 km/h quando recebe o impulso da órbita de Júpiter), e depois esperar nove anos para que ela viajasse mais de 9,5 bilhões de quilômetros e chegasse a Plutão, enviando um "oi", como aconteceu em 14 de julho de 2014, quando a sonda enviou as primeiras fotos do último grande corpo do sistema solar.

Tanto queimar a língua quanto fotografar Plutão são experiências e, como tais, não há hierarquia entre uma e outra; praticar qualquer ciência também é uma experiência. Então, Planck sustenta que esse fato é sempre de importância profunda. Se nós pudermos nivelar coisas tão distintas quanto o perfume de uma rosa, o estrondo de um vulcão, um soneto de Shakespeare e uma sonda espacial, a "matriz" da realidade não é mais física. Trata-se de uma enorme vantagem, quando se chega ao beco sem saída a que as "coisas" físicas chegaram. A simplicidade de se aceitar um paradigma inteiramente novo é que a escuridão não precisa ser tratada como algo estranho, alheio. A matriz não tem dificuldade em incluí-la, pois tudo no universo se tornou mental.

É aqui que os fisicalistas metem o bedelho. Fazer corpos desaparecerem é brincadeira de criança se comparado a trazê-los de volta. Como as "coisas" mentais, sem massa nem energia, conseguem criar massa e energia? Talvez os fisicalistas digam que a matriz que Planck chama de consciência não passa disto: o universo com todos os seus mistérios não resolvidos. Grudar nisso a etiqueta de "consciência" não nos dá resposta alguma. (Essa atitude cética já foi colocada assim: "O que é matéria? Não gaste sua mente com isso. O que é mente? Não é matéria de preocupação".) Para sermos justos, as duas áreas de pesquisa ficam diante de dificuldades enormes, porém opostas. Uma precisa mostrar como o universo material desenvolveu o fenômeno da mente, enquanto a outra deve mostrar como a mente cósmica manufaturou a matéria. À primeira vista, estamos de volta à obscuridade teológica, que não soube responder como Deus criou nada disso.

## O problema do observador dá as caras

Tendo incluído o elemento psicológico em sua versão da mecânica quântica, John von Neumann parece ter deixado um pé em cada área, mas é instável ficar assim. Digamos que ele tenha razão e que a realidade não possa ser separada da experiência pessoal. Isso não explica como a experiência chega ao nível quântico. Não há dúvida de que a subjetividade é uma força poderosa para alterar a realidade. Como disse o humorista Garrison Keillor no Prairie Home Companion, seu famoso programa de rádio: "Essas foram as notícias de Lake Wobegon, onde todas as mulheres são fortes, todos os homens são bonitos e todas as crianças, acima da média". É a subjetividade atropelando a realidade. Outra coisa é sustentar que a subjetividade cria a realidade.

O problema fica mais simples se paramos de enxergar a subjetividade como oposto da objetividade. Na verdade, elas se fundem. Sabemos disso porque o lado subjetivo da experiência não pode ser isolado nem eliminado. Em outras palavras, quando tudo é experiência – e assim é – a subjetividade está sempre presente.

Naturalmente, a área fisicalista resiste a essa alegação com veemência. Já faz um século que o cerne da discórdia é conhecido como "problema do observador". A ciência, antes de medir qualquer coisa, precisa observar. No mundo clássico, não havia dificuldade alguma em observar qualquer coisa que estivesse diante de nós: os girinos, os anéis de Saturno ou a refração de um feixe de luz no prisma. Se um pesquisador saísse da sala, a observação continuaria, independentemente de quem o substituísse.

O observador só é um problema se o próprio ato de observar gerar uma alteração no objeto sob observação. No mundo humano, topamos com isso o tempo todo. Se alguém nos olha com amor nosso comportamento pode mudar, e muda novamente se o olhar for indiferente ou hostil. Essa mudança pode ser bem profunda, até o ponto de gerar reações físicas no nosso corpo. Se coramos ou se nosso coração se acelera, a química de nossa fisiologia está reagindo a um simples olhar. O que torna o problema do observador único na física quântica é que o ato de observação pode ser suficiente para conduzir partículas à existência no tempo e espaço. Tecnicamente, isso é conhecido como colapso da função de onda, o que significa que a onda de probabilidade, que é invisível e se estende infinitamente em todas as direções, muda de estado, de repente tornando visível uma partícula.

Um quantum (como um fóton ou elétron) consegue se comportar como onda ou como partícula, isso ninguém discute e é básico na mecânica quântica. O que se discute é se o simples ato da observação leva ao colapso da função de onda. Do ponto de vista fisicalista, as coisas são coisas, ponto final. E dizer que um observador leva ao surgimento de partículas no campo quântico é misticismo, não física. Porém, a versão mais aceita da mecânica quântica, a interpretação de Copenhague (assim chamada por conta do trabalho desenvolvido no Instituto de Copenhague pelo físico dinamarquês Niels Bohr) coloca o observador na encruzilhada entre onda e partícula.

Fica ainda em aberto o mecanismo que permite que o ato de observar afete a matéria física. Deve haver algo mais, digamos assim. O observador A olha para o objeto B com a intenção de avaliar algo, como massa, posição, impulso e assim por diante. Assim que essa intenção é identificada, o objeto consente – aí é que está o algo mais. Ninguém tem uma explicação aceitável para isso. Heisenberg descreveu isso nos seguintes termos: "O que observamos não é a natureza em si, mas a natureza exposta aos nossos métodos de questionamento". O observador não pode ser separado do observado, pois a natureza nos dá o que queremos procurar. Tudo indica que o universo inteiro é como Lake Wobegon.

Vamos estender o problema do observador ao mistério do universo e do que ele é feito – que na interpretação de Copenhague se torna efeito do observador. Se, como disse Heisenberg, "átomos ou partículas elementares não são reais em si", então se questionar sobre do que é feito o universo acaba sendo uma pergunta equivocada. É como espremer a ilusão para ver se sai sumo, e isso não funciona. O universo é feito do que desejamos que ele nos mostre. Os fisicalistas viram os olhos quando ouvem tais ideias, mas certos fatos são inegáveis. O colapso da função de onda nunca foi observado, pois não se trata de uma ocorrência passível de observação. Por outro lado, calcular o comportamento da matéria em termos de incertezas e probabilidades foi um êxito espetacular. Os corpos quânticos desafiam o senso comum no que diz respeito às regras de causa e efeito.

Ao juntar esses fatos, a imagem resultante não é a de um cosmos cheio de "coisas", mas a de um cosmos cheio de possibilidades que, misteriosamente, viram "coisas", sendo a transformação mais real do que a aparência física que damos por certa. Até agora não existe nenhuma resposta melhor para a pergunta "Do que é feito o universo?" Mesmo um fisicalista mal-humorado tem que admitir que o colapso da função de onda é uma transformação. Tirar um coelho da cartola é ilusório; tirar um fóton do campo é real.

Lamentavelmente, para a interpretação de Copenhague (e de toda a física moderna, independentemente da interpretação preferida de cada um), aqui é o fim da linha. Um observador em um laboratório pode alterar o comportamento de um fóton, mas isso é algo muito distante da vida cotidiana. Será que observar o universo, suas estrelas e galáxias, ou observar as árvores, as nuvens e montanhas pode de fato transformá-las? A esta altura essa concepção parece desproposita, mas trata-se apenas da pretensão básica do Universo Humano. Ainda não chegamos lá. A fim de ultrapassar esse bloqueio, vamos ter que provar que a mente não é apenas um fator no cosmos, mas o fator que é o alicerce do comportamento de qualquer elemento da criação. A cada mistério, esse desafio se aproxima um pouco mais.

# EXISTE "DESIGN" NO UNIVERSO?

Estamos vivendo em um universo com um *design* grandioso? Essa pergunta já provocava discussões acaloradas muito tempo antes de o *"design* inteligente" disparar alarmes entre a comunidade científica. O *design* inteligente tem como base a confiança no livro do Gênesis, mas, se afrouxamos nosso critério e perguntamos qual é o papel de Deus na criação, as reações serão igualmente intensas. A ciência é *antidesign* em razão da sua postura perante a religião (deixemos isso fora do laboratório) e pela racionalidade (não existem dados que levem a crer em um *design* grandioso desenvolvido por Deus ou por deuses).

Um universo aleatório exclui a noção de *design*. Se todo evento acontece ao acaso, desde a emergência de uma partícula subatômica até o big bang, não é necessário nenhum *designer* para acompanhar a evolução do cosmos. Por que, então, existiria um mistério a ser solucionado? Porque a mente humana está presa entre duas visões de mundo, como se estivesse em um elevador parado entre dois andares. Na história infantil *How the Leopard Got Its Spots* [Como o leopardo ganhou suas pintas], de Rudyard Kipling, as pintas foram feitas por um caçador etíope para que o leopardo se confundisse com a "floresta pintalgada de sombras irregulares". A ciência moderna concorda: de fato, os felinos que caçam à noite ou sob a luz mortiça da floresta são muito mais propensos a ter pintas e listras, que ajudam os animais a se esconder melhor e a poder caçar seu alimento. Felinos que caçam em clareiras têm a pelagem mais lisa e sem desenhos. (Como toda regra tem sua exceção, existem os guepardos, que perseguem suas presas em áreas abertas e são pintados.)

Seria normal se Kipling e um biólogo evolucionista dessem a mesma resposta, mas não dão. No lugar do "caçador etíope", vamos colocar as palavras *Deus* ou *Mãe natureza* ou, se preferirmos, *"designer"*. Na sua história, Kipling adota uma visão de mundo que dá pintas ao leopardo *por alguma razão,* que é revelada em seguida: camuflagem. Essa visão de mundo não precisa de um deus especificamente, mas de uma razão criativa para que os leopardos tenham pintas. O caçador etíope não pintou o leopardo de amarelo porque isso destruiria a ideia central. Os leopardos ganharam as pintas aleatoriamente, pela interação de dois processos químicos específicos conhecidos como morfogênese. Esses processos químicos dão origem a todos os padrões, como as nervuras que a nossa língua sente no céu da boca. Por meio de uma mutação aleatória entre morfogêneses e como elas interagem, as pintas surgiram em alguns felinos há muito, muito tempo, e acabaram servindo de camuflagem; eles mesmos não sabem como são na aparência. A única coisa que interessa no darwinismo é a sobrevivência, e um felino com pintas sobrevive muito mais tempo como caçador sob a luz mortiça. (Os desenhos das pintas e listras nos felinos também são aleatórios; a distribuição delas foi prevista em computador pelo matemático inglês Alan Turing, que trabalhou com decodificação de mensagens durante a Segunda Guerra Mundial.)

Por que, então, ficamos presos entre visões de mundo, como um elevador parado entre dois andares? Porque em nossa mente há uma razão para que os leopardos tenham pintas, como diz Kipling, mas também aceitamos o mecanismo que há por trás das pintas, como diz a ciência. É muito difícil fazer a mente aceitar que absolutamente nada na natureza tem algum significado, mas é exatamente isso que são o darwinismo, o big bang, a inflação cósmica e a formação do sistema solar: criações desprovidas de noções como propósito e significado.

Os cientistas odeiam a palavra *design* porque ela faz lembrar uma cobra dando o bote em uma visão de mundo considerada extinta. Mas, se deixarmos de lado o atual clima polêmico das opiniões, palavras como *design, padrão, estrutura* e *forma* passam a ser sinônimos. Não há motivo racional para que a palavra *design* seja considerada especialmente radiativa.

Mas sejamos realistas. As palavras têm história, e a história da palavra *design* é repugnante para muitos cientistas, por estar associada ao criacionismo. A campanha criacionista atualiza o livro do Gênesis, conclamando a ciência a apoiar a ideia de um *design* inteligente. De outro lado, os alarmistas veem isso como uma ameaça à integridade da ciência. Realmente, o *design* inteligente agrada à maioria dos fiéis e à mídia de massa, que sabe reconhecer entretenimento logo que o vê.

Os tribunais rejeitaram qualquer tentativa de dar ao criacionismo a mesma importância da ciência nos currículos escolares (embora, infelizmente, existam algumas exceções). Esse campo não precisa ser arado novamente. Mas aquele elevador emperrado também não se move. Olhando a natureza, vemos *design* por toda parte. Seria só um truque da mente? Ninguém encontra ursos e sapos fascinados com um arco-íris. Não existe, para eles, um belo arco iridescente, na verdade não existe nada. Perceber a beleza de um arco-íris pode ser apenas uma grande distração. Talvez devêssemos perguntar sem rodeios: existe *alguma coisa* no universo que seja intencional?

## Compreendendo o mistério

Embora acreditem na aleatoriedade, os cientistas costumam se referir à estrutura do átomo. As nebulosas espiraladas têm um padrão reconhecível que pode ser, sim, considerado um *design*, e assim a complexa questão do *design*-padrão-forma-estrutura se esclarece como segue: o universo existe graças à emergência da ordem a partir do caos. O embate entre forma e não forma permanece para nós em todo o universo. A física se baseia em processos aleatórios desprovidos de propósito e significado. (Não se fazem perguntas como: "O que *significa* a gravidade em Júpiter?") Ainda assim, a vida humana e nossa busca pela ciência têm propósito e significado. De onde vem tudo isso?

Sem dúvida nenhuma, a linguagem da matemática tem todas as qualidades do *design*: equilíbrio, harmonia, simetria e, diriam alguns, beleza. Na caligrafia chinesa, a habilidade de desenhar um círculo perfeito com um único movimento do pincel é a marca do mestre, e os especialistas em arte veem beleza nesse feito. Os elétrons, ao menos em relação às órbitas inferiores, movimentam-se em círculo ao redor do núcleo do átomo. Não seria este também um belo *design*? Os que se seguem são todos exemplos de hélices ou espirais na natureza: a concha de um náutilo, o desenho das sementes do girassol, a estrutura do DNA. Qual deles se classificaria como *design*? Alguns, todos ou nenhum?

Uma ciência que só depende da aleatoriedade para explicar o universo deixa muito a desejar. Ainda há muito que se argumentar sobre a atividade racional da ciência, porque inteligência e *design* estão emaranhados no mesmo novelo que faz do universo algo tão misterioso. Tentaremos desembaraçá-los sem nenhum critério e, assim fazendo, alguns critérios serão expostos durante o processo.

Nós aceitamos os *insights* brilhantes de Bohr e Heisenberg, segundo os quais a natureza exibe as propriedades que um observador está procurando. Essa é uma noção que certamente pertence ao *design*. Nada em uma rosa – seja o rico colorido, seja a textura aveludada, o espinho pontiagudo ou a suntuosa fragrância – existe sem um observador. Ao mesmo tempo a mente pode apreender uma belíssima rosa vermelha porque o cérebro humano transforma e traduz dados puros em visão, som, toque, sabor e perfume. Não existe uma única luz se não houver alguém que a veja, porque os fótons não têm luminosidade própria. Nos mais profundos recessos do córtex visual, impulsos puramente químicos e elétricos, viajando pelo nervo óptico, são transformados em luz.

O fato de o cérebro ser totalmente escuro enquanto o mundo é repleto de luz pode ser considerado o mistério dos mistérios, e nós ainda não estamos prontos sequer para solucioná-lo. Por enquanto, ficaremos com o nó que une observador e observado. Se usamos o cérebro para processar o material bruto da natureza e transformá-lo em uma bonita rosa, será que esse mesmo processo criaria também o *design*? Claro que a resposta é sim. Quando uma lagarta mastiga uma rosa, ela pode destruir sua beleza em uma hora, mas a beleza da rosa que a lagarta destrói foi posta ali por seres humanos. Para um inseto que se alimenta de rosas, a flor é apenas comida.

Não é o cérebro que de fato cria a beleza, e sim a mente. Alguém que seja muito alérgico a rosas talvez as considere um transtorno grande demais para serem belas. Provavelmente essa pessoa tem os mesmos mecanismos cerebrais que Pierre-Joseph Redouté, o famoso pintor de rosas da época de Napoleão, mas não a mesma mentalidade. E, se as rosas são belas só porque a mente humana vê beleza nelas, o mesmo não valeria para todo o cosmos? A pergunta, colocada dessa forma, parece inocente, mas suas implicações são explosivas.

Um campo que se agita particularmente é o do realismo ingênuo. Nas discussões científicas, os realistas ingênuos são os principais defensores do senso comum, usando a realidade tal como ela se apresenta para reforçar sua posição (a palavra "ingênuo" não é pejorativa, mas o oposto de pensar demasiadamente).

Eis aqui dois dados que se aplicam ao cérebro humano. Por exemplo:

- Todo pensamento provoca a queima de neurônios.
- Muitos pensamentos contêm informação, tais como $1 + 1 = 2$.

Ninguém questionaria essas afirmações e, para os realistas ingênuos, basta observar a atividade neural em um *scanner* cerebral para ver que o cérebro cria a mente, que o cérebro é praticamente um "computador feito de carne" – para usar uma descrição desagradável porém popular na área da inteligência artificial – e que todo enigma proposto pelo cérebro pode ser solucionado se examinarmos sua estrutura física e sua operação.

Meu palpite é que 90 por cento dos neurocientistas e uma porcentagem ainda maior de estudiosos da inteligência artificial (IA) acreditem nisso; donde se vê a força do realismo ingênuo. Vista por outro ângulo, a IA está cometendo um erro óbvio. Quando você pede ao seu computador que traduza uma página do alemão para o inglês, o programa tradutor faz isso quase instantaneamente. Mas isso quer dizer que o computador sabe alemão? A imitação artificial do pensamento não é a realidade. O programa de tradução faz seu trabalho encontrando palavras correspondentes em um dicionário. Quem sabe alemão não faz isso. O pensamento precisa de uma mente, e ponto final. Mesmo que dois fatos sobre o cérebro sejam verdadeiros, dizer que o cérebro cria a mente e que computadores e cérebros são a mesma coisa não implica uma verdade. São meras suposições, e o realismo ingênuo é cheio delas, que são aceitas sem serem examinadas. Mas as suposições não examinadas nos atrapalham na tarefa de destrinchar o mistério espinhoso do *design*. O que não significa que elas não continuem lá, mesmo que por baixo do tapete. Como o realismo ingênuo vê a realidade somente como ela se apresenta, ele ignora o papel da mente nesse processo. Muitos especialistas em IA acreditam que um programa de tradução que transforma *guten Morgen* em *bom dia* é o equivalente a executar uma ação mental, e assim "provam" a semelhança com a mente humana. Mas, se a mente for realmente a atriz principal do universo, o realismo ingênuo está totalmente equivocado, não importa quanto os cientistas acreditem nele.

Temos nos referido sistematicamente à semelhança entre o comportamento do cosmos e o da mente ao longo da nossa discussão. Agora estamos preparados para enfrentar o elemento que mais desafia essa noção, que é a aleatoriedade. Ela implica "não ter propósito algum". Mas as duas ideias não são iguais, como mostraremos em relação à atividade quântica. Se o universo é totalmente aleatório e sem nenhum propósito, não existe a possibilidade de se encontrar um *design*. Por outro lado, se houver alguma possibilidade de fazer as pazes com a aleatoriedade – o que a teoria quântica tenta fazer –, o cosmos passaria a agir mais ainda como a mente – e, mais, como a mente humana. Sentado em uma cadeira com os pés suspensos, seus pés balançam mais ou menos aleatoriamente. Mas, se você se levanta para ir até a cozinha, eles vão se movimentar a partir de um propósito. Isso nos dá a pista mais simples, porém a mais importante. A aleatoriedade e o *design* cooperam mutuamente – na natureza, em nosso corpo, nos nossos pensamentos. Vejamos se este *insight* é suficiente para acabar com a limitação que o mero acaso exerce sobre a prática da ciência.

## Dando uma chance ao acaso

A grande deusa da aleatoriedade teve um nascimento modesto quando os físicos explicaram um fenômeno básico, que foi o comportamento das moléculas de gás. Se observarmos partículas de poeira dançando num raio de sol, o movimento delas é aleatório, o que nos coloca um problema científico. Como se pode prever onde qualquer partícula de poeira se localizará em seguida? Seria impossível ou apenas muito, muito difícil? Em relação aos gases, partiu-se do princípio de que, em geral, o comportamento das moléculas de gás – que são em número muito maior que as partículas de poeira – será entendido se o movimento individual de cada molécula for considerado aleatório, fazendo que a localização de cada uma delas no espaço seja indeterminada. (Essa é uma boa suposição para qualquer sistema numeroso de partículas).

## EXISTE "DESIGN" NO UNIVERSO?

Mesmo que as propriedades microscópicas das moléculas individuais sejam desconhecidas, a média das propriedades microscópicas da coleção de moléculas será calculada com facilidade. Basta somar o movimento médio de cada molécula. As propriedades das moléculas de gás em movimento são estudadas por um ramo da física chamado termodinâmica, porque o calor, ou estado térmico, de um gás faz as moléculas se movimentarem mais rapidamente à medida que a temperatura sobe (é por isso que a água fervente borbulha com movimentos mais rápidos – o calor permite que as moléculas de água passem para o estado de vapor, que é muito mais agitado). O movimento médio pode ser aplicado com precisão mesmo que o movimento de uma determinada molécula seja desconhecido. Então, conhecendo-se apenas um parâmetro, ou seja, a temperatura, a aleatoriedade será tratada como uma questão prática.

Até que ponto é possível calcular legitimamente esse tipo de média? Essa pergunta ainda persiste. O cálculo da média pode tanto extrair quanto acrescentar informação. Se estamos em um helicóptero sobrevoando uma rodovia movimentada, não podemos prever qual saída um carro específico tomará. Usando a média estatística, vamos obter um número confiável que se aplica a todo o tráfego da estrada, mas desprezaremos a coisa mais importante: a aleatoriedade é uma ilusão; cada motorista sabe aonde vai e pega a saída que precisa pegar. Os motoristas não estão tomando decisões aleatórias, muito embora a atividade deles possa assim parecer. Essa diferença nos leva a várias direções. Você não pode prever o próximo pensamento que passará pela sua cabeça, mas nada está mais longe da verdade do que dizer que os pensamentos são totalmente aleatórios.

Quando pensamos no que vamos comer no jantar, não se trata de uma reflexão aleatória; o pensamento tem um propósito. Mas todo mundo devaneia, e os pensamentos incidentais flutuam pela mente como fiapos mentais. Nesse sentido, viver em paz com as ocorrências aleatórias não é só uma questão insondável ou um tipo de jogo intelectual. A aleatoriedade pode nos enganar de várias maneiras. Muitas delas dependem de quem observa o quê. Vamos imaginar uma formiga andando pela paleta de um pintor enquanto o artista trabalha. A formiga vai para cá e para lá enquanto o pincel toca aleatoriamente o vermelho, o azul e o verde – a formiga não sabe qual cor será tocada em seguida, mas, do ponto de vista do artista, a aleatoriedade é uma ilusão, pois cada pincelada é parte do propósito daquilo que está criando.

Só a aleatoriedade, se não nos apegarmos demais a ela, não conta a história toda. Os realistas ingênuos, ao verem partículas de poeira dançando nos raios de sol e moléculas de gás saltando umas sobre as outras, supervalorizam a utilidade da observação e desprezam intencionalmente a possibilidade, esta intuída com tanto brilho por Heisenberg, de que a natureza oferece a todo observador o que ele está procurando.

Na física clássica era relativamente simples separar a ordem do caos, mas essa classificação se torna muito mais nebulosa na era quântica, quando se propõe que as partículas se comportam aleatoriamente *por princípio*. Não é prático determinar a posição de cada molécula de ar em uma sala, mas para a física clássica, se considerarmos um supercomputador mítico com velocidade e memória ilimitadas, é possível calcular onde cada uma das moléculas se localiza e onde estará daqui a uma hora.

O mesmo não acontece com as partículas subatômicas no universo quântico. O princípio da incerteza nos garante que as partículas não têm posição e movimento determinados, apenas prováveis. Qual é a possibilidade de que todos os átomos de oxigênio em uma sala se agregarão no mesmo canto? Na prática, a probabilidade é zero. Mas um belo cálculo conhecido como equação de Schrödinger é capaz de determinar a probabilidade exata de um evento como esse, com muitas casas decimais, por menor que ele seja. Não é mais preciso calcular a média. A aleatoriedade encontrou um caminho muito mais direto e elegante de ser calculada.

## EXISTE "DESIGN" NO UNIVERSO?

Mas esse sucesso não significa que o mesmo avanço tenha sido alcançado no que diz respeito ao equilíbrio entre ordem e caos. Como um se traduz no outro costuma ser inexplicável. Mesmo as previsões mais exatas têm suas falhas. Vamos imaginar uma oficina mecânica onde possamos medir os sulcos dos pneus de um carro e prever que no próximo quilômetro um deles estourará. Isso parece ótimo, mas a previsão não menciona o estado da estrada pela qual vamos trafegar quando o pneu estourar, ou por que escolhemos essa estrada e qual é o destino. Se o mecânico dá de ombros e diz: "Nada disso me interessa. Não depende de mim", concordamos. Mas a estrada por onde circulam moléculas, átomos e partículas subatômicas – e para onde tudo isso se dirige – não pode ser desprezada. Na corrente sanguínea, se uma molécula de colesterol se prende a uma artéria coronária ou circula inofensiva pelo corpo, isso pode significar vida ou morte.

Em razão de suas crenças fisicalistas, muitos cientistas ficam calculando a média de problemas difíceis como se fosse essa a melhor (e a única) forma de lidar com a aleatoriedade. Um exemplo impressionante é a evolução. Olhando para um elefante, vemos que a tromba é semelhante a uma serpente e as orelhas lembram as velas de um barco. Para que elas existam, o elefante teve que evoluir; e de acordo com a teoria de Darwin foi graças a esse tipo de tromba e de orelhas que os primeiros elefantes conseguiram viver melhor. As novas adaptações começam em nível genético com uma mutação que não existia antes. As mutações ocorrem aleatoriamente, segundo o padrão evolucionário, e devem ser passadas às futuras gerações para se tornarem permanentes. Se existiu um único elefante rosa há milhões de anos, jamais o saberemos, porque a mutação genética não foi transmitida.

Como foi que o primeiro elefante de tromba longa obteve vantagem na luta pela sobrevivência? Impossível saber. Nem sequer está claro se o elefante individual obteve alguma vantagem, mas a espécie toda sim. Sem saber o que aconteceu com aquele elefante específico, calcula-se um tipo de média entre todos os elefantes.

Em outras palavras, os pensadores evolucionistas tratam seres vivos, cuja vida é muito complexa, como se fossem uma coleção de moléculas de gás. Se prestarmos atenção, isso pode parecer um truque. A existência animal é repleta de necessidades repentinas (como as que se criam em uma seca prolongada ou em uma epidemia), fatos inéditos, ameaças desconhecidas e outros. A cada passo, um leão, um chimpanzé, uma lontra têm que fazer suas escolhas.

Eliminar tais complexidades da equação, para obter uma boa aproximação do grupo, também não nos conta a história completa – talvez nem a história certa. Por exemplo, supõe-se que a sobrevivência do mais bem adaptado (a propósito, Darwin nunca usou essa expressão) possa se reduzir a dois componentes: sucesso em conseguir comida e habilidade de se sobrepor aos rivais no direito de acasalamento. É a partir disso que as mutações genéticas são transmitidas. Mas esse quadro de constante competição ignora o fato de que, na natureza, a cooperação é tão comum quanto a competição. Os pássaros voam em bando, os peixes nadam em cardumes, e há uma série de outras populações que vivem juntas por segurança e divisão de recursos – às vezes agindo como um só organismo. Em muitas espécies marinhas, machos e fêmeas se reúnem no mesmo lugar para expelir nuvens de ovos e esperma na água, numa grandiosa festa de acasalamento da qual ninguém é excluído. A evolução darwiniana tem sido modificada pelos teóricos para incluir a cooperação, mas provou ser muito complicado e controverso encontrar um equilíbrio entre comportamento competitivo e cooperativo.

## Quando o acaso é destronado

Digamos que o culto à aleatoriedade tenha fracassado seriamente e que essa deusa foi deposta. Como, então, equilibrar ordem e caos? Se, secretamente, a natureza é a artista que toma decisões criativas e os eventos aleatórios são seu pincel sob o ponto de vista da formiga, há muitas pistas de corroboram a ideia de que essa metáfora não seja exagerada. Inúmeras vezes reforçamos a mensagem de que os físicos confiam nos matemáticos. A questão dos ajustes abriu uma vala na ideia de que o universo é um imenso campo de coincidências. Nessa mesma linha, alguns números reaparecem na natureza em escalas muito grandes e muito pequenas.

Um *design* que continua intocado é o matemático. Já discutimos, em relação aos ajustes, como as constantes se combinam entre si. Lembremos que Paul Dirac estava convencido de que tantas combinações não podiam ser mera coincidência: ele pesquisou uma equação que desafiasse a aleatoriedade caso encontrasse o *design* oculto.

O *design* matemático é uma das razões para alguns físicos aceitarem que o cosmos tem estrutura e forma. Uma das histórias de vida que se perderam é a de Euclides, o pai da geometria, que fez a maior contribuição à matemática do mundo antigo. Esse grego que viveu em Alexandria durante o século IV a.C., sob o reinado do faraó Ptolomeu I, não deixou nenhuma biografia. O que existe são histórias sobre ele desenhando linhas na areia enquanto elaborava as regras que governam círculos, quadrados e outras figuras geométricas, que hoje entendemos graças a ele. Embora essas histórias não sejam comprovadas, o que mais nos surpreende em Euclides, e na mente dos matemáticos gregos em geral, é o impulso de reduzir a natureza a padrões geométricos puros.

Ao longo dos séculos os cientistas buscaram linhas retas, círculos e curvas regulares, movidos pela crença de que a natureza incorporava a perfeição quando, na verdade, os padrões da natureza costumam ser grosseiros e aproximados. Mesmo o tronco de árvore mais cilíndrico, que de longe se parece com uma coluna grega, apresenta irregularidades na sua casca; uma bola jogada em linha reta terá a sua trajetória desviada pelo vento, a resistência do ar e a força da gravidade. Mesmo uma bala disparada em linha reta descreverá uma curva complexa se considerada sob uma perspectiva mais ampla que inclua a rotação da Terra em seu eixo e sua órbita ovalada ao redor do Sol. Após conhecermos a relatividade, a geometria se tornou quadridimensional, tirando de cena as perfeitas formas geométricas bidimensionais de Euclides; então veio a revolução quântica, oferecendo uma matemática exótica e inteiramente nova, ainda não unificada com a relatividade geral.

Nenhuma dessas mudanças drásticas, entretanto, contesta a ideia do *design* cósmico. O que elas eliminam é o desenho geométrico simples, os círculos perfeitos, os quadrados e os triângulos que se supunha existir no coração da natureza. Ainda assim o DNA continua sendo uma bela espiral dupla; o arco-íris descreve um arco perfeito (que, do ponto de vista de um piloto de avião, são círculos completos); os lançadores de beisebol podem (e devem) calcular o tipo de curva (ou não curva) que a bola fará a caminho da *home base*. Se a natureza exibe esses *designs* no dia a dia, mas se constrói de eventos totalmente aleatórios no mundo quântico, temos aí uma imensa disparidade que precisa ser resolvida.

Uma possibilidade, oferecida por Roger Penrose, é que o *design* existe em uma região que está além de ambos os mundos, onde só existe a matemática pura. Seria ali, propõe Penrose, que se encontrariam as qualidades imortais semelhantes às "formas" puras de Platão. Formas vistas por Platão como a origem das qualidades de beleza, verdade e amor. É muito atraente a ideia de que o amor puro, divino, dê origem a todo amor. O vínculo entre divino e humano aparece naturalmente em todas as culturas tradicionais. Penrose não buscava uma origem divina para o cosmos, mas viu pureza na matemática (a maioria dos matemáticos concorda). Mais importante, se a matemática existe para além de toda a criatura, ela estabiliza as constantes e ancora a realidade em um lugar intocado pelo caos, pelo aspecto tosco e irregular da natureza.

O conceito de Penrose sobre as formas platônicas no domínio da matemática é amplamente aceito. Ele descreveu essas formas em termos objetivos, muito distantes da subjetividade do amor, da verdade e da beleza. "A existência platônica, como eu a vejo, refere-se à existência de um padrão externo objetivo que não depende das nossas opiniões individuais nem de nossa cultura particular." Penrose baseia a realidade em uma espécie de perfeição que está além de qualquer mudança. Embora seu trabalho de toda uma vida tenha tido como base a matemática, ele reconhece uma profunda afinidade com Platão, para quem tudo na vida cotidiana – árvores, gatos malhados, água – tinha uma Forma perfeita (usualmente com inicial maiúscula quando se refere a entidades específicas).

Penrose não se opunha à extensão da sua teoria para além da matemática. "A 'existência' poderia referir-se também a outras coisas, como a moralidade e a estética... O próprio Platão diria que existem dois outros ideais absolutos fundamentais, a saber, a Beleza e o Bem. Não sou absolutamente avesso a admitir a existência de tais ideais." Essa cândida admissão vai de encontro às teses dos cientistas que aplicam a existência eterna apenas a números, mas, pensando bem, dizer que a matemática é ordenada e equilibrada não é muito diferente de dizer que ela é bela e harmoniosa.

## A beleza transcende a turbulência e a desordem do mundo

Frank Wilczek, laureado com o Nobel de Física, deu o passo seguinte e defendeu a beleza como o ideal humano enraizado na realidade "lá fora". Seu excelente livro *A Beautiful Question* [Uma bela pergunta], de 2015, tem seu objetivo revelado no subtítulo, *Finding Nature's Deep Design* [Como encontrar o *design* oculto da natureza]. A pergunta em questão é a mesma que Platão fez há mais de 2.000 anos. O mundo exterior incorpora as belas ideias? Para Platão, a palavra *ideia* é intercambiável com *forma* (e qualquer um que se considerar um idealista pode remontar suas aspirações à Grécia antiga). Do lado da matemática, Wilczek aponta para Pitágoras, que partilhava o mesmo sonho, segundo o qual a natureza estaria em conformidade com a perfeita geometria.

Se esse conceito custou a desaparecer, mas desapareceu, por que então dois físicos aclamados o ressuscitaram? Na versão de Wilczek, a física quântica já tinha exposto uma "realidade profunda" que ele chamou de Nuclear*. Segundo ele, o ideal clássico dos planetas traçando um círculo perfeito em suas órbitas não sobreviveu, mas na era quântica "as mais ousadas esperanças de Pitágoras e Platão de encontrar a pureza, a ordem e a harmonia conceituais no âmago da criação têm sido ultrapassadas largamente pela própria criação". Poderíamos dizer que essa harmonia pertence a um matemático muito habilidoso e é abstrata demais para se traduzir como beleza no mundo material; e que estaríamos diante do mesmo fosso profundo entre realidade quântica e realidade cotidiana. Pois foi esse mesmo fosso que motivou os físicos a procurar um *design* intrínseco.

Wilczek consegue ser eloquente em termos que qualquer um é capaz de apreciar: "Existe de fato uma Música das Esferas, incorporada aos átomos e ao conceito moderno de Vazio, não relacionado à música no sentido comum". *Harmonia mundi*, a "música das esferas", foi um objetivo almejado por muitos astrônomos clássicos, entre eles Johannes Kepler. Quando realizou sua famosa descoberta do movimento planetário, Kepler a considerou uma conquista secundária na busca de se provar a existência da *harmonia mundi* (descoberta que sustentaria que os anjos, afinal, realmente cantam).

Vamos observar o movimento de puxa e empurra na medida em que Penrose e Wilczek tentam encaixar o mundo humano em suas teorias. Penrose desconfia abertamente do funcionamento da mente individual, reafirmando a antiga e convencional desconfiança acerca da subjetividade. Por isso ele quer dar às estruturas matemáticas a realidade que possuem: "Por ser a nossa mente individual notadamente imprecisa, não confiável e inconsistente em

---

* No original, *Core Theory*. (N.T.)

seus julgamentos, a precisão, a confiabilidade e a consistência, que são exigidas pelas teorias científicas, necessitam de algo que está além de qualquer uma das nossas mentes individuais (que não inspiram confiança)".

Wilczek é mais humanista; ele reverencia a beleza e quer resgatar o antigo ideal dos seres humanos como a medida de todas as coisas. Uma das ilustrações-chave em seu livro é o famoso desenho de Leonardo da Vinci do homem nu com seus braços e pernas representados em duas posições. Na primeira posição os membros encontram os limites de um círculo perfeito; na segunda, os de um quadrado. Eis aqui um antigo enigma matemático conhecido como a quadratura do círculo. Muitos séculos atrás a geometria usava instrumentos simples como régua e compasso para conjugar quadrados, triângulos e outras formas lineares. Eles esperavam conseguir fazer o mesmo em relação ao círculo. O desafio era construir um círculo com uma determinada área e, então, construir um quadrado com área idêntica, seguindo um número finito de passos.

O problema nunca foi solucionado, mas o desenho de Leonardo é uma pista na direção do corpo humano. Wilczek é muito simpático a essa concepção: "O desenho dele sugere a existência de conexões fundamentais entre a geometria e as proporções humanas 'ideais'". A ideia remonta a uma convicção ainda mais antiga, de que o universo se espelha no corpo humano, e vice-versa. "Infelizmente, nós, humanos, e o nosso corpo talvez não tenhamos tanto destaque na imagem de mundo que emana da investigação científica."

Por se dizer realista, a grande maioria dos cientistas contemporâneos desconfia do mundo *ideal*, assim como desconfia do *design*. Wilczek e Penrose se veem diante de uma íngreme escalada montanha acima. Lembremos do princípio antrópico, que tenta reconduzir os seres humanos a um lugar privilegiado no universo. A matemática eterna de Penrose é incompatível com o princípio antrópico, ao que Wilczek faz inúmeras objeções (e nós também) que tornam incerto o pensamento antrópico, mas, incerto ou não, os caminhos divergem muito quando se tenta conectar seres humanos e cosmos através do *design*. Claro que estamos conectados ao universo como nosso lar, mas dizer que essa conexão faz parte do plano cósmico não nos fez chegar a qualquer tipo de acordo.

Mas será que algum dia fará? A biosfera terrestre é uma ilha de entropia negativa que não tem nenhuma outra razão científica para existir que não seja existir. O mesmo é válido para o *design* cósmico. Talvez a física jamais encontre a equação mágica que descreva como a forma emerge do caos, e ainda assim a natureza continuará repleta de padrões, estruturas e formas. Em termos mais amplos, a física moderna contenta-se em acreditar que o Núcleo, a realidade profunda, está sujeito a princípios ordenadamente unificados. Com algumas restrições, a maior parte dos cientistas também aceita que a matemática transcende a vida na Terra e que a mente humana é falível. Os números são uma verdade à espera de ser encontrada, mas não deixarão de existir se forem encontrados ou não.

Claro que esses dois pontos de concordância por si sós não bastam para construir o Universo Humano. Os mistérios remanescentes referem-se ao preenchimento desse espaço vazio. Não adianta agir como se os seres humanos fossem partículas incidentais em um vazio frio e oco onde a aleatoriedade reina absoluta. Não importa quantos físicos persistam nesse ponto de vista, não se pode negar que os seres humanos estão entrelaçados na trama do tecido da criação. Dependendo de até onde isso chegar, ficará determinado se somos cocriadores de um cosmos que começa com a mente humana, e não com o big bang. Não existe nenhuma outra alternativa que seja compatível com esses fatos, mas ser compatível com os fatos é tudo o que a ciência faz.

# O MUNDO QUÂNTICO TEM RELAÇÃO COM A VIDA COTIDIANA?

A história já deu origem a uma boa cota de monstros, e quando nos lembramos deles nos perguntamos como conseguiram fazer o que fizeram. Não foram milhões, mas dezenas de milhões de pessoas que pereceram devido às atitudes de Hitler, Stálin e Mao. Os filmes domésticos que mostram Hitler brincando com crianças como se fosse um tio sorridente qualquer, num intervalo entre monstruosidades, são de arrepiar.

Como não sentiam culpa? A explicação para isso está num aspecto da psicologia humana bastante comum que se denomina "dissociar", também conhecido como "pensamento dicotômico". A dissociação ocorre quando a pessoa não junta os lados positivos e negativos de sua personalidade. Todos nós compartimentamos nossa psique, escondendo o que não desejamos que ninguém veja, mas a dissociação leva isso ao extremo, fazendo com que a pessoa seja ao mesmo tempo agradável e monstruosa sem que esses dois lados se encontrem. Os vizinhos de assassinos seriais invariavelmente os descrevem como normais e simpáticos; talvez isso seja sinal de dissociação. O preço de conviver com atitudes monstruosas é dividir a existência em dois compartimentos incomunicáveis.

A dissociação tem também um lado científico, se empregarmos o termo metaforicamente. Como já mencionamos algumas vezes, o modelo da relatividade de Einstein é bastante preciso ao descrever como a gravidade funciona e explicar o comportamento de grandes corpos no espaço-tempo, enquanto a teoria quântica é igualmente precisa em sua descrição de como as outras três forças fundamentais funcionam e de como os corpos muito pequenos se comportam. A importância dessa separação parece abstrata. Se sabemos como tudo se comporta, o grande e o pequeno, isso não significa conhecimento completo?

O problema se resume a um fato simples que nos afeta a todos: existe apenas uma realidade, não duas. Uma pessoa que dissociou o lado monstruoso ainda é responsável pelo que ele fizer. Nos tribunais, não se pune apenas o lado ruim. Há séculos a física convive com essa divisão, tentando unificar a realidade, mas sem ser muito bem-sucedida nisso. Isso também é interessante para as pessoas leigas, pois a maneira de vivermos nossa vida depende do que aceitamos como realidade. Na Idade Média, não era concebível viver sem Deus. Em uma época de fé, nada era mais real do que Deus, de forma que excluir essa realidade seria o equivalente à ilusão, um crime contra a natureza, e certamente levaria à maldição eterna.

Atualmente, levamos a vida com alegria, sem prestar atenção alguma ao mundo quântico, e ninguém está sendo acusado de ilusão nem de heresia. Não há mal em dissociar esse nível mais fundamental de realidade. Porém, neste livro defendemos que a realidade é sobretudo humana, e essa argumentação não se sustenta se o mundo quântico for excluído. O comportamento quântico é justamente o mais importante. Eis um exemplo fundamental. Num jogo de palavras cruzadas, alguém tem as letras A, O, R, S, S, U disponíveis, o que parece pouco promissor. Então vê que outro jogador colocou a palavra ALO no tabuleiro. Com um grito de triunfo e um sorriso de dó, ele consegue usar todas as suas letras em ALOSSAURO, e conquistar o grande prêmio.

À primeira vista, essa pequena vitória não tem nada a ver com a divisão entre relatividade e mecânica quântica, mas, na verdade, temos vivido em ambos os mundos enquanto jogamos palavras cruzadas. Embaralhar letras para formar palavras é uma atividade de "corpo grande". É preciso juntar as peças certas para dar sentido às letras embaralhadas. A nossa mente, porém, não passa por esse processo ao escolher as palavras que pronunciamos. Mentalmente, escolhemos a palavra que desejamos falar e o cérebro a entrega; não é preciso procurar entre as letras do alfabeto. Para cada palavra de nosso vocabulário, a ortografia, o significado e o som estão fundidos em um conceito único, que não foi unido a partir de partes espalhadas.

Em geral, o cérebro faz conexões entre bilhões de neurônios, muitas vezes entre regiões bem separadas do cérebro. O que nos intriga é o funcionamento instantâneo dessas conexões, sem nenhuma comunicação visível. É possível medir a velocidade de processamento dos neurônios, mas entender como conglomerados de neurônios "sabem" se juntar em uma atividade que depende de trabalho em conjunto é diferente de saber como enviam um sinal específico a séries de neurônios conectados como uma linha telefônica. As diversas configurações necessárias para coordenar movimento, fala e tomada de decisão se encaixam automaticamente. Assim, quando enxergamos o rosto de nossa mãe, ele vem à mente como um rosto conhecido, não como narizes, olhos e orelhas aleatórios que precisam ser avaliados individualmente. Isso nos remete ao comportamento quântico, pois causa e efeito não funcionam um passo de cada vez. Se a mente precisasse funcionar linearmente, passo a passo, para reconhecer o rosto materno, seria assim:

OPERADOR 1: Olá, córtex cerebral, aqui é o córtex visual. Você me deixou um recado?
OPERADOR 2: Pois é, quero ver o rosto da minha mãe. Pode me ajudar?
OPERADOR 1: Claro, só um minuto. Pronto, encontrei alguns olhos parecidos. Vamos começar por aqui, pois a maioria das pessoas se lembra muito bem dos olhos da mãe. A gente segue em frente para as outras partes assim que escolher os olhos certos.
OPERADOR 2: Então, sabe o que é... eu tenho um prazo. Quanto tempo isso vai levar?

Assim, desacelerado, este diálogo parece cômico, mas, mesmo que todas as partes do rosto materno fossem unidas na velocidade da luz, não seria algo instantâneo nem holístico. Mesmo assim, o cérebro produz o mundo tridimensional instantânea e holisticamente, exatamente como o mundo quântico produz corpos grandes como montanhas, árvores e a mãe de cada um de nós.

Deixar o mundo quântico de fora de nossa vida é o mesmo que deixar de fora o cérebro. Claro que ninguém faz isso, pois o cérebro é absolutamente fundamental sempre. O que excluímos é a relação com o mundo quântico. Isso tem implicações cósmicas. Há anos o seguinte comentário vem sendo atribuído a *Sir* Arthur Eddington: "O universo não é apenas mais estranho do que imaginamos, é mais estranho do que conseguimos imaginar". Acontece que não foi ele quem disse isso e não se sabe quem foi, e talvez a frase esteja errada também. Pode ser que o universo se encaixe perfeitamente no que imaginamos. Em vez de um universo onde partículas, átomos e moléculas sejam semelhantes à mente, parece mais provável que a mente universal tenha uma maneira de se apresentar e de agir semelhante à da matéria. Não é possível resolver isso enquanto não nos confrontarmos com um novo mistério: será que o mundo quântico está vinculado à vida cotidiana?

## Compreendendo o mistério

Não há dúvida de que os fenômenos quânticos fazem parte do mundo cotidiano. Quando as plantas convertem a luz solar em energia química, o fóton, um fenômeno quântico, está sendo processado. Parece que a atividade quântica auxilia os pássaros em longas migrações, pois com isso eles conseguem acompanhar o campo magnético da Terra. O processamento do eletromagnetismo no sistema nervoso do pássaro seria um efeito quântico.

## O MUNDO QUÂNTICO TEM RELAÇÃO COM A VIDA COTIDIANA?

Mesmo assim, na física, a divisão entre o comportamento quântico e as coisas comuns que vivemos é fundamental. A linha divisória que separa as ocorrências quânticas de nossa percepção recebeu o nome específico de corte de Heisenberg. Não foi Heisenberg quem propôs esse nome, mas este foi conferido em sua homenagem, pois suas ideias sempre indicaram que havia uma linha (teórica, em termos matemáticos) entre o comportamento autônomo de sistemas quânticos – as ondas – e seu comportamento quando observados por seres humanos. A função de onda é uma das características mais importantes da mecânica quântica, mas, como já mencionamos outras vezes, essa estrutura elegante nunca foi vista na natureza. Temos que inferi-la.

O corte de Heisenberg é útil não só para dividir o mundo real, mas também para dividir o tipo de matemática que funciona de um lado ou de outro da linha. É como uma fronteira onde se fala francês de um lado e português do outro. Mas isso nos leva a perguntar se a realidade quântica está mesmo isolada e separada da realidade cotidiana. Talvez os fenômenos quânticos estejam realizando coisas ao nosso redor e nem o percebamos. Ou talvez tudo esteja de cabeça para baixo – pode ser que o comportamento quântico seja a regra no mundo cotidiano, mas aconteceu o identificarmos primeiro no mundo microscópico das ondas e partículas.

Nem toda teoria do universo requer o corte de Heisenberg (o multiverso não precisa dele, por exemplo), mas sem dúvida os fenômenos quânticos estão no horizonte de nossos sentidos. Não conseguimos visualizar os quanta, e agora que matéria e energia escuras devem ser confrontadas talvez tenhamos atingido o limite de nossa compreensão. O que se encontra além do horizonte é, ao mesmo tempo, tudo e nada. Tudo, porque o reino virtual quântico apresenta potencial para qualquer ocorrência que já tenha acontecido ou que venha a acontecer. Nada, porque energia, tempo, espaço e nós mesmos temos origem em algum lugar inconcebível. É um mistério e tanto harmonizar a dualidade tudo/nada a fim de descrever como a criação funciona.

## A luz reage estranhamente

Vamos avaliar um experimento simples que jaz no cerne da mecânica quântica, para termos uma ideia melhor das implicações dela no cotidiano: a experiência da fenda dupla, cuja história remonta a 1801. Os primeiros estudiosos estavam interessados em ver se as ondas de luz se comportam como as ondas de água.

Se jogamos uma pedra nas águas calmas de um lago, o impacto dela provoca anéis de ondas. Se jogamos duas pedras à distância de 30 centímetros uma da outra, cada uma vai provocar um conjunto de ondas circulares e, onde elas se encontrarem, forma-se um padrão de interferência, distinto das ondas originais. Na física quântica, esse fato básico sobre a interferência de onda inclui um enigma. No clássico experimento da fenda dupla, um feixe de fótons (partículas de luz) é irradiado em uma tela que apresenta duas fendas. Os fótons que atravessam as fendas são, então, detectados em outra tela colocada atrás da primeira (um filme fotográfico serviria como uma tela simples para detectar a luz). Supostamente, cada fóton consegue atravessar apenas uma fenda, e quando é detectado verifica-se um ponto, semelhante ao deixado por um alfinete ou percevejo.

Porém, se irradiamos fótons demais através das fendas duplas, forma-se um padrão de barras no local em que pousam na tela – típico da interferência formada pelas ondas. No cotidiano, não se consideraria isso possível. É como se uma multidão de pessoas entrasse por duas portas distintas em um auditório e, depois de acomodadas, descobrissem que estavam distribuídas em pares contendo um democrata e um republicano lado a lado, alternadamente, ainda que as pessoas não tivessem identificado sua posição política a priori. Os fótons que atravessam a fenda individualmente não apresentavam nenhuma ligação anterior com os outros fótons, no entanto se juntaram do outro lado de acordo com o padrão de uma onda, e não de forma aleatória (como chumbinhos atirados em uma tela). É como se cada quantum individual, um de cada vez, interferisse nos outros fenômenos quânticos, mesmo que tenham chegado "depois".

Esse experimento da fenda dupla representa a validação clássica da dualidade onda-partícula dos fenômenos quânticos. Então, a questão importante é: por que dois comportamentos opostos coexistem? Em física, dizemos que são "complementares", o que é mais preciso do que "opostos", pois o mesmo fóton consegue apresentar um ou outro comportamento. Vamos conservar na lembrança essa "complementaridade", pois isso traz possibilidades amplas. Em um universo onde A não implica B, acontece que A e B podem ser os dois lados da mesma moeda. Vamos verificar um exemplo do mundo natural: na África, os leões e as gazelas compartilham os mesmos poços de água. Em seus nichos tradicionais, leões comem gazelas, e gazelas fogem de leões. Mas quando se trata de beber água, eles coexistem. Os leões não podem impedir que as gazelas bebam água, caso contrário sua presa morreria de desidratação. As gazelas não podem fugir imediatamente, pois precisam da água. Em milhões de anos, as duas espécies fizeram concessões complementares em seus papéis de presa e predador.

Ao longo do tempo, o experimento da fenda dupla se complicou e ficou mais intrigante. A força vital da física quântica, como vimos, depende de medição e observação. Muito mais que em qualquer outra ciência, entra em sua equação a maneira como um observador afeta as medições que realiza, a ponto de Von Neumann acreditar que a própria realidade quântica apresenta um componente psicológico. Será que o observador está alterando o resultado do experimento da fenda dupla? Os dois lados complementares, onda e partícula, não podem ser observados ao mesmo tempo. (Em termos de técnicas de experimentação, é preciso dizer que apenas a observação de fótons em si foi extremamente difícil, pois eles são absorvidos pelo detector no momento que entram em contato com ele. Mas o experimento da fenda dupla é conhecido por funcionar com outras partículas, como elétrons, e tem sido mais ou menos repetido com moléculas tão pesadas quanto as que contêm 81 átomos.)

## Como os fótons decidem?

Os fisicalistas ficam muito pouco à vontade quando a conversa gira em torno de fótons tomarem decisões e fazerem escolhas, ou alterarem suas propriedades dependendo de como estão sendo observados. Ainda nos anos 1970, John Archibald Wheeler desenvolveu uma série de experimentos mentais a fim de testar a pergunta crucial. Os fótons mudam de comportamento por causa das questões/intenções do experimentador? A alternativa é que eles mudem seu comportamento por alguma razão puramente física, tal como a interação com o detector.

O experimento mental de Wheeler considerou como um fóton de fato se comporta em movimento. Vamos lembrar: não é possível ver o fóton em movimento, ele só é conhecido no momento da revelação. Se um detector é colocado bem na fenda, ele mostra, em tempo real, que cada fóton atravessa uma fenda, como faria um chumbinho. "E se colocarmos o detector depois da fenda?", perguntou Wheeler. Acontece que o fóton consegue retardar sua decisão de se comportar como onda ou partícula até que atravesse a fenda, algo muito singular. Mas também foi singular supor, como fizeram alguns teóricos, que ao se comportar como onda o fóton atravessaria as duas fendas ao mesmo tempo.

Indo um pouco além, será que os fótons tomam decisões e depois mudam de ideia? Trata-se de uma possibilidade indubitável no experimento de Wheeler. Por exemplo, podemos alinhar dois polarizadores nas fendas duplas, a fim de eliminar qualquer interferência de onda. Porém, se deixamos os fótons atravessarem um terceiro polarizador que cancele esse efeito, eles recuperam seu estado original e podem se comportar como ondas, gerando o padrão de interferência que supostamente havia sido eliminado.

Esse fenômeno duplo de "escolha retardada" e "apagador quântico" dificulta a crença em uma explicação estritamente fisicalista. A maneira como o fenômeno quântico é observado passa a ser o centro das atenções. Mas havia outras ideias também.

## O MUNDO QUÂNTICO TEM RELAÇÃO COM A VIDA COTIDIANA?

O físico Richard Feynman propôs que, se um detector de fótons individuais fosse colocado entre as duas fendas, o padrão ondulatório de interferência desapareceria. Ambos os experimentos mentais de Wheeler e Feynman foram bem aceitos, apesar das enormes dificuldades de verificá-los em laboratório. Mas será que eles resolvem o mistério sobre o que é que o observador faz para que os fótons reajam como vemos? Como uma aparição fantasmagórica, o efeito do observador surge diante de nossos olhos, mas não conseguimos apreendê-lo.

Achamos que Wheeler chegou à conclusão correta. Ele declarou que o erro dos físicos era acreditar que as partículas possuem a característica dual de serem tanto onda quanto partícula. "Na verdade, o fenômeno quântico não é nem onda nem partícula, mas intrinsecamente indefinido até o momento em que se realiza uma medida. De certo modo, George Berkeley, filósofo britânico, estava certo ao afirmar, dois séculos atrás: 'Ser é ser percebido'."

Em outras palavras, não existe "efeito" nem "problema" do observador, como se o observador fosse um intruso que surge na natureza, perturbando a privacidade ao espiar as coisas. Pelo contrário, as coisas existem justamente porque são percebidas. Por isso Wheeler sempre insistiu em afirmar que nós vivemos em um universo participativo. O observador está enredado no próprio tecido da realidade. De repente, o Universo Humano não parece inverossímil nem distante.

A revolução quântica já tem um século. Por que o comportamento quase mental do universo não se tornou conhecido? Por que não está sendo ensinado nas escolas? Se podemos fazer algum tipo de afirmação, o cosmos é muito mais fugidio hoje que nos primeiros 25 a trinta anos da era quântica. Em grande parte, a frustração que se sente hoje nos remete ao corte de Heisenberg. Uma divisão rígida entre os mundos clássico e quântico talvez funcione matematicamente, mas na verdade a suposta linha divisória é nebulosa, confusa e talvez seja até mesmo uma miragem. Se é preciso que um observador – firmemente assentado no mundo clássico – estimule um fóton a fazer uma escolha – este, por sua vez, assentado firmemente no mundo quântico –, quão alheios eles realmente podem ser?

Vamos, então, mudar de foco e nos perguntar por que não percebemos os efeitos quânticos na vida cotidiana. Os fenômenos quânticos são muito pequenos, mas os vírus também são e causam o tempo todo efeitos imensos, que percebemos como doenças. Um vírus que nos causa resfriado ou gripe entra e sai de nosso organismo, mas os fenômenos quânticos nos afetam o tempo todo. Vamos erguer a mão e olhar para ela. Nesse gesto simples, desempenhamos uma atividade que envolve a quântica, já que a visão começa com fótons, que são fenômenos quânticos, atingindo a nossa retina. Olhe para um jardim com árvores – os fótons da luz solar as fazem crescer. Então, sua dimensão microscópica não é um problema. Em vez disso, temos alguns mecanismos embutidos que bloqueiam nossa capacidade de verdadeiramente perceber o que os fótons fazem.

## O cérebro é confiável?

Para nós, nada é real antes que o percebamos e, aliás, o cérebro humano é um mecanismo de percepção bastante seletivo. Pode ser tão delicado quanto o mais sofisticado detector de fótons – essencialmente, essa é a definição do que é o córtex visual –, e simultaneamente não fazer ideia do seu próprio funcionamento. Não temos uma visão interna que nos mostre os neurônios cerebrais em atividade. Nós nos assustamos com um barulho alto pois algum mecanismo cerebral automatizado nos fez reagir, mas não testemunhamos esse mecanismo nem os hormônios do estresse, como a adrenalina, que abastecem essa reação. A cegueira do cérebro em relação a sua própria atividade é o motivo pelo qual nos surpreendemos quando as mudanças de fase na nossa própria vida, como a puberdade ou os efeitos do envelhecimento, chegam.

## O MUNDO QUÂNTICO TEM RELAÇÃO COM A VIDA COTIDIANA?

Um imenso obstáculo dentro do realismo ingênuo é a suposição de que o cérebro humano apresenta uma imagem da realidade, quando de fato ele não o faz. Ele apresenta uma imagem tridimensional convincente do mundo, que não passa de uma ilusão. Basta lembrar o experimento da fenda dupla que acabamos de mencionar. Grande parte da dificuldade que temos com ele está no fato de os fótons serem invisíveis quando em movimento, sendo detectáveis apenas ao perecer. Se a luz é invisível, não há como torná-la visível a não ser através do sistema nervoso, e, uma vez que isso aconteça, a luz não é mais ela mesma, mas, sim, uma criação neural.

Mudemos o sistema nervoso e a luz muda também. A visão noturna apurada de uma coruja; a capacidade que a águia tem de, em pleno voo, enxergar um camundongo a quilômetros de distância; a visão dos golfinhos e a capacidade do morcego de "enxergar" usando o eco – todos esses exemplos são radicalmente diferentes da visão humana. Portanto, a suposição de que vemos luz "verdadeira" é infundada. Não há nada nos fótons que necessariamente os torna visíveis. Bilhões de estrelas e galáxias são inteiramente invisíveis até que o sistema nervoso as ilumine.

A percepção é falível porque ninguém enxerga o mundo da mesma maneira – isso é fato. Porém, a relação do cérebro com a realidade é bastante obscura. Alfred Korzybski, um pioneiro na matemática, quis calcular precisamente o que o cérebro faz ao processar dados brutos. Primeiramente, o cérebro não absorve tudo, mas, sim, constrói um conjunto de filtros complexo. Alguns desses filtros são fisiológicos, ou seja, os aparatos bioquímicos do cérebro não conseguem lidar com todos os sinais que lhe são transmitidos.

Bilhões de bits de dados bombardeiam os nossos sentidos constantemente, mas apenas uma pequena fração deles atravessa os mecanismos de filtro do cérebro. Quando as pessoas dizem "Você não está me ouvindo" ou "Você só vê o que quer ver", estão expressando uma verdade que Korzybski tentou quantificar matematicamente.

Outros filtros, porém, são psicológicos; não vemos nem ouvimos certas coisas porque nós não queremos. A percepção pode ser distorcida pelo estresse, por emoção intensa ou por sinais variados no cérebro. Por exemplo, se uma pessoa está sozinha em casa à noite e ouve um rangido alto, pode ficar alarmada, pois a base do cérebro, responsável pela sobrevivência primordial, é priorizada quando percebe possíveis ameaças. Leva um pouco de tempo até que o córtex cerebral receba atenção. É ele quem define se o rangido veio de um intruso ou apenas de um barulho no telhado ou no assoalho. Assim que a pessoa toma uma decisão racional, seu mecanismo cerebral pode propiciar uma reação equilibrada, com base na avaliação clara da situação.

Caso o mecanismo de sobrevivência do cérebro seja ativado em excesso – que é o que acontece com os soldados na frente de batalha, sob bombardeios constantes –, o cérebro não consegue mais voltar ao estado de equilíbrio. O resultado inevitável disso, ainda que o soldado seja valente e firme, é fadiga ou neurose de guerra. Quando a capacidade do cérebro de aguentar algo é sobrecarregada, sua percepção deixa de ser confiável.

Ou seja, às vezes a limitação não está ligada aos filtros. As coisas que uma pessoa não consegue perceber talvez estejam simplesmente além do que os órgãos humanos dos sentidos consigam perceber, como a nossa incapacidade de ver a luz ultravioleta ou de ouvir ultrassons. Mesmo assim, muito da realidade distorcida depende das expectativas, lembranças, preconceitos, medos e obstinação. "Não me incomode com fatos, a minha mente já está saturada" é tão verdadeiro que não tem graça. Em vez de filtros, estamos lidando com censores criados por nós mesmos, cães de guarda mentais que bloqueiam certas informações apenas por serem pessoalmente inaceitáveis. Quem iria namorar um homem que fosse a imagem escarrada de Hitler ou Stálin? Se você vai a uma festa e fica sabendo que está prestes a conhecer um artista de Hollywood, verá uma pessoa diferente da que veria se lhe dissessem que se trata de um prisioneiro em liberdade condicional.

Levando em conta todas essas limitações selecionadas, fica claro, como mostrado por Korzybski, que o cérebro é extremamente falho ao nos relatar a realidade.

Mas isso é só o começo. O cérebro pode ser treinado, e o cérebro de todo mundo já foi treinado. Ele só aceita o modelo de realidade ao qual foi adaptado. Por isso a visão de mundo de fundamentalistas religiosos não se abala diante de fatos científicos; estes simplesmente não se encaixam no modelo que o cérebro deles aceita. O modelo de realidade que você usa neste instante está ligado às sinapses e caminhos neurais de seu cérebro. Vamos pensar em um idoso malvestido andando por uma rua. Outros pedestres recebem essa mesma informação visual, mas para alguns o velhote é invisível; para outros, é passível de empatia; e para outros, ainda, pode ser uma ameaça social, um peso morto ou lembrar os avós. Um único homem gera um número imenso de percepções em um número imenso de pessoas. Mesmo para uma única pessoa, é inevitável que sua percepção mude de acordo com o tempo, o humor, as lembranças e assim por diante.

Podemos achar que temos controle sobre nossas reações diante do mundo, mas isso é um engano. Se duas pessoas conseguem enxergar uma mesma coisa e têm reações opostas, essas reações as controlam, não o contrário.

A ciência se orgulha de seus modelos racionais, mesmo assim existem certos fatos inegáveis que abalam a racionalidade. Não dá para escapar das maneiras pelas quais o cérebro foi treinado para perceber o mundo, não importa quão racionais acreditamos ser. Se alguém lhe dissesse que milhares de desconhecidos morreriam a menos que você cometesse suicídio, a racionalidade seria uma motivação frágil: o seu cérebro está programado para sobreviver. Por outro lado, para salvar um companheiro em uma batalha, soldados se sacrificam, pois o altruísmo corajoso faz parte do seu código, ultrapassando o instinto de sobrevivência.

Os modelos são poderosos. Mas é importante perceber que a realidade transcende todos eles. John von Neumann teria dito que o único modelo satisfatório de neurônio seria um neurônio. Em outras palavras, os modelos não substituem a complexidade e a riqueza do que ocorre naturalmente. Ou, como diz Korzybski: "O mapa não é o território". Até o melhor mapa de uma cidade, se nos oferecesse imagens tridimensionais em movimento em um super GPS, não poderia ser confundido com a própria cidade.

Todo modelo apresenta a mesma falha fatal: joga fora o que não se encaixa nele. A subjetividade não se encaixa no modelo científico, assim a maior parte dos cientistas a descarta. Os fisicalistas rejeitam a mente como força da natureza. Devido a essa falha inerente, os modelos estão corretos em relação ao que incluem e equivocados em relação ao que excluem. Do nosso ponto de vista, a última pessoa a perguntar sobre a mente é um fisicalista, assim como a última pessoa a consultar Deus é um ateu.

Somos levados a uma conclusão surpreendente: ninguém pode dizer o que é "verdadeiramente" real enquanto tiver a mente como janela para o universo. Você não consegue sair de seu sistema nervoso. Seu cérebro não consegue deixar o espaço-tempo. Portanto, seja lá o que houver fora do tempo e do espaço, *a priori*, é inconcebível. A realidade sem filtro provavelmente explodiria os circuitos cerebrais ou simplesmente os anularia.

Todos esses fatos provam que vivemos do lado clássico do corte de Heisenberg. Porém essa é uma conclusão falsa. Tudo o que dizemos, pensamos e fazemos está conectado ao mundo quântico. Por estarmos encravados na realidade quântica, temos que nos comunicar com ela de alguma maneira. O estado quântico está tão disponível quanto o mundo cotidiano. Entrar no estado quântico não significa que todos os corpos sólidos se tornam ilusórios e todos os seus amigos, imaginários. Significa que você adentrou uma outra perspectiva e, ao perceber a sua vida como uma série multidimensional de eventos quânticos, é isso que ela passa a ser.

## Adaptando-se ao quântico

Você tem um corpo que obedece à mecânica quântica, incluindo o seu cérebro, o que significa que o "eu" é uma criação quântica. O mundo não é diferente disso. Até agora, a teoria quântica é o melhor guia sobre o real funcionamento da natureza. Ainda que os rígidos adeptos do corte de Heisenberg não aceitem que os mundos clássico e quântico se mesclem, é óbvio que fazem isso. Isso significa que você se comporta como um fóton e vice-versa? Sim. A imprevisibilidade é um exemplo fundamental. Na física clássica, a questão era domar a bagunça da natureza, fazendo as ocorrências se encaixarem em regras, constantes e leis. Esse projeto foi de uma eficiência espetacular, até que a mecânica quântica virasse a nova dona da banca.

A essa altura, a imprevisibilidade tornou-se um fato da vida, assim como sempre foi do comportamento humano.

Cada núcleo radioativo instável apresenta uma taxa específica de decaimento conhecida como meia-vida – a quantidade de tempo que ele leva para perder metade de sua massa inicial. A meia-vida do urânio 238 é cerca de 4,5 bilhões de anos. Em geral, o decaimento radioativo é bem lento, por isso lugares contaminados por radioatividade passam a ser perigosos por toda uma vida. O processo é também imprevisível, no sentido de que os físicos não conseguem identificar quando um determinado núcleo vai entrar em declínio. Sendo assim, oferecem probabilidades – uma adaptação-chave à realidade quântica. A incerteza é um dado.

Para ajudar a ilustrar isso, imaginemos que um certo núcleo tem a meia-vida de um dia. Ele terá 50 por cento de chance de decair no período de um dia, 75 por cento de chance de que isso ocorra em dois dias, e assim por diante. A equação da mecânica quântica (especificamente a equação de Schrödinger), que descreve um sistema quântico particular, é muito precisa em relação à probabilidade de uma ocorrência no núcleo. Mas há um problema. É óbvio que qualquer probabilidade se refere a algo que está prestes a acontecer, seja o resultado de um decaimento nuclear, seja o ganhador do Grande Prêmio de Fórmula 1. Depois que isso acontece, porém, o resultado salta de repente para 100 por cento (decaimento feito, acertamos o ganhador da corrida) ou então 0 por cento (nenhum decaimento, outro competidor ganhou). Eventualmente, as probabilidades dos eventos que ocorrem na vida real devem pular para 0 ou 100 por cento, uma vez que o resultado seja conhecido. Caso contrário não significam nada.

A equação de Schrödinger calcula a "probabilidade de sobrevivência" de um núcleo (ou seja, a probabilidade de ele não ter decaído), que começa em 100 por cento e depois cai continuamente, chegando a 50 por cento após se passar o tempo de uma meia-vida, 25 por cento depois de duas e assim por diante – sem nunca chegar a 0. (Essa é uma boa notícia para pilotos lentos, que vão se aproximar infinitesimalmente da linha de chegada, mas nunca vão cruzá-la, não podendo ser declarados perdedores.)

Assim, ainda que o êxito da equação de Schrödinger tenha sido espetacular e muito respeitado, ela jamais descreve um evento de fato! Se houvesse um decaimento real, a probabilidade de sobrevivência se tornaria uma certeza e, nesse ponto, pularia para 100 por cento, pois temos certeza de que o decaimento ocorreu, já que o observamos. Essa lacuna entre a matemática e a realidade ficou tão famosa quanto o paradoxo do gato de Schrödinger, um experimento puramente hipotético imaginado por ele em 1935, que desde então resiste às explicações, embora cada teórico da física tenha uma resposta preferida.

## Um gato paradoxal

A estrutura do experimento hipotético consiste em trancar um gato em uma caixa de aço. Além do gato, a caixa também contém um pedacinho de material radioativo, um contador Geiger e um frasco de veneno. O pedaço de material radioativo é pequeno, de modo que um de seus átomos pode decair ou não no período de uma hora. Schrödinger propôs a probabilidade de 50/50. Se um átomo de fato decair, o contador Geiger o detectará, acionando um martelo mecânico de alavanca que quebrará o frasco, matando o pobre gato. Se nenhum decaimento ocorrer, o gato estará fora de perigo e quando a caixa for aberta ele estará vivo. Até aí, esses dois resultados estão de acordo com o senso comum.

Mas não em termos quânticos. Os dois resultados possíveis – o decaimento de material radioativo e o não decaimento de material radioativo – existem em sobreposição (um estado turvo). De acordo com a interpretação de Copenhague, que prevalecia na época, um observador é necessário para que a sobreposição dos resultados entre em colapso e um estado específico seja definido. Ninguém conseguia explicar direito como o observador faz isso, mas, até que ele apareça, o fenômeno quântico permanece em sobreposição (à tona, por assim dizer).

Se você fica zonzo ao pensar nesse famoso experimento hipotético, é bom saber que o próprio Schrödinger achou a ideia de sobreposição absurda, quando se pensa na vida real. Ele argumentou que, se o decaimento nuclear da substância radioativa está em sobreposição, então, de acordo com a interpretação de Copenhague, antes que a caixa seja aberta, o seu estado ficará suspenso em 50/50. Isso pode ser ótimo para o fenômeno quântico, argumentou Schrödinger, mas e o gato? Ele estará morto e vivo ao mesmo tempo, suspenso entre os dois estados em 50/50, até o observador abrir a caixa! Vai estar vivo desde que o átomo não tenha decaído; morto, caso o átomo tenha decaído e liberado o veneno.

Obviamente o gato não pode estar morto e vivo ao mesmo tempo. É consenso que esse paradoxo é muito inteligente, mas é preciso estreitar a avaliação para compreender por quê. O gato de Schrödinger é uma metáfora para a lacuna entre o comportamento quântico e a vida real. O estado "nebuloso" de sobreposição não tem sentido no mundo real, onde o gato só pode estar ou morto ou vivo, sem ter que esperar por alguém que o observe e defina seu destino.

Einstein ficou encantado com esse experimento hipotético e escreveu a Schrödinger:

> Você é o único físico contemporâneo [...] que percebe que não se pode evitar a admissão da realidade, se quisermos ser honestos. A maioria simplesmente não vê que jogo arriscado está praticando com a realidade [...]. Ninguém duvida, de fato, de que a presença ou a ausência do gato é algo independente do ato da observação.

Infelizmente, esse paradoxo não é tão simples quando Einstein gostaria. Na assim chamada interpretação de muitos mundos (IMM), proposta pelo físico Hugh Everett, o gato está morto e vivo ao mesmo tempo, mas em diferentes realidades ou mundos. O resultado quântico não é nem um nem outro/ou, mas ambos/e, dependendo do mundo em que estamos. Quando se abre a caixa, diz a explicação de Everett, o observador não provoca um resultado por magia; pelo contrário, existe tanto o observador vendo um gato morto quanto o observador vendo um gato vivo. Esses dois cenários igualmente reais separam-se um do outro sem comunicação entre si. Um observador não terá conhecimento do outro.

Como o multiverso, a teoria dos muitos mundos é elegante, no sentido de que transforma problemas cabeludos em nenhum problema. Você pode ficar com o gato e matá-lo também. Mas como essas realidades divididas não se conectam uma com a outra (o que é conhecido como decoerência quântica) um novo problema surge, e, desde que outros mundos são tão teóricos quanto outros universos, é difícil acreditar que não sejam imaginários, pura fantasia matemática. O resultado final da teoria dos muitos mundos é que os desafios criados pela interpretação de Copenhague são ampliados até o infinito!

Talvez o gato de Schrödinger esteja tentando nos dizer algo completamente diferente. Em vez de enxergar o comportamento quântico como algo exótico, paradoxal e distante da realidade comum, pode ser que todos nós já estejamos em um estado quântico, e os fenômenos quânticos estejam nos imitando. Se perguntamos se o gato de Schrödinger está morto ou vivo dentro da caixa, as respostas possíveis são: sim, não, ambos, nem um nem outro. Por que isso é tão paradoxal? Se um rapaz leva uma moça ao cinema para ver o último desenho animado da Marvel e lhe pergunta se quer pipoca e se quer uma Coca-Cola, talvez ela responda sim ou não a uma das perguntas, aceite as duas coisas ou não queira nada. É assim que o livre-arbítrio funciona. Até que uma escolha seja feita, as possibilidades continuam abertas.

Vamos colocar a moça na caixa de Schrödinger, sem o veneno e a radioatividade. Antes de abrir a caixa e descobrir se ela quer pipoca ou Coca-Cola, em que estado está sua resposta? Trata-se de uma sobreposição de sim, não, ambos ou nada? A resposta é: esta não é a pergunta correta a fazer se sabemos como a mente funciona. A moça está simplesmente esperando para se decidir. Sua resposta não reside num limbo exótico, como um átomo confuso entre decair e não decair, as duas situações são completamente diferentes. Embora pensemos o tempo todo, não sabemos se os pensamentos existem antes de emergir. Pela mesma lógica, não sabemos se a palavra seguinte existe antes que seja pronunciada.

Ser capaz de enunciar uma palavra é algo milagroso. Se você deseja contar a um amigo que viu pandas no zoológico, basta falar. Não precisa fuçar uma biblioteca mental de mamíferos chineses até que o termo correto seja encontrado. O computador não consegue repetir esse feito tão corriqueiro para nós. Ele tem que consultar um banco de memórias programado a fim de juntar a palavra e o significado corretos. (Na verdade, nenhum computador sabe o significado de uma palavra.)

Podemos dizer que pensamentos e palavras são um tipo de limbo silencioso, à espera de serem convocados pela mente. As palavras não passam de possibilidades à espera de surgir no mundo, assim como os fenômenos quânticos. Wheeler tratou de um aspecto importante da realidade ao dizer que os fenômenos quânticos não apresentam propriedades antes de serem percebidos. Os conteúdos de nossa mente também não. Tente descrever com exatidão qual será o seu pensamento amanhã à noite. Será um pensamento que expressa raiva, tristeza, alegria, ansiedade ou otimismo? Você vai estar pensando sobre o almoço, a família ou sobre o jogo do final de semana?

Não é possível fazer uma previsão precisa, porque o pensamento, como o fenômeno quântico, não tem propriedades antes de existir. Se nos lembrarmos do que disse Einstein sobre não brincar com a realidade, compreendemos que não há mistério nisso. O que os físicos denominam "indeterminação quântica" nada mais é que o fato de que os fenômenos quânticos não podem ser conhecidos até o momento exato da medição. O mesmo vale para pensamentos, palavras, comportamento humano e o noticiário da noite. A razão pela qual queremos saber logo qual foi o último acidente noticiado é que estamos bem adaptados à realidade como algo confuso, imprevisível, tosco e dominado pela incerteza. A revolução quântica não trouxe esses elementos para a nossa vida, apenas os expandiu, do mundo humano para o mundo quântico.

Estamos prontos para dar o grande salto e dizer que os seres humanos criaram o mundo quântico? Ainda não. A questão sobre como o observador afeta a realidade não está resolvida. Alguns comportamentos quânticos bem estranhos ainda precisam ser domesticados. No entanto, chegamos ao divisor de águas. O corte de Heisenberg, em termos da vida real, é uma miragem. Todos nós vivemos num mundo quântico multidimensional. Projetamo-nos em tudo o que experimentamos, não só observando a realidade que surge, mas também participando dela. Ao fazer isso, será que estamos sendo egocêntricos, inserindo características humanas no universo porque isso nos envaidece? Ou o universo já continha a mente? Eis a questão central do próximo mistério.

# VIVEMOS EM UM UNIVERSO CONSCIENTE?

Para uma pessoa comum, a noção de universos infinitos borbulhando aqui, ali e em toda parte pode parecer uma imagem agradável ou apenas ciência bizarra. Seja como for, muitos céticos questionam a ideia de multiverso, e, na medida em que a discussão esquenta, um observador pode erguer a mão e perguntar: "Será que conhecemos realmente *este* universo? Os demais não importam".

A pergunta tem sentido. O multiverso é como um romance de toda a espécie humana. Nos romances, a heroína acaba encontrando seu par perfeito. No multiverso, os seres humanos encontram seu cosmos perfeito. (Exceto pelo fato de que as chances de encontrá-lo são basicamente nulas, infinitamente menores que as de encontrar, no dia a dia, o amor da sua vida.) A única questão é se o destino fez a combinação perfeita, como nossa heroína romântica, ou se foi só uma questão de sorte. Neste livro estamos dizendo que não é nem uma coisa nem outra. A combinação perfeita entre seres humanos e o universo diz respeito a um encontro de mentes. A mente humana encontra a mente cósmica. De alguma maneira misteriosa que a ciência não explica, nós nos encontramos em um universo cósmico. Para complicar ainda mais, vivemos em um estado ilimitado de consciência, ao qual chamamos de universo.

O ceticismo predominante receberia muito bem essa proposição em uma conferência típica de física ou de neurociência, mas já vimos os indícios crescentes de que o domínio quântico age da mesma maneira que a mente. Indícios esses que têm sido criteriosamente ignorados. Na física moderna, a consciência tem agido como um buraco negro que engole todo investigador que tenta dar respostas definitivas. Ninguém jamais escreveu um livro como *A mente para leigos,* porque o tema tem continuamente frustrado os mais brilhantes pensadores. Os seres humanos tomam como certo que temos uma mente e, ao mesmo tempo, descobrem que a nossa mente não consegue explicar a si mesma. Basta perguntar "De onde vem o pensamento?" para provocar perplexidade, discussões intensas e uma grande dor de cabeça. Por outro lado, a beleza de um universo consciente está em quantas questões podem ser resolvidas num estalar de dedos, como as que se seguem:

P: Seriam os humanos os únicos seres conscientes na Terra?
R: Não. Todos os seres vivos participam da consciência cósmica. E todos os objetos ditos inertes também participam.

P: É o cérebro que produz a mente?
R: Não. O cérebro é um instrumento físico que processa os eventos mentais. Tanto a mente quanto o cérebro têm a mesma origem: a consciência cósmica.

P: Há uma consciência no universo "lá fora"?
R: Sim e não. Sim, a consciência está em toda parte do universo. Mas não existe "lá fora", porque "aqui" e "lá" deixam de ser conceitos relevantes.

A simplicidade dessas respostas é o que atrai os cientistas que aceitam a possibilidade de uma mente cósmica. Aos poucos, estamos saindo do buraco negro. Hoje existem teses, livros e conferências dedicados ao universo consciente, e uma minirrevolução está a caminho. Mas sejamos realistas: a ciência convencional continua ignorando a consciência.

A ciência tem o hábito de excluir as suposições que parecem desnecessárias para se resolver um determinado problema. No mundo prático da física, as aplicações de E = mc², da equação de Schrödinger ou da inflação caótica não sofrem com nossas questões sobre a consciência do universo. Um volume enorme de produção científica emergiu por meio da total exclusão da questão da mente. (Assim como tratar um bebê como uma boneca só funciona até certo ponto.)

Mas essa ainda não é a parte peculiar. O que nos estranha ainda mais é que os cientistas considerem irrelevantes suas próprias mentes. Elas apenas ocorrem, assim como o ato respiratório. Quando alguém bombardeia prótons em um acelerador de partículas, ninguém lhe diz "Lembre-se de respirar", muito menos "Lembre-se de estar consciente". Tanto uma quanto a outra são afirmações irrelevantes. No entanto, olhando por outro ângulo, nada é mais importante que a mente, principalmente se a mente humana estiver de alguma maneira sincronizada à mente cósmica. Interessa a todos nós saber se os seres humanos têm uma dimensão cósmica. Toda essa conversa sobre ser uma mancha na vastidão gelada do espaço sideral terminaria aqui e para sempre. Conforme Wheeler poeticamente descreve, "somos portadores da joia principal, o objeto flamejante que ilumina a escuridão do universo".

## Compreendendo o mistério

O maior empecilho para a questão da mente cósmica é o pressuposto de que a mente é sempre afetada por sua própria subjetividade. A subjetividade é alheia aos dados e números, que são justamente o que faz da ciência uma atividade viável. Quando estudamos estritamente os fatos, chegamos a consensos. Nos estudos da consciência, porém, a objetividade é tida como apenas mais uma variedade da percepção humana, conhecida como terceira consciência, o que significa que uma terceira pessoa qualquer pode entrar em cena e concordar com o que está sendo observado. Por exemplo, imaginemos uma equipe de geólogos pesquisando o solo em Point Trinity, no deserto do Novo México, onde a primeira bomba atômica foi detonada em 16 de julho de 1945. O primeiro geólogo encontra um mineral desconhecido caído no chão. O segundo geólogo o examina e concorda que jamais viu nada igual.

O espécime é testado por outros geólogos e chega-se a um consenso. O imenso calor produzido pela primeira explosão atômica criou um mineral desconhecido em todo o planeta, que passou a ser chamado de trinitita. A areia do deserto, composta principalmente de quartzo e feldspato, fundiu-se naquele resíduo vítreo esverdeado que é levemente radiativo, mas não letal.

A descoberta da trinitita é perfeitamente compatível com a terceira consciência. Eliminando-se todas as reações subjetivas (conhecidas como primeira consciência), a objetividade estará garantida, ou é o que dizem. Há também a segunda consciência, a do "outro", sentado do outro lado da mesa em frente ao "eu". A segunda consciência é tão pouco confiável quanto a primeira, pois as duas podem incorrer nos mesmos erros. Ninguém ainda conseguiu demonstrar como passar da situação dos dois observadores, que compartilham a mesma experiência, para a objetividade real.

Descartar qualquer referência à consciência, salvo a do terceiro tipo, é bastante conveniente quando se é um fisicalista. É varrer uma grande quantidade de experiência para baixo do tapete, e ao mesmo tempo dizer que só assim se faz ciência. Olhando para o mundo moderno, que foi construído com ciência e tecnologia, vemos que as possibilidades da terceira consciência são imensas. Vemos por que a ciência quer tanto dispensar a primeira consciência, o "eu" da experiência diária. Rembrandt pode dizer: "Este é meu autorretrato", mas Einstein não pode dizer: "Esta relatividade é minha. Se você quiser uma relatividade, crie a sua".

Entretanto, ao tomar como norma a terceira consciência, enveredamos por um mundo de ficção científica onde o "eu" não existe. Para entender melhor a estranheza da situação, tente andar por aí referindo-se a si mesmo na terceira pessoa. *Ele acabou de sair da cama. Ela está escovando os dentes. Eles relutam em sair para trabalhar, mas precisam pôr comida na mesa.* Não se pode negar que a subjetividade seja confusa, mas é assim que a experiência funciona. As coisas acontecem para as pessoas, e não para os pronomes.

É natural que todo cientista tenha um "eu" e uma vida pessoal. Mas nos modelos da realidade desenvolvidos pela física e pela ciência moderna em geral, o universo é a experiência da terceira pessoa. A famosa frase de John Archibald Wheeler diz, sobre nosso ego: é como olhar o universo através de uma lente extremamente grossa enquanto o que deveríamos fazer é quebrar o vidro.

Um universo inconsciente é um universo morto, ao passo que o universo que os seres humanos experimentam é vivo, criativo e evolui em estruturas magníficas que são ainda mais criativas. Se os últimos dados fornecidos pelo observatório Kepler forem válidos, a quantidade de planetas semelhantes à Terra que há no universo observável deve ser da ordem de $10^{22}$ (que equivale ao algarismo 1 seguido de 22 zeros). O número imenso de planetas capazes de conter a vida poderia ser a prova de que um universo consciente se expressa muitas e muitas vezes.

A argumentação sobre como os seres humanos evoluíram na Terra não poderá ser fechada enquanto a própria consciência continuar sendo um mistério. Quando tratarmos desse assunto, o conceito de consciência precisa ser claro, adequado e verossímil. Nenhuma das experiências, da primeira, da segunda ou da terceira pessoa, pode ser ignorada. Deve haver algum nivelamento, de forma que nenhum pronome seja favorecido apenas porque sim.

## Quando os átomos aprenderam a pensar

Tudo no cosmos apresenta ou não consciência. Para sermos mais exatos quanto aos termos, ou um objeto participa do domínio da mente ou não participa. Identificar qual é qual não é tão fácil quanto parece. Por que dizemos que o cérebro é consciente? O cérebro é constituído por átomos e moléculas comuns. O cálcio é o mesmo cálcio que encontramos nas falésias de calcário de Dover, no sul da Inglaterra; o ferro é o mesmo ferro que se encontra nas ligas de aço das moedas de centavos. Nem as moedas nem as falésias são pensadores famosos, mas todos concordam em que o cérebro humano ocupa um lugar privilegiado no universo, o que significa que os átomos que o compõem são diferentes dos átomos da matéria "morta".

Quando uma molécula de glucose atravessa a membrana cerebral (que é como um porteiro celular que determina quais moléculas da corrente sanguínea podem entrar no cérebro), a glucose não se altera fisicamente. Mas contribui com os processos que chamamos de pensamento, sentimento e percepção. Como é possível que um simples açúcar, usado em hospitais para alimentar pacientes através de um tubo intravenoso, tenha aprendido a pensar? Essa pergunta atinge o centro do mistério. Se todos os objetos do universo fazem ou não fazem parte da consciência, os conscientes aprenderam a pensar, embora ninguém explique até hoje como isso ocorreu.

Realmente, a ideia de átomos que aprendem a pensar é absurda. Jamais será localizado o momento exato em que os átomos adquiriram consciência. O vínculo entre mente e matéria é considerado um "problema difícil" e está no centro de um intenso debate. Dos 118 elementos químicos conhecidos, apenas seis constituem 97 por cento do corpo humano: carbono, hidrogênio, oxigênio, nitrogênio, fósforo e enxofre. Se alguém espera misturar e combinar esses átomos de uma maneira extremamente complexa, de forma que, de repente, eles comecem a pensar, não vai conseguir. Mas, em essência, essa é a única explicação oferecida para o cérebro humano ter se tornado o órgão da consciência.

Com bilhões de pares de bases nitrogenadas contribuindo para a formação da dupla hélice do DNA humano, a complexidade é desconcertante demais para acobertar de maneira plausível a ignorância. É muito difícil classificar os objetos entre conscientes e inconscientes. Dizer que todo o cosmos é consciente é o mesmo que dizer que ele é inconsciente. O argumento não pode se sustentar apenas em bases físicas.

O mistério se reduz, então, a uma escolha bem definida: o universo é feito de matéria que aprendeu a pensar ou da mente que criou a matéria? Podemos dizer que essa é uma divisão entre "priorizar a matéria" e "priorizar a mente". Embora "priorizar a matéria" seja a posição da ciência, o século quântico enfraqueceu-a seriamente.

Uma visão popular tenta revigorar a argumentação a favor de "priorizar a matéria" transformando, com muita habilidade, tudo em informação. Estamos cercados de informação por todos os lados. Se você recebe um e-mail anunciando a venda de *smartphones*, uma informação acaba de cruzar seu caminho. Mas os fótons que atingem a nossa retina quando lemos algo na tela do computador também transmitem a informação que, no cérebro, será transformada em leves impulsos elétricos, que por sua vez são outro tipo de informação. Nada escapa. No fundo, qualquer coisa que se diga, pense ou fale pode ser computadorizada sob a forma de código digital usando apenas combinações dos algarismos 1 e 0.

É possível desenvolver um modelo em que o observador é um pacote de informações olhando para um universo que é um pacote ainda maior de informações. De repente, matéria e mente encontram um território comum. Alguns cosmólogos veem isso como uma alternativa viável para a defesa de um universo consciente. Só o que é preciso, dizem eles, é definir a consciência puramente como informação. Um dos defensores dessa visão é o físico Max Tegmark, do MIT (Massachusetts Institute of Technology). Ele inicia seu argumento dividindo a consciência em dois problemas, um fácil e outro difícil.

## O problema fácil e o problema difícil

O problema fácil (que por si só é bem difícil) é entender como o cérebro processa a informação. Já demos passos nessa direção, afirma Tegmark, se considerarmos que os computadores hoje estão avançados a ponto de derrotar o campeão mundial de xadrez ou traduzir as línguas estrangeiras mais difíceis. Um dia, a capacidade deles de processar a informação ultrapassará as habilidades do cérebro humano, e então será bem difícil dizer o que é consciente, o que é máquina e o que é um ser humano. O problema difícil é: "Por que temos uma experiência subjetiva?" Não importa quanto saibamos sobre o disco rígido do cérebro, ninguém ainda explicou claramente como os microvolts de eletricidade e um punhado de moléculas bailarinas comunicam o deslumbramento de uma pessoa diante do Grand Canyon pela primeira vez, ou a emoção que ela sente ao ouvir uma música. No mundo interior dos pensamentos e sentimentos, os dados perdem espaço.

O "problema difícil", assim chamado pelo filósofo David Chalmers, é conhecido há séculos como "problema corpo-mente". Tegmark vê uma solução através de sua poderosa aliada, a matemática. Para um físico, diz ele, o ser humano é apenas comida cujos átomos e moléculas são reorganizados de maneira complicada. A frase "Você é o que come" é literalmente verdadeira.

De que maneira o alimento se reorganiza para produzir uma experiência subjetiva semelhante a estar apaixonado? Seus átomos e moléculas, da perspectiva do físico, são apenas um amálgama de quarks e elétrons. Tegmark rejeita que uma força além do universo físico (ou seja, Deus) esteja interferindo. A alma também fica de fora. Seu argumento é que quando se mede o que todas as partículas no cérebro estão fazendo, e essas partículas obedecem fielmente às leis da física, então a ação da alma será zero – ela não acrescenta nada ao panorama da física.

Se a alma estivesse movimentando as partículas, mesmo que em pequena quantidade, a ciência seria capaz de medir o efeito exato causado por ela. A alma seria apenas uma outra força física com propriedades passíveis de serem estudadas, assim como estudamos a gravidade. Agora, Tegmark expõe a ideia que ou resolve o problema difícil ou é um ótimo truque. Como físico, diz ele, a atividade das partículas no cérebro nada mais é que um padrão matemático no espaço-tempo.

Ao lidar com "um monte de números" o problema difícil é transformado. Em vez de perguntar: "Por que temos experiências subjetivas?", podemos nos ater às propriedades das partículas conhecidas e fazer a mesma pergunta, mas agora com base em fatos concretos: "Por que algumas partículas se organizam de modo que pareça que estamos tendo uma experiência subjetiva?" Isso faz lembrar a cena de um filme em que o distraído professor Brainiac escreve equações no quadro-negro para explicar por que ele se sente atraído por Marilyn Monroe, sentada na primeira fileira. Mas esse truque de transformar o mundo subjetivo num problema de física tem apelo óbvio em seu campo de estudos.

Mas não é difícil ser cético. A mente de Einstein produziu cálculos maravilhosos, porém é improvável que cálculos maravilhosos produzam a mente de Einstein. Tegmark afirma que eles podem fazer isso, sim. As coisas que existem ao nosso redor, diz ele, possuem propriedades que não têm explicação se considerarmos só os átomos e as moléculas das quais são feitas. As moléculas de $H_2O$ não mudam quando a água se transforma em gelo ou em vapor. Elas só adquirem as propriedades do gelo e do vapor, as chamadas propriedades emergentes. Tegmark declara: "Assim como os estados sólido, líquido e gasoso, penso que a consciência também é uma propriedade emergente. Se vou dormir e minha consciência desaparece, ainda sou feito das mesmas partículas. A única coisa que muda é como as partículas se reorganizam".

Tegmark representa aqui toda uma classe de pensadores que acreditam que a matemática tem a chave para explicar a mente. Na visão deles, a consciência não é diferente de qualquer outro fenômeno da natureza. Os números são atribuídos à informação, que, por sua vez, é definida por Tegmark e outros pesquisadores como "o que as partículas sabem umas das outras". A partir daqui, o estudo fica muito mais complexo, mas já temos os conceitos suficientes.

Concentremo-nos então na teoria da informação integrada proposta por Giulio Tononi, neurocientista da Universidade de Wisconsin. Para estabelecer uma ponte entre mente e matéria, Tononi e seus colegas propõem um "detector de consciência", que pode ser usado pela medicina para indicar, por exemplo, se alguém completamente paralisado ainda está consciente. De várias maneiras é um projeto intrigante para a pesquisa do cérebro.

Mas os teóricos da informação estão caçando algo maior. Eles querem que 1 e 0, as unidades básicas da informação digital, expliquem a consciência no cosmos como um todo. É bem verdade que as partículas com cargas positivas e negativas são facilmente descritas no sistema binário, além de qualquer outra propriedade da natureza que tiver um oposto, como a gravidade, que se acopla à antigravidade. Mas os números nos ajudariam a extrair partículas inertes de amor, ódio, beleza ou prazer, todas essas coisas que acontecem "aqui dentro"? É muito improvável. Saber que a água adquire as propriedades emergentes do gelo não implica o surgimento espontâneo de esculturas de gelo. Certamente, algo mais está interferindo.

Sabemos que a informação é "o que as partículas conhecem umas das outras", mas isso não é a solução, é o problema. A ideia de que introduzir mais e mais informação construirá uma mente humana superdesenvolvida é o mesmo que dizer que se houver mais cartas na mesa elas começarão a jogar pôquer. Valetes, damas e ases, todos eles contêm informação, mas não é o mesmo que saber o que fazer com essa informação, pois isso requer a mente.

## Deixemos que a realidade fale por si

Todos os que tratam do problema da consciência acreditam que a verdade está ao seu lado. Mas, se observarmos melhor, nenhum modelo teórico é capaz de nos dizer o que é real. O radar avisa que está chovendo, mas só você pode dizer que a chuva molha – a experiência é o único juiz. Sabe-se que o inferno nuclear no centro das estrelas pode ser reduzido a zeros e uns, mas os conceitos de zero e um são humanos. Sem nós, eles não existiriam.

Realmente, não existe na natureza nenhuma informação sem que haja alguém para entendê-la como tal. Com a defesa da teoria da informação severamente prejudicada, a desculpa mais comum é: "Vamos esperar que apareça uma teoria melhor. Enquanto isso, novas pesquisas sobre o cérebro são feitas a cada dia. Uma delas vai nos contar a história completa". Mas essa certeza se baseia num pressuposto muito frágil: que cérebro e mente são equivalentes.

Todo o campo da neurociência está apoiado nesse pressuposto. É evidente que existe atividade cerebral em uma pessoa viva e consciente, e que a morte cessa essa atividade. Imagine um mundo em que toda música nos chegue pelo rádio. Se os rádios quebram, a música para. Mas isso não prova que os rádios sejam fontes de música. Eles a transmitem, o que é muito diferente de serem Mozart ou Bach. O mesmo se dá com o cérebro. Ele é só o aparelho transmissor dos nossos pensamentos e sentimentos. Não importa quanto avance a tecnologia de obtenção de neuroimagens, não é possível provar que a atividade neural cria a mente.

A suposição de que a mente equivale ao cérebro é um problema duplo. Primeiro, há um pressuposto de que a mente é um epifenômeno, ou seja, é um efeito secundário condicionado a processos fisiológicos. Quando uma lareira é acesa, o fenômeno primário é a combustão; o fenômeno secundário é o calor que o fogo propaga. O calor é um epifenômeno. A pesquisa cerebral parte do princípio de que a atividade física no interior dos neurônios é o fenômeno primário; pensar, sentir e perceber são fenômenos secundários, classificando a mente, então, como um epifenômeno. Porém, é evidente que ter a consciência de quem sou, onde estou, como é o mundo – tudo o que vem pela mente – é como se fosse primário. A música existe antes do rádio, fato que não se altera se estudarmos como os rádios funcionam em nível dos átomos e das moléculas que o compõem.

O segundo problema acerca da suposição de que o cérebro equivale à mente é que não enxergamos a natureza de maneira fidedigna. É difícil saber qual é o grau da nossa cegueira perante a natureza. O narrador de *Goodbye to Berlin* [Adeus, Berlim], de Christopher Isherwood, é um jovem anônimo que chega à Alemanha durante a ascensão de Hitler. Em vez de nos mostrar quão chocado ele está, Isherwood quer que façamos os nossos próprios julgamentos, porque só assim acreditaremos nos horrores que o narrador presencia. O jovem começa sua história dizendo:

> Sou a câmera com o disparador aberto, muito passiva, gravando, sem pensar. Registro o homem se barbear na janela à minha frente, a mulher de quimono lavar o cabelo. Um dia, tudo isso será revelado, cuidadosamente impresso, fixado.

Porém, nem o cérebro humano nem a mente são câmeras. Somos participantes da realidade, que nos envolve completamente. A física quântica é famosa por trazer o observador para dentro do problema de se fazer ciência, e igualmente famosa por não resolver qual é o papel dele.

A prática da ciência não ficou parada esperando por uma solução, e então adotou uma alternativa: deixar de fora o observador. Para alguns físicos, isso significa "deixar o observador de fora apenas por enquanto", ao passo que, para outros – a grande maioria –, significa "deixar o observador de fora o tempo todo – como se ele não importasse". Mas a realidade começa em "eu sou", fora a câmera. Todo mundo acorda pela manhã para enfrentar o mundo com a consciência em primeira pessoa. Isso é indiscutível.

Com duas investidas contrárias a ela, a suposição de que a mente equivale ao cérebro deveria ser seriamente questionada. É irônico, porém, que a mente necessite do cérebro e não funcione sem ele. Como no mundo imaginário em que os rádios servem apenas para acessar a música, nosso mundo só tem acesso à mente por intermédio do cérebro humano. O psiquiatra David Viscott relata em suas memórias um incidente vivido por ele em um hospital, durante seu período de residência. Ele entrou no quarto de um paciente no exato momento de sua morte e, nesse instante, viu uma luz deixando o corpo, como se a alma, o espírito, estivesse se desprendendo.

O fato de ter visto uma coisa dessas, o que não é incomum entre funcionários de hospitais, abalou profundamente as crenças de Viscott. Sua concepção de mundo não dava conta do fenômeno, e ele sabia que os colegas jamais acreditariam naquilo. Mesmo que tivessem alma, não significava que acreditassem em sua existência. Da mesma forma, mesmo que o cérebro seja apenas um aparelho receptor da mente, ainda é possível argumentar que o cérebro *é* a mente. (Outra prova de que o seu sistema de crenças é mais forte que a realidade.)

## Seguindo a seta em movimento

Existe alguma maneira de resolver a disputa entre "priorizar a mente" e "priorizar a matéria"? Se as nossas crenças atrapalharem, talvez seja melhor deixar que a realidade fale por si mesma para não haver dúvidas quanto aos resultados. Uma via surgiu muitos séculos atrás, em um paradoxo proposto no século v a.C. pelo grego Zenão. O termo comum é o paradoxo da flecha de Zenão.

Quando uma flecha é lançada ao ar, diz Zenão, podemos observá-la a qualquer instante no tempo. Ao fazermos isso, a flecha está numa posição específica. No instante em que a flecha muda para qualquer outra posição, ela não está se movendo. Então, se o tempo é uma sequência de instantes, segue-se que a flecha está sempre parada. Como é possível uma flecha estar se movendo e não se movendo ao mesmo tempo? Esse é o paradoxo, que ganhou vida 2.000 anos mais tarde como "efeito Zenão quântico", termo cunhado por George Sudarshan e Baidyanath Misra, da Universidade do Texas. Desta vez o que está sendo observado não é uma flecha, mas um estado quântico (como uma molécula passando por uma transição) que normalmente se desintegra em uma quantidade finita de tempo.

Um estado quântico que pode se desintegrar é congelado por observações contínuas. Em muitas interpretações da mecânica quântica, embora não em todas, o comportamento ondulatório de uma partícula "colapsa" em um estado que é medido e averiguado graças à presença de um observador, embora a influência do observador nessa transição seja motivo de grande divergência. Como vimos, o momento real em que um estado molecular se desintegra não pode ser determinado, somente estimado por meio de probabilidades. Mas no efeito Zenão quântico a intervenção do observador altera o sistema, de instável para estável.

É possível observar uma molécula constantemente e ver quando o evento real ocorrerá? Não, esse é o paradoxo. Se um observador atua continuamente ou em intervalos minúsculos, o estado que está sendo observado jamais mudará. Assim como ver uma flecha no ar em instantes de tempo picotados, observar sistemas quânticos instáveis subdivide a atividade picotada em fatias tão finas que nada parece acontecer. Por analogia, imagine que você é um fotógrafo de casamento e vai fotografar a noiva. Quando você pede "Sorria", a noiva responde: "Não consigo sorrir com a câmera apontada para mim". O que fazer? Se a câmera estiver voltada para ela, não haverá sorriso. Se a câmera for retirada, não haverá foto do sorriso dela. Essa é a essência do efeito Zenão quântico.

Por que razão isso nos ajudaria a encerrar a discussão sobre "priorizar a mente" ou "priorizar a matéria"? Porque o "eu" foi reintroduzido na equação. O efeito Zenão quântico mostra que a realidade é como a noiva sorridente, desde que a câmera não esteja apontada para ela. Mas aí é que está o problema. *Estamos sempre olhando para a realidade.* Não existe olhar para qualquer outra coisa. Isso significa que não importa como o universo se comporta quando ninguém está olhando. (Mas, claro, a existência dos seres humanos corresponde a uma minúscula fração do tempo de vida do universo, então permanece em aberto a questão sobre o que é de fato a observação e, consequentemente, quem está observando. Para muitos físicos, não há observador que não seja humano. Retomaremos este ponto mais à frente.)

O campo "priorizar a matéria" recusa-se a aceitar este fato inegável sobre a constante observação. Ele é como o fotógrafo do casamento que diz à noiva: "Não importa que não consiga sorrir enquanto a câmera estiver voltada para você. Vou manter a câmera nessa posição até captar um sorriso". Pode ser que ele espere eternamente. Parece que o campo "priorizar a matéria" também pode, apesar do efeito Zenão quântico. Isso nos diz que jamais veremos uma determinada molécula passar por uma transição se insistirmos em ficar olhando para ela. De fato, quanto mais observações fazemos, mais congelamos o sistema instável.

Segue-se então que quanto mais olhamos para o mundo, quanto mais nos aproximamos do núcleo de sua estrutura, mais o congelamos no lugar. De alguma maneira a observação confere especificidade à realidade. A realidade escapa pela lupa de Sherlock Holmes justamente quando ele pensa ter encontrado uma pista. Mas, antes que o campo "priorizar a mente" comece a se animar, o efeito Zenão quântico tem más notícias. Não existe observador independente. Os que defendem "priorizar a matéria" estão imobilizados porque não conseguem relatar o que o sistema físico faz quando se comporta naturalmente. Os que defendem "priorizar a mente" também estão, porque não podem produzir um observador independente. O chamado "efeito do observador" só funciona quando ele está fora do sistema que pretende observar.

Poderíamos cortar em pedacinhos o observador, por assim dizer, pedindo-lhe que meça algo muito pequeno, como detectar um fóton no momento em que ele passa por uma fenda. Se olharmos o tempo todo, o observador não terá como se afastar daquilo que está observando. É por isso que o efeito Zenão quântico é chamado muitas vezes de cão de guarda. Imagine um buldogue acorrentado nos fundos de uma casa. O cão foi treinado para vigiar a porta dos fundos e latir se alguma coisa suspeita acontecer. Infelizmente, o buldogue está tão determinado em guardar a porta de trás que os ladrões entram pela porta da frente, pela janela lateral, por onde quiserem. Seria melhor não ter um cão de guarda. Da mesma maneira, toda observação que se faz em física prende a atenção do observador naquilo que é observado. Como tanto o observador quanto o observado estão presos, todo tipo de situação pode acontecer à sua volta sem que nenhum deles fique sabendo. Talvez fosse melhor não ter um observador.

O que tranca observador e observado juntos está no centro do efeito Zenão quântico. Como quebrar essa tranca? Há muita controvérsia sobre isso. Talvez ela não possa ser quebrada. Ou talvez possa apenas através de uma equação, mas não na vida real. Em meio a tanta especulação, ocorreu algo maravilhoso. A realidade falou por si mesma, que é exatamente o que precisávamos. A mensagem da realidade é íntima: "Tenho você em meus braços. Estamos presos um ao outro, e quanto mais você tentar se afastar mais apertado será meu abraço".

Em outras palavras, "priorizar a matéria" e "priorizar a mente" devem se render a "priorizar a realidade". O observador não pode estar em outro lugar fora da realidade. Ele é como o peixe que quer fugir do mar e descobre que, se saltar para fora da água, morrerá. Quanto a nós, seres humanos, só existimos porque participamos do universo. Existir é estar consciente. Essa é a versão longa e curta da questão. Surpreendentemente, o mesmo se dá com o universo. Sem consciência, ele desapareceria num sopro, como num sonho, sem deixar nada para trás, e ninguém saberia que ele um dia existiu. Dizer que o universo é consciente não basta. Defendemos de maneira convincente que o universo é a própria consciência. Até que essa conclusão seja aceita, a mensagem da realidade não terá sido ouvida.

# COMO A VIDA COMEÇOU?

Shakespeare tem o costume desconcertante de misturar nobreza e tolice, e é assim que o louco rei Lear, debaixo de forte tempestade, tem por companhia apenas o pobre bobo que o servia na corte. Em Hamlet, há sempre a presença de um crânio de dentes arreganhados. Hamlet se pronuncia sobre sentimentos profundos como: "Que peça de trabalho é o homem! Quão nobre em razão! Quão infinito em faculdades!" Enquanto isso, o Primeiro Coveiro faz piadas sobre a rapidez da putrefação de um corpo em solo úmido, inclusive o corpo de grandes homens. Sua zombaria leva Hamlet a um humor mórbido. Afinal, de que valem pensamentos nobres? Ele pergunta: "O grande César, morto e em pó tornado, pode a fenda vedar ao vento irado?"

Em termos de ciência, a física é Hamlet, e a biologia é o Primeiro Coveiro. A física se expressa através de equações elegantes enquanto a biologia lida com a confusão da vida e da morte. Os físicos dissecam o espaço-tempo; os biólogos dissecam lombrigas e sapos.

Durante muito tempo, os físicos não se preocuparam com os mistérios da vida. Erwin Schrödinger escreveu um pequeno livro intitulado *O que é a vida?*, mas seus colegas viram isso como uma excentricidade, uma peça de misticismo e não de ciência, pelo menos não da ciência da relatividade e da mecânica quântica, que deveria ser a área de Schrödinger. Na verdade, ele tentou juntar a genética com a física, mas em 1944 a estrutura do DNA ainda era desconhecida. Mesmo depois da descoberta da dupla hélice, na década seguinte, a física continuou distante da biologia, uma situação que só foi mudar gradualmente nas últimas décadas

Equações e teorias, dados científicos e resultados são coisas distantes; a vida acontece aqui e agora. Uma das coisas mais esquisitas sobre estar vivo é que não sabemos como isso aconteceu nem quando aconteceu. Se examinamos qualquer ser vivo – um vírus de gripe, o *Tyrannosauros rex*, uma árvore ou um recém-nascido –, antes dele havia outro ser vivo. A vida nasce da vida. Obviamente isso não explica onde a vida começou, porém de algum modo ocorreu a transição de matéria morta para matéria viva. Na bioquímica, esse momento fundamental é explicado colocando-se compostos inorgânicos de um lado e orgânicos do outro. O composto orgânico se define como uma substância química que só surge em seres vivos, organismos. O sal é inorgânico, ou seja, não tem como base o carbono, enquanto o fluxo de proteínas e enzimas produzidas pelo DNA é orgânico.

Não está claro se essa divisão consagrada realmente nos ajuda a saber como a vida começou. A separação entre compostos orgânicos e inorgânicos é válida na química, mas não como definição de vida. Alguns aminoácidos, as estruturas das proteínas, podem estar presentes na superfície de meteoritos. Na verdade, uma das teorias sobre a origem da vida sustenta que a primeira centelha veio desses meteoritos, quando caíram na Terra.

Sendo totalmente franco, a vida é uma inconveniência enorme para a física. A biologia não se encaixa em equações abstratas. Se consideramos como é a experiência da vida, até a biologia parece inadequada. A vida tem propósitos, significados, orientações e metas – compostos orgânicos não têm nada disso. Não parece provável que cadeias de proteínas de repente tenham aprendido a se associar a organismos vivos. É como afirmar que as pedras dos campos da Nova Inglaterra tenham de repente resolvido se juntar nas cercas das fazendas. Mesmo que o sal seja "morto", a vida não consegue existir sem a participação dele em todas as células do corpo; o sal é um ingrediente químico necessário.

O fato de que a vida vem da vida significa que os seres vivos querem continuar vivendo. A menos que a extinção seja completa, a evolução parece ser uma força ininterrupta. Mas por quê? É dito que éons atrás – há aproximadamente 66 milhões de anos –, um meteoro gigante se chocou com a Terra, varrendo dela os dinossauros, provavelmente porque a colisão criou tanta poeira na atmosfera que a luz solar foi bloqueada, tornando o planeta frio demais para a sobrevivência dos dinossauros. Ou então porque a vida vegetal murchou e toda a cadeia alimentar entrou em colapso, impossibilitando a sobrevivência dessas criaturas imensas. A partir dessa extinção em massa, as criaturas sobreviventes, antes pequenas e insignificantes, passaram a ser o centro da vida que restou. A era dos mamíferos se tornou possível. Houve um novo florescimento, e o mundo pós-dinossauros de hoje parece muito mais rico e muito mais diversificado.

O surgimento da vida é tanto óbvio quanto místico. A alga esverdeada que se forma na superfície dos lagos não evolui há centenas de milhões de anos; nem os tubarões, plânctons, caranguejos, libélulas ou uma porção de outras formas de vida que conviveram com os dinossauros. O que leva algumas criaturas a ficarem estáveis enquanto outras são levadas a galope pela trilha da evolução? (Os hominídeos primitivos se diferenciaram até chegar ao atual *Homo sapiens* em tempo recorde, cerca de 2 milhões a 3 milhões de anos em vez de dezenas ou centenas de milhões.)

Em ciência, dizer que as questões relevantes são "como" e não "por quê" é um axioma. Queremos saber como a eletricidade funciona, não por que as pessoas desejam aparelhos televisivos maiores. Mas a evolução da vida continua a levantar os porquês. Por que a toupeira abandonou a luz e preferiu viver nos subterrâneos? Por que os pandas só se alimentam de bambu? Por que as pessoas querem filhos? Deve haver algum tipo de propósito ou de significado. Ou será que o universo consciente já traz as sementes do propósito e do significado desde o início? Como as coisas estão, tal especulação encontra uma resistência considerável na comunidade científica. A visão corrente sustenta que o universo não tem propósito nem significado. Portanto, antes de oferecer um novo modelo sobre o início da vida, devemos desmantelar primeiro o pensamento convencional. Em um universo consciente, tudo já está vivo. A observação de que a vida vem da vida acaba sendo uma verdade cósmica.

## Compreendendo o mistério

Os elementos químicos do corpo humano são a razão de o corpo estar vivo. À frente de todos os compostos químicos está o DNA (ácido desoxirribonucleico), que contém o código da vida. Porém, se dermos um passo para trás, o DNA pode parecer um referencial estranho, talvez impraticável, para descobrirmos o mistério sobre o início da vida. Carbono, enxofre, sal e água supostamente são mortos, sendo ao mesmo tempo totalmente necessários à vida; então, por que os compostos orgânicos devem ser privilegiados?

Seja um micróbio, seja uma borboleta, um elefante ou uma palmeira, o que um ser vivo faz não é igual àquilo de que ele é feito. Não há combinação química que faça um piano escrever uma peça musical. Assim como o corpo humano, a madeira do piano é composta inteiramente de elementos orgânicos, principalmente celulose. Não há nenhum aspecto da celulose que explique a música dos Beatles, ou qualquer outra. Tampouco a química do corpo humano explica atividade alguma de alguém. A genética estaria assim num terreno movediço.

Talvez alguém faça uma reivindicação específica em defesa dos compostos químicos do corpo humano, por oposição aos compostos sem vida da água do mar e de um pedaço de madeira, mas sempre haverá uma falácia qualquer, um elo frágil que se rompe. Uma maneira de ilustrar isso é através de um aspecto de todas as células vivas conhecido como nanomáquinas, entidades microscópicas que funcionam como fábricas, que produzem os compostos químicos necessários para que uma célula sobreviva e se multiplique.

As nossas células não precisam reinventar a roda. O DNA não é feito do início a cada vez que uma nova célula é criada. Em vez disso, o DNA se divide ao meio a fim de formar uma imagem espelhada de si mesmo, e é esse o material genético de uma nova célula. (Não há explicação sobre como esse ato de repetição veio a ocorrer da primeira vez, mas vamos deixar esse mistério de lado.) A célula também não quer produzir outros compostos químicos do nada. A evolução levou a uma porção de máquinas fixas que permanecem intactas durante a vida de uma célula. São como fábricas de carvão e aço que nunca fecham nem são desmontadas, apesar de todas as mudanças nas cidades ao seu redor. Uma região específica da célula, conhecida como mitocôndria, que propicia a energia da célula é uma nanomáquina tão estável que é transmitida de uma geração a outra sem alteração. Você herdou o seu DNA mitocondrial de sua mãe, e ela, da mãe dela, até onde a trilha evolutiva pode ser traçada. De um jeito ou de outro, a mitocôndria tem se conservado como a fábrica de energia de todas as células. O tráfego de ar e alimento dentro de uma célula está sempre mudando e rodopiando, mas as nanomáquinas são imunes a ele. Na verdade, elas o orientam de várias maneiras.

## O mecanismo da vida?

Se queremos chegar ao começo de tudo, as nanomáquinas estão no centro do mistério. Mas, como Alice, primeiramente precisamos atravessar o espelho e chegar ao mundo onde as coisinhas pequenas, átomos e moléculas, se sobressaem. Eles estão no controle da realidade no nível microscópico. Seja lá o que aconteça na natureza, no centro de uma supernova, nas nuvens gasosas do espaço profundo ou numa célula viva, acontece através da interação de átomos e moléculas. Nada mais é pertinente ao início da vida em termos materiais. Se átomos e moléculas não conseguem cumprir sua função, não há o que fazer. É o que defende a biologia atual. Por ora, vamos deixar de lado os fenômenos quânticos.

Os átomos interagem uns com os outros quase instantaneamente. Talvez você já tenha ouvido falar dos radicais livres, elementos químicos do corpo humano que tomam parte de muitos processos, tanto destrutivos quanto construtivos. Os radicais livres são como espadas de dois gumes, sendo associados ao envelhecimento e à inflamação, por exemplo. Ao mesmo tempo, são necessários para cicatrizar ferimentos. A atividade básica dos radicais livres é simples: eles roubam elétrons de outros átomos e moléculas. A própria contagem dos elétrons é variável, devido à exposição a radiação, fumaça e outros fatores ambientais ou devido aos processos naturais do organismo. O sistema imunológico cria radicais livres para que roubem elétrons de bactérias e vírus invasores como forma de neutralizá-los. O átomo mais comum envolvido nesse roubo de elétrons é o oxigênio. Quando seus elétrons ficam instáveis, o oxigênio vai atrás do elétron mais próximo que consegue roubar. Portanto, os radicais livres são altamente reativos e normalmente têm vida curta.

Para os organismos vivos e suas células, trata-se de uma questão de vida ou morte. Resume-se ao paradoxo de que a vida demanda estabilidade e instabilidade ao mesmo tempo. A vida também pede que períodos de tempo bastante diferentes, de nanossegundos a milhões de anos, estejam de algum modo unidos – a célula funciona em milésimos de um segundo, mas levou dezenas de milhões de anos para evoluir até seu estado atual.

A engrenagem dos opostos, que torna a vida possível, não é teórica. Dentro de uma célula, alguns átomos e moléculas devem ser liberados a fim de cumprir várias tarefas, juntando-se a outros átomos e moléculas. Mas, uma vez tendo cumprido a tal tarefa, substâncias estáveis devem persistir sem nunca se alterar. Mas que átomo vai para onde? Eles não têm etiquetas. Para completar o problema, alguns dos elementos químicos orgânicos mais importantes, principalmente a clorofila (das plantas) e a hemoglobina (presente no sangue dos animais), levam esse equilíbrio sutil a extremos impressionantes, entre estabilidade e instabilidade.

A hemoglobina se encontra no glóbulo vermelho do sangue e constitui 96 por cento do peso seco da célula; sua função é transportar o oxigênio pela corrente sanguínea a todas as células do corpo. O tom vermelho do sangue se deve ao ferro encontrado nela, que fica vermelho depois de obter um átomo de oxigênio, da mesma forma que o ferro fica avermelhado quando enferruja (e pela mesma razão). Quando os átomos de oxigênio chegam ao seu destino, eles são liberados, o vermelho esmaece e é por isso que o sangue em nossas veias parece azulado. O sangue venoso é o que volta aos pulmões, onde o transporte de oxigênio começa novamente. A capacidade da hemoglobina de levar oxigênio é setenta vezes maior que se o oxigênio fosse simplesmente dissolvido no sangue. (Todos os vertebrados apresentam hemoglobina, menos os peixes, que, em vez de respirar ar, obtêm oxigênio da água – por meio de suas guelras –, num processo diferente.)

A hemoglobina é um milagre de estrutura. Já que atravessamos o espelho, vamos imaginar que entramos na molécula da hemoglobina como se ela fosse um edifício abobadado como uma estufa, com teias de moléculas menores que formam vigas e hastes. Em princípio, seria até difícil enxergar os átomos de ferro, que são a razão da existência da hemoglobina. Tiras de hemoglobina formam hélices enquanto outros elementos químicos unem essas hélices, funcionando como parafusos. Se prestarmos atenção aos padrões construídos, veremos que as correntes proteicas apresentam um formato específico. As proteínas têm subunidades, cada uma junto da única coisa que não é uma proteína, os átomos de ferro, que ficam envoltos em *hemos* (anéis de proteína). Em termos estruturais, existem também dobras e bolsos específicos que precisam estar no lugar certo.

Vamos imaginar pessoas ricas que morem em mansões enormes, de maneira que pareça que esse espaço todo, em termos práticos, é um grande desperdício. A molécula da hemoglobina é composta de 10.000 átomos, que criam um espaço amplo para abrigar quatro átomos de ferro, que, por sua vez, carregam quatro átomos de oxigênio. Porém esses 10.000 átomos não representam nenhum desperdício de espaço; são recombinações de proteínas mais simples também necessárias à vida das células. Além de possuir hidrogênio, nitrogênio, carbono e enxofre, a estrutura da hemoglobina contém oxigênio. Portanto, a tarefa que a matéria inorgânica existente na Terra teve que encarar, há bilhões de anos, foi a seguinte:

- Era preciso liberar oxigênio na atmosfera sem que ele fosse capturado por átomos e moléculas vorazes.
- Ao mesmo tempo, parte do oxigênio precisava ser capturada para formar compostos orgânicos complexos.
- A hemoglobina teve que se ajustar internamente de modo a conter quatro átomos de ferro, que não se encontram em centenas de outras proteínas, inclusive naquelas que nos fazem lembrar da hemoglobina em suas funções.
- Os átomos de ferro não podiam ser envoltos por essa proteína e se manter inertes como diamantes em um cofre. O ferro tinha que receber uma carga (como um íon positivo) de modo a poder capturar os átomos de oxigênio. Mas, ao mesmo tempo, isso deveria ocorrer de forma que ele não capturasse nenhum oxigênio já em uso para a formação de proteínas.
- Por fim, o mecanismo necessário para a construção de todos esses elementos químicos orgânicos tinha que se lembrar de como repetir tudo isso novamente, enquanto outras nanomáquinas da célula tiveram que se lembrar de centenas de processos químicos diferentes, mas sem interferir no mecanismo que produz a hemoglobina. Enquanto isso, no núcleo da célula, o DNA tinha que se lembrar de todos esses processor e ativá-los no momento exato.

Independentemente de como analisemos esses processos, tudo isso é muito para se esperar de um átomo, cujo comportamento natural é se unir instantaneamente ao átomo vizinho e permanecer em sua forma mais estável. E essa forma de se comportar continua em voga; os incontáveis sextilhões de átomos das estrelas, nebulosas e galáxias agem como sempre agiram, bem como os átomos do sistema solar, do Sol e do nosso planeta – além dos átomos nos seres vivos. Esses átomos conseguem se comportar com naturalidade enquanto, ao mesmo tempo, buscam algo criativo por fora, ou seja, a vida.

Enquanto a vida animal ia criando a hemoglobina, os processos naturais do lado vegetal da operação criaram a clorofila, que sustenta a vida da planta através de um caminho diferente, o da fotossíntese. Não vamos nos aprofundar no funcionamento da molécula de clorofila, mas devemos dizer que ela consiste em 137 átomos, cujo único propósito é guardar um átomo de magnésio (diferentemente do ferro carregado pela hemoglobina). Esse átomo de magnésio ionizado, ao entrar em contato com a luz solar, permite que átomos de carbono e água formem um carboidrato muito simples. Como fótons de luz solar conseguem criar esse novo produto é um outro mistério, mas, assim que a mais simples das moléculas de carboidrato foi gerada pelas folhas das plantas, aconteceu uma revolução evolutiva. O mecanismo que fabrica a clorofila tomou um caminho diferente do que produz a hemoglobina, e é por isso que as vacas comem capim em vez de serem o próprio capim.

(Observação: Na fotossíntese, o único átomo que a clorofila precisa retirar do dióxido de carbono é o carbono, liberando no ar o de oxigênio. Talvez você diga: A-ha! É daí que vem o oxigênio livre que não pode ser roubado de outro átomo. Mas, infelizmente, a clorofila precisa de uma célula para se desenvolver, e essa célula já precisava do oxigênio livre na sua formação muito antes de a clorofila começar a funcionar.)

Agora, temos o contexto adequado para a questão certa. O mistério sobre o início da vida se resume a reações químicas "sem vida" se tornando reações "vivas". Será que a vida é simplesmente uma consequência do comportamento químico universal ao longo da criação? Independentemente da resposta que encontremos, ela ainda precisa explicar por que alguns átomos e moléculas se envolvem nessa atividade viva enquanto o restante continua o seu caminho.

## A jornada do pequeno ao absoluto nada

Acontece que essa história de "a vida vem da vida" não é nada simples. O começo absoluto parece não existir. Mas o ímpeto de adentrar ordens de grandeza cada vez menores é irresistível para os cientistas. Os seres vivos mais antigos tinham tamanho microscópico, muito menor que o das células que conhecemos, cuja evolução levou centenas de milhares de anos para ocorrer. As descobertas mais recentes mostram que há 3,5 bilhões de anos (apenas 1 bilhão de anos após a formação da Terra) já existia uma variedade complexa de vida microbiana. Alguns microbiologistas acreditam que pode haver fósseis de bactérias em pedras muito antigas. Mas, toda vez que uma é descoberta e datada, traz consigo o desafio de distinguir se ela é realmente um fóssil ou apenas um vestígio de cristal.

Talvez o segredo seja encontrado num nível ainda menor que o de bactérias e vírus, e tenhamos que bater à porta da biologia molecular, a área que nos revelou tudo o que falamos sobre a hemoglobina e a clorofila. O cientista que atende a essa porta apenas balança a cabeça quando perguntamos de onde vem a vida. "Os compostos orgâ que estudo já existiam nos seres vivos", responde. "Ninguém conhece sua origem. Substâncias químicas não deixam fósseis."

Poderíamos lembrá-lo de que há provas da existência de aminoácidos em meteoritos. Outras pessoas especulam que pode ter existido vida em Marte antes de na Terra. Se um asteroide grande o suficiente tiver se chocado com Marte, pedaços de rocha podem ter voado pelo espaço e, se um desses pedaços tiver atingido a Terra, trazendo consigo formas de vida que sobreviveram à viagem pelo espaço sideral, talvez seja assim que os elementos químicos orgânicos tenham chegado até aqui.

Antes de fechar a porta, nosso colega biólogo molecular repudia nossa hipótese com a seguinte observação: "Esse tipo de especulação está mais para ficção científica que para ciência. Não há evidências que embasem isso. Sinto muito".

E é assim que a busca continua, como num pesadelo em que um corredor infinito leva a uma porta depois da outra. Não importa quanto afunilemos o problema, sempre existe um nível menor, mais profundo, até que tudo – matéria, energia, tempo e espaço – se perca no vácuo quântico e nos deixe em uma situação frustrante, pois acreditamos que deve haver uma resposta. Afinal, a vida está aqui mesmo, conosco. A jornada que parte dos seres vivos e nos leva ao nada deve ser reversível. Dizer que "a vida vem da vida" não nos permite encontrar uma explicação sobre como a vida, afinal, entrou em cena.

De maneira curiosa e muito inteligente, o físico Andrei Linde, um dos criadores do multiverso, usa o nada para mostrar por que a vida humana surgiu. Indagado sobre as descobertas recentes mais importantes da física, Linde escolheu a "energia do vácuo", segundo a qual o espaço vazio contém uma quantidade minúscula de energia. Já mencionamos esse fato, mas Linde trabalha isso no sentido da vida na Terra.

À primeira vista, a quantidade de energia do vácuo parece irrelevante. "Cada centímetro cúbico de espaço interestelar vazio contém aproximadamente $10^{-29}$ gramas de matéria invisível, ou seja, de energia do vácuo", afirma Linde. Em outras palavras, podemos dizer que a matéria invisível e a energia do vácuo são razoavelmente comparáveis. "Isso é quase nada, 29 ordens de magnitude abaixo da quantidade de matéria em um centímetro cúbico de água, e 5 ordens de magnitude abaixo do próton... Se o volume total da Terra fosse composto de tal matéria, nosso planeta pesaria menos que 1 grama."

## COMO A VIDA COMEÇOU?

Apesar de minúscula, a energia do vácuo é extremamente importante. O equilíbrio entre a energia e a matéria invisíveis no espaço vazio foi o que permitiu a criação do universo que habitamos. Se qualquer um deles se apresentasse em demasia, o universo ou teria entrado em colapso logo após o big bang ou teria se fragmentado em átomos aleatórios que jamais teriam se juntado em estrelas e galáxias. É assim que Linde encontra a chave para a vida na Terra.

Ele acredita que a energia do vácuo não seja constante. Como o universo se expande, a densidade de matéria vai diminuindo à medida que as galáxias se distanciam. Sendo assim, a densidade da energia do vácuo também vai mudar. Acontece que nós, seres humanos, vivemos no ponto de equilíbrio perfeito – e é aqui mesmo que devemos viver. Nós afloramos – a vida aflorou – num lugar que precisa existir. Por quê? Porque, se a energia do vácuo é o que faz a balança pender para um lado ou para o outro, qualquer valor é possível. Vamos imaginar que um casal gravou vídeos enquanto as crianças iam crescendo. A maioria dos vídeos se perdeu ao longo do tempo, mas ainda existem dois, um tomado de um bebê nascendo e outro da mesma criança aos 12 anos. Mesmo faltando o registro do tempo entre os dois momentos, cada etapa de crescimento entre o dia um e os 12 anos deve ter existido.

As histórias de Linde sobre a origem da vida na Terra são as melhores que se pode encontrar, diz ele, e com um viés otimista. "De acordo com esse cenário, todos [os vácuos] desse tipo não são estáveis, mas metaestáveis. Isso significa que, num futuro distante, o nosso vácuo vai se deteriorar, destruindo a vida como a conhecemos nesta parte do universo, e recriando-a outras vezes em outras partes do mundo."

Infelizmente há uma mosca na nossa sopa. Dizer que a energia do vácuo é "metaestável" significa que regiões de instabilidade são eliminadas se alguém está distante o suficiente. O carbono do corpo de uma pessoa que está morrendo é tão estável quanto o do corpo de um recém-nascido. Olhando de longe, o que aconteceu entre o nascimento e a morte parece não importar.

Isso é ótimo para as aulas de química, mas inútil na vida real. O estado de vácuo permanece estável enquanto as galáxias nascem e morrem, ou enquanto a espécie humana surge e depois chega à extinção. Isso não explica de onde veio a vida, só mostra que o palco estava pronto para que ela emergisse. Linde faz um ótimo trabalho ao montar o palco, talvez o melhor até agora, mas ele não nos explica como saímos do nada à origem da vida.

## Os quanta estão vivos?

As especulações sobre o multiverso não resolveram o mistério da vida, mas existem outras pistas que podemos avaliar. Uma delas se relaciona à energia comum, como o calor e a luz, e não a tipos exóticos de energia como a do vácuo. A energia sempre tende a entrar em um estado de equilíbrio, portanto, quando a energia começa a se aglomerar em um ponto, imediatamente ela mesma procura uma maneira de desfazer esse aglomerado e entrar em equilíbrio. É por isso que, quando o aquecimento de uma casa é desligado, seu ambiente interno vai perdendo calor, ficando cada vez mais frio, até que a temperatura dentro e fora da casa seja a mesma, ou seja, a temperatura entrou em equilíbrio.

A dissipação de energia é conhecida como entropia, e todas as formas de vida a combatem. A vida nada mais é que o acúmulo de energia que não se dissipa, até a morte. Quando estamos na rua esperando o ônibus chegar, no inverno, nosso corpo permanece quente, ao contrário da casa com o aquecimento desligado. E isso não se deve ao isolamento do casaco grosso, mas ao fato de que seu corpo extrai calor dos alimentos e o armazena em uma temperatura constante, em torno de 36 °C. Todas as crianças aprendem isso na escola, mas, se soubéssemos como foi que os organismos descobriram como reverter a entropia, talvez o motivo pelo qual a vida existe seja encontrado aí.

Quase toda a energia disponível para a vida em nosso planeta vem da fotossíntese. Além de precisarem de uma reserva própria de energia para crescer, as plantas estão na base da cadeia alimentar de toda a vida animal da Terra. Quando a luz solar atinge as células que contêm clorofila, sua energia é "colhida" pela planta, sendo quase instantaneamente usada na produção de proteínas e outros compostos orgânicos. Essa transferência de energia acontece com 100 por cento de eficiência. Nenhuma energia se perde na forma de calor. Por analogia, se você vai correr pela manhã, a eficiência de seu corpo em queimar combustível leva a um excesso de calor. Você sua e o corpo esquenta. Além disso, há uma série de resíduos químicos que devem ser carregados dos músculos para a corrente sanguínea.

A química não conseguia explicar a precisão quase perfeita da fotossíntese. Em 2007, no Lawrence Berkeley National Laboratory, uma nova explicação com base na mecânica quântica foi desenvolvida por Gregory Engel, Graham Fleming e seus colegas. Já mencionamos que os fótons podem se comportar tanto como ondas quanto como partículas. No momento em que um fóton faz contato com os elétrons em órbita de um átomo, a onda "entra em colapso" e vira partícula. Isso deveria gerar muita ineficiência na fotossíntese. Como num jogo de dardos, muitos se perderiam antes de atingir o alvo. Mas a equipe de Berkeley descobriu algo único: na fotossíntese, a luz solar conserva seu estado de onda por tempo suficiente para avaliar todos os alvos possíveis enquanto, simultaneamente, "escolhe" qual é o melhor. Ao fazer isso, a luz não perde energia.

Os detalhes dessa descoberta de Berkeley são complexos, centrados na coerência quântica de longo prazo, ou seja, na capacidade da onda de se conservar como tal, sem virar partícula. Esse mecanismo envolve o pareamento entre a frequência de ressonância da luz e a das moléculas que recebem essa energia. Vamos pensar em dois diapasões com a mesma vibração – isso se chama ressonância harmônica. No nível quântico, existe uma harmonia semelhante entre certas frequências de luz solar e as frequências de oscilação das células receptoras.

Sabe-se que os efeitos quânticos existem em outros lugares importantes onde o micro se encontra com o macro. A audição é estimulada na orelha interna pelas oscilações que são de escala quântica, sendo menores que um nanômetro (ou seja, um bilionésimo de metro). O sistema nervoso de alguns peixes é sensível a campos elétricos muito sutis e nosso próprio sistema nervoso gera efeitos eletromagnéticos também muito pequenos. A troca entre íons de potássio e sódio nas membranas das células cerebrais dá origem a sinais elétricos que são transmitidos pela célula. Uma teoria inteiramente nova postula que seres vivos estão enfiados em um "biocampo" que se origina no nível eletromagnético, ou talvez em um nível quântico ainda mais sutil, mas ainda inexplorado. Como podemos ver, a biologia quântica tem futuro. Essa descoberta sobre o funcionamento da fotossíntese foi um divisor de águas.

Embora essas descobertas sejam todas muito curiosas, afirmar que os fenômenos quânticos são vivos não nos diz como chegaram à vida. Lá vai a cobra morder o próprio rabo de novo. Se os seres humanos estão vivos porque os fenômenos quânticos se comportam de maneira semelhante à vida (ou seja, fazendo escolhas, equilibrando estabilidade e espontaneidade, armazenando energia com eficiência e assim por diante), tudo o que conseguimos provar é que a vida vem da vida, mas já sabíamos disso.

Os efeitos quânticos na biologia são importantes, contudo, porque eles apresentam comportamentos que, diferentemente da reação que ocorre entre átomos de oxigênio e outros átomos, não são predeterminados. A palavra "escolha" pressupõe que o determinismo se afrouxou um pouco. Será que isso é suficiente? Enquanto as folhas se agitam nas árvores, a luz solar é usada para formar carboidratos graças a uma decisão quântica, no entanto isso não basta para nos mostrar que decisões são tomadas quando uma única célula do fígado desempenha uma série de processos coordenados com trilhões de outras células. Ao construir uma casa, é importante saber como cimentar cada tijolo, mas isso não é o mesmo que projetar e construir a casa inteira.

## Do "como?" para o "por quê?"

Com a ciência se abstendo de explicar como a vida se originou, talvez estejamos fazendo a pergunta errada. Se alguém joga uma pedra em uma janela à meia-noite, não vemos quem fez isso, afinal, está escuro. Mas é irrelevante perguntar por quê. Está claro que a nossa vida tem um propósito, ao contrário da natureza, que nos dizem não ter propósito algum – simplesmente é. Não ter propósito não tira o sono dos quarks, átomos, estrelas e galáxias. Então por que sair pela tangente e criar organismos vivos que são movidos a comida, acasalamento e outras razões para estar vivo?

Acreditamos que a ausência de propósito é inconcebível. Enquanto formos humanos, sempre haverá uma razão para que A leve a B. Não há outra maneira de usar o cérebro. Sem propósito não há eventos, ao menos não como eles são percebidos pelo sistema nervoso humano. Digamos que alguém esteja vivendo em uma ilha deserta há sessenta anos. Um dia um pacote cai do céu e, ao abri-lo, ele encontra dois objetos, um *smartphone* e um computador de mesa. Ambos funcionam a bateria. Logo descobre que o *smartphone*, embora em nada lembre o que conheceu nos anos 1960, também é um aparelho de telefone. Conhecendo sua função, não tem dificuldade nenhuma ao usá-lo. Não precisa saber como o *smartphone* é por dentro se souber que, apertando os botões, ouvirá uma voz do outro lado.

Mas com o computador é outra história, porque no mundo que deixou para trás em 1965 os computadores ainda engatinhavam, e não há nada neste computador que lembre os imensos *mainframes* IBM que via na televisão. Ele precisaria de centenas de horas para aprender com o que estava lidando, por meio de tentativas e erros. Esta máquina estranha não é uma máquina de escrever nem uma televisão, embora tenha tela e teclado. Digamos que a pessoa tenha inclinação para mecânica e abra o computador para ver como funciona. Lá dentro encontra uma infinidade de peças que não lhe dizem absolutamente nada. É concebível que entenda por si mesma como funciona um microship? E, mesmo que entenda, essa informação a ajudará a usar o software do computador?

A resposta mais provável é não em todos os casos. Mesmo sabendo para que o computador e o telefone existem, desmontar a máquina não ajudará a ir do *como* ao *por quê*. Muitos passageiros não sabem como o avião consegue voar, mas embarcam porque precisam ir a algum lugar; *por que* viajar de avião é suficiente. Os aviões existem para nos transportar mais rapidamente que um carro ou um trem. Então, por que a vida existe? Certamente não precisaria existir. Todos os componentes químicos e processos quânticos que interagem para criar a vida já são suficientes por si próprios.

Assim como a criação de Frankenstein ganha vida ao ser sacudida pela descarga elétrica de um raio, seria muito bom que algum gatilho físico – uma fagulha da vida – a fizesse acontecer automaticamente. Mas esse gatilho não existe. Diante do vasto panorama dos organismos vivos, nos deparamos com o fato inegável de que a vida vem sempre da vida, e não da matéria morta. Mesmo nos laboratórios onde são criadas novas bactérias, o que é chamado de vida artificial continua sendo uma recombinação de DNAs fatiados e picados. (Se alguém se dispuser a criar um micro-organismo específico que se alimenta de petróleo, o que seria muito útil para limpar vazamentos de óleo no mar, essa nova forma de vida só teria sucesso se fosse trabalhada com organismos preexistentes que já se alimentam de óleo. Sem um objetivo em mente, apenas retalhar o DNA não levará a lugar nenhum.)

Mas a natureza não teve tanta sorte. Criou os organismos vivos às cegas, sem saber com antecedência do que precisaria para construí-los. A natureza não sabe se cometeu algum erro pelo caminho, porque, se não sabemos aonde queremos chegar, não há escolha certa ou errada.

Bilhões de anos atrás, os átomos de oxigênio nem suspeitavam que a vida estava logo ali, dobrando a esquina. Nunca lhes disseram que a luz do sol seria "colhida" ou que eles seriam necessários à química orgânica. A vida provocou imensas adaptações no nosso planeta, mas os átomos de oxigênio não se adaptaram. Os cientistas dão de ombros e insistem em dizer que a natureza cega criou a vida por processos automáticos e deterministas. A ligação de átomos resulta em moléculas simples; a ligação de moléculas simples resulta em moléculas mais complexas; quando essas moléculas são complexas o bastante, a vida surge. No que diz respeito à ciência moderna, essa história que não convence ninguém é tudo o que temos.

Para encontrar uma história melhor, temos que conseguir explicar *por que* a vida foi necessária em um sistema – o planeta Terra – que já funcionava perfeitamente sem ela. Não precisamos saber como; não é isso que estamos dizendo. Digamos que queremos comprar uma casa. Vamos ao banco, e o funcionário responsável nos entrega uma pilha de papéis para preencher. Ele explica que cada um daqueles papéis é necessário e não se pode deixar nenhum em branco. Se as suas credenciais forem consideradas insuficientes em qualquer momento do processo, a transação não será efetivada. Milhões de pessoas respiram fundo e preenchem cada linha por uma única razão: elas querem uma casa. Por terem um objetivo em mente, suportam todas as dificuldades.

A natureza passou por milhares de etapas interligadas para produzir os organismos vivos. Você realmente acredita que tudo isso aconteceu sem um objetivo? É como o cliente que vai ao banco, preenche dezenas de formulários e um dia lhe dizem: "Esta casa é sua. Você não veio aqui para comprar uma casa nem sabia para o que servia esta pilha de papéis".

Agora sabemos o que nos falta para entender de onde veio a vida. Sem que haja um porquê, o projeto todo é improvável demais. Admitir que o objetivo é a ocorrência de vida, ao invés de acreditar em possibilidades aleatórias, faria tudo ficar milhares de vezes mais fácil de explicar. Mas, então, um novo mistério se apresenta. Se a vida fazia parte do cosmos desde o início, a mente também fazia? Será que já no instante do big bang a mente humana era inevitável? Fazemos essas perguntas por uma razão muito simples. A menos que o universo seja consciente, é impossível que a mente seja criada a partir de uma criação inconsciente. Sherlock Holmes costumava dizer a Watson que, eliminando todas as soluções possíveis, a que sobrasse teria que ser a verdadeira. Neste caso, é difícil acreditar em um universo que pensa o tempo todo, mas qualquer outra resposta, como já se viu, estaria errada.

# A MENTE É UMA CRIAÇÃO DO CÉREBRO?

Antes que o universo possa ter uma mente, temos que entender a nossa. Isso é o mais lógico. Não podemos conhecer a realidade através da mente dos golfinhos e dos elefantes, e ao mesmo tempo as duas espécies têm cérebros grandes o bastante para funcionarem em alto nível. É quase certeza que há uma realidade dos golfinhos e uma realidade dos elefantes, feitas sob medida para o sistema nervoso de cada um. Os golfinhos já mostraram que aprendem palavras, dão a elas significados muito próximos dos humanos e, assim como nós, também podem praticar atos violentos. Mas nem por isso são humanos, pois vivem em uma realidade diferente da nossa.

Essa lógica nos leva a uma conclusão surpreendente. Um universo é definido pelos seres que o habitam. O que os humanos chamam de "o" universo é mais ou menos o equivalente a alguém pegar duas bananas, um saco de farinha e uma pizza congelada das prateleiras de um supermercado e dizer que levou para casa o mercado todo. Qualquer realidade percebida por sistemas nervosos diferentes implica um universo diferente, e por isso os universos dos golfinhos e dos elefantes são, para eles, "o" universo. E por que só os deles? Por que não o universo de uma lesma, ou o de um urso panda? Os humanos não receberam uma escritura exclusiva da realidade, embora acreditemos que sim, talvez por um senso de superioridade autoimposta.

Criamos essa hipótese por uma razão: o orgulho do cérebro. Com um quatrilhão de possíveis combinações, o cérebro humano é o objeto mais complexo de todo o universo. Graças a sua atividade, o ser humano tem consciência de si. O cavalo come capim e fica satisfeito. Nós comemos espinafre e pensamos "Gosto" ou "Não gosto", sempre seguido de uma opinião. Isso implica um enorme controle do pensamento. O orgulho do cérebro também está por trás de toda ciência, porque nosso cérebro tem uma misteriosa capacidade para a lógica e para o raciocínio (que foram as últimas habilidades que se desenvolveram nos humanos primitivos, com a evolução do córtex cerebral, numa escala de tempo de apenas alguns milhares de anos, diferentemente dos milhões de anos que o cérebro inferior levou para se desenvolver). O orgulho do cérebro é seriamente subestimado se o examinarmos com mais cuidado.

Primeiro a ciência e por último a física são apaixonadas pela previsibilidade, mas a nossa mente não. Apostar muito dinheiro com quem adivinhar com exatidão o próximo pensamento que ele próprio vai ter é uma das apostas mais fáceis de se ganhar. Seria tolice rematada aceitar uma aposta como essa. Constatamos diariamente que nossos pensamentos são imprevisíveis e espontâneos. Eles vêm e vão à vontade, e, por mais estranho que pareça, não temos nenhum modelo que descreva como isso funciona. Supõe-se que o cérebro seja uma máquina de pensar. Mas que máquina produziria tantas respostas diferentes para uma mesma pergunta? Provavelmente seria a mais disfuncional do mundo. Inserimos uma moeda, mas, em vez de recebermos um saquinho de gomas de mascar, a máquina nos dá em troca um poema, um desenho, uma nova ideia, um clichê banal, às vezes uma ideia brilhante ou uma teoria da conspiração.

Uma teoria da mente-cérebro que reconhece a imprevisibilidade do pensamento tem relação com o domínio quântico. Roger Penrose e o anestesista Stuart Hameroff partiram da noção convencional de que a consciência é uma atividade que ocorre nas sinapses, os espaços entre as células cerebrais. Essa teoria, conhecida como Redução Objetiva Orquestrada (Orch-OR, do inglês *Orchestrated*

*Objective Reduction*), concentra-se nos processos quânticos que acontecem no interior dos neurônios. Em outras palavras, a palavra *redução* do título representa algo drástico, pois são examinadas fatias muito mais finas da natureza que apenas as reações químicas. Numa estrutura microscópica das células conhecida como microtúbulos, Penrose e Hameroff propõem que ocorre uma atividade imprevisível, em nível quântico, e que é ela que produz os eventos que acontecem na consciência. Então a mente precisa do fenômeno quântico para existir.

As outras duas palavras do título também são importantes. *Orquestrada* significa que a atividade cerebral em níveis microscópicos é ordenada e controlada na raiz do cérebro. Isso é interessante, porque uma qualidade básica da consciência é o pensamento ordenado, organizado. A palavra *objetiva* é importante porque os cientistas respeitam a hipótese segundo a qual a criação, aí incluída a consciência, possa ser explicada por processos físicos (ou seja, é algo objetivo). Para nós, essa hipótese cai por terra quando se trata do mundo interior da experiência humana. Não aceitamos que a mente tenha necessidade do fenômeno quântico. Penrose e Hameroff deram um passo ousado ao se aprofundarem na biologia quântica, e é bem provável que futuras teorias, ou uma revisão da Orch-OR, continuem estudando o cérebro nesse nível.

Quanto a nós, a vantagem que vemos na teoria Orch-OR é que ela pressupõe que a mente humana não possa ser computada por fórmulas matemáticas. Em outras palavras, não importa quão predeterminado seja o disparo de um neurônio, os pensamentos processados pelos neurônios não são predeterminados. Hameroff e Penrose chegaram a essa mesma conclusão por meio de um raciocínio quântico sofisticado, acrescido de sugestões oferecidas pela filosofia e pela lógica avançada. Mas a conclusão é bastante simples: nenhum modelo mecânico jamais explicará como os seres humanos pensam. Grandes confusões e inevitáveis becos sem saída seriam evitados se mais cientistas se dispusessem a levar adiante essa questão.

Gostando ou não, nossa mente é duplamente controlada. Às vezes somos nós que estamos no controle, outras vezes é uma força desconhecida que está no controle. Isso é fácil de ser constatado. Para somar 2 + 2, recorremos ao processo mental necessário para obter a resposta certa, porque estamos no controle. Há milhões de tarefas similares, como saber o próprio nome, fazer um trabalho, dirigir um carro de casa até o escritório; isso nos dá a ilusão de que controlamos nossa mente o tempo todo. Mas quem sofre de ansiedade ou depressão é vítima de uma atividade mental descontrolada, descontrole que pode chegar muito mais longe, por exemplo, a uma doença mental. Um sintoma comum de várias psicoses, em particular a esquizofrenia paranoide, é acreditar que um agente externo está controlando a própria mente, em geral ao se ouvir uma voz dentro da cabeça. Uma pessoa normal não costuma perder o controle da mente, mas ainda assim é impossível para ela controlar seus pensamentos, pensar só naquilo que quer.

Apaixonar-se à primeira vista é a maneira mais agradável de perder o controle, assim como a experiência da inspiração artística também é. Dá para imaginar a felicidade de Rembrandt ou de Mozart no auge da criação de uma obra-prima. Então, o duplo controle tem um lado bom e um lado ruim. A vida seria mecânica se não tivéssemos surtos emocionais, aqueles que acontecem por conta própria quando temos uma ideia brilhante. E se os fatos corriqueiros da vida forem a chave para o cosmos? O ser humano pode ter sido uma ideia brilhante do universo, uma ideia que a mente cósmica resolveu concretizar. Por quê? O que há de tão atraente nos seres humanos, sempre tão problemáticos e sofridos? Uma coisa muito simples: *nós permitimos que o universo se mantenha consciente de si próprio na dimensão do tempo e do espaço.*

Em outras palavras, neste exato momento o cosmos está pensando através de nós. Tudo o que fazemos, andar de bicicleta, comer um sanduíche, fazer amor, é uma atividade cósmica. Remova qualquer um dos estágios da evolução do universo e este exato momento desaparecerá. Por mais surpreendente que essa afirmação possa ser, este livro veio construindo argumentos para mostrar justamente isso. A física quântica torna incontestável o fato de que vivemos em um universo participativo. Portanto, é um passo muito pequeno afirmar que a participação é total. Nossa mente funde-se com a mente cósmica. A única razão de levarmos tanto tempo para chegar a essa conclusão é o velho e teimoso materialismo. Se o cérebro for visto apenas como uma máquina pensante, a mente cósmica não poderia existir porque, nos termos da física, "não cérebro" equivale a "não mente". Um obstáculo absolutamente intransponível.

Para remover esse obstáculo e permitir que a mente humana se funda com a mente cósmica, temos que abordar o mistério de como o cérebro se relaciona com a mente. Não há como fugir disso. A primeira pessoa que chamou o cérebro humano de "universo de 1,250 kg" criou uma imagem indelével. Se o cérebro é o único objeto físico que funciona como um computador, então os fisicalistas venceram. Mas não há razão para atribuir aos átomos e moléculas do interior do cérebro um *status* especial. Se cada partícula do cosmos é criada, controlada e governada pela mente, o cérebro também funciona conforme os ditames dela. Essa é a chave para resolver o nosso último mistério.

## Compreendendo o mistério

É muito difícil entender o que o cérebro faz. Se a natureza tem senso de humor, o maior trote que ela nos prega é manter o segredo do cérebro escondido, mesmo que a mente o utilize o tempo todo. Não se pode entender o funcionamento de um neurônio apenas ao pensar sobre ele. Não vemos nem sentimos as nossas células cerebrais. Com o advento do raio X, dos *scanners* de ressonância magnética e das técnicas cirúrgicas sofisticadas, a neurociência tornou visível a máquina do cérebro. Lá está ele, cintilando seus microvolts de eletricidade, queimando moléculas de neurotransmissores nas sinapses, e ainda assim as células cerebrais agem como todas as demais células do corpo. Até as células da pele secretam neurotransmissores. Por que, então, temos que abrir os olhos para ver o sol se pôr e não apenas cruzar os braços?

Nunca ninguém conseguiu explicar a conexão entre o que uma célula do cérebro faz (átomos e células saltam de um lado para o outro) e o mundo tetradimensional que o cérebro produz. Para contornar essa dificuldade fundamental, a realidade tem que ser repensada desde o início. Igualar o cérebro a um computador é uma proposição comum que pode ser testada imediatamente. Digamos que exista uma rosa linda chamada Rainha Elizabeth e que decidimos plantá-la em nosso jardim. Quando chegamos à estufa, o nome da rosa desaparece da nossa mente, mas logo em seguida conseguimos lembrá-lo. Se em vez disso pedíssemos ao *smartphone* para encontrar o nome certo, o aparelho percorreria todas as rosas vermelhas gravadas em seu chip de memória e, ao executar esse trabalhoso processo, ele ainda não saberia que Rainha Elizabeth é o nome correto até que lhe disséssemos.

Os computadores não são inteligentes de maneira alguma. A imprensa mundial acompanhou a derrota, em 1997, do campeão mundial de xadrez Garry Kasparov para um programa de computador da IBM, o Deep Blue. Os dois, homem e máquina, alternaram vitórias e derrotas durante dois anos, e a vitória final do Deep Blue foi comemorada como um passo na direção da inteligência artificial. Mas aí é que está: o que o computador fez foi artificial. Esse programa sofisticado, que a IBM refinava e atualizava constantemente, previa todos os movimentos possíveis das pedras até encontrar um que fosse estatisticamente o melhor. Em certo sentido, Kasparov *versus* Deep Blue foi uma disputa entre humanos de ambos os lados, mas com abordagens imensamente diferentes.

Um jogador de xadrez humano nem de longe procede dessa maneira. Pelo contrário, a habilidade de jogar xadrez tem se aperfeiçoado, e com isso desenvolveu-se um senso de estratégia, de imaginação e habilidade para avaliar o adversário – muitas vitórias se devem mais ao domínio psicológico do que à habilidade no jogo. Um campeão "vê" o movimento certo sem ter que passar por todos os possíveis movimentos. Em primeiro lugar, o Deep Blue não joga xadrez; ele apenas trabalha os números e calcula as probabilidades. A principal razão de se aplicar essa estratégia tortuosa é que os programadores recorrem a atalhos que imitam o trabalho da mente humana e que o computador por si só não conseguiria encontrar. Com efeito, dizer que o Deep Blue é inteligente é o mesmo que classificar uma calculadora como inteligente – e isso não poderia estar mais longe da verdade.

Da mesma maneira, os seres humanos conhecem um mundo de experiências interiores como amor, alegria, inspiração, surpresa, aborrecimento, angústia e frustração que não podem ser transformadas em números. Entretanto, o mundo interior é alheio aos computadores. Os especialistas em Inteligência Artificial pura tendem a desprezar o mundo interior como uma espécie de falha, até como uma ilusão. Se assim fosse, toda a história das artes e da música seria ilusória, assim como todo ato de imaginação e todas as emoções e, em última análise, da própria ciência, pois a ciência também é um processo criativo. Claro que a mente não pode ser digitalizada; entretanto, dizer que o cérebro é um supercomputador é falacioso, pois tudo o que ele faz seria digitalizado.

## Cinco motivos pelos quais os computadores não são inteligentes

- A mente pensa. O computador mastiga dígitos.
- A mente entende conceitos. O computador não entende nada.
- A mente se preocupa, duvida, reflete a respeito de si mesma e espera por *insights*. O computador cospe respostas com base em números mastigados.

- A mente pergunta por quê. Os computadores não perguntam nada a menos que recebam ordens de alguém que possua uma mente.
- As mentes navegam pelo mundo através de suas experiências. O computador não tem experiências. Ele executa programas e nada mais.

De fato, o modelo de cérebro computadorizado ganhou importância porque os modelos anteriores se mostraram inadequados. Podemos dar uma espiada no lixo de modelos enferrujados, observando por que cada um deles tem uma falha crítica quando tenta explicar a mente como uma operação do cérebro.

*Negação:* Tudo começa com a afirmação de que só existe o cérebro, de forma que a mente seria um subproduto dele, sem realidade própria. Os que fazem essa negação têm uma grande vantagem: podem continuar trabalhando como sempre fizeram sem se preocupar com a mente. Essa é uma postura que atrai muita gente. Afinal, dizem, a prática da ciência não tem que conversar sobre a mente, mas fazer experimentos e coletar dados. Há também uma negação mais "suave", que diz que a mente existe, mas é um dom, como o oxigênio no ar. Ambas as negações são necessárias, embora se possa fazer ciência a vida toda sem ter que se referir a elas.

*O erro fatal da negação:* Os negadores não explicam muita coisa, principalmente a semelhança entre o comportamento das partículas quânticas e o da mente, além do efeito do observador (ver pág. 26). O fato de a ciência mudar o mundo quântico é tão prático quanto qualquer outro fato científico. Por isso não é viável deixar a mente fora da discussão. Há também a questão de que mente e matéria interagem inevitavelmente no interior do cérebro o tempo todo. Os pensamentos originam os elementos químicos, e vice-versa. Não se pode dizer que isso não seja real.

*Percepção passiva:* Outra área admite que a mente é real, mas limitada. O cérebro conhece o mundo através dos cinco sentidos e age como um coletor de dados. Essa visão é mais convincente porque a própria ciência tem a ver com dados. Como uma câmera automática, o cérebro é passivo, mas muito preciso; põe o objeto em foco e confia, juntamente com os outros quatro sentidos, em que a imagem está boa. Se precisarmos de dados melhores – algo sem o que a ciência não vive –, recorremos a telescópios e microscópios, que ampliam nossa visão até regiões inalcançáveis a olho nu.

*O erro crítico da percepção passiva:* Todos os microscópios, telescópios, aparelhos de radiografia e os demais instrumentos criados para agir como captadores passivos não captam nada se a mente humana não estiver presente para interpretar os dados obtidos. As mentes que construíram esses aparelhos não o fizeram passivamente, tiveram que apelar para a criatividade da consciência. Isso é muito mais que uma mera coleção de dados.

*Complexidade é igual a consciência:* Este campo tem uma visão expandida da mente como um fenômeno muito complexo. De fato, a complexidade nos ajuda a entender como um sistema nervoso primitivo, como o de lagartas, peixes e répteis, deu lugar à infinita riqueza do cérebro humano. A teoria da complexidade é atraente porque circunda a questão espinhosa de como a matéria morta "aprendeu", de alguma maneira, a pensar e ainda brilha em uma ressonância magnética do cérebro, por exemplo. Matéria é matéria e ponto final. Mas no decorrer de bilhões de anos átomos e moléculas simples evoluíram em estruturas incrivelmente complexas. As mais complexas dessas estruturas estão associadas à vida na Terra. Se a vida é um subproduto da complexidade, então, pela mesma lógica, as propriedades dos seres vivos podem ser atribuídas à complexidade deles.

Por exemplo, os organismos unicelulares que flutuam na superfície de um lago buscarão a luz, e dessa resposta primitiva evoluem todos os sistemas visuais, entre eles os olhos da águia, que detectam o movimento de um camundongo a centenas de metros de altura. Da mesma maneira, tudo o que o cérebro humano faz tem uma origem ancestral em seres que fazem as mesmas coisas, mesmo que não tão bem, como os chimpanzés, que usam ferramentas rudimentares, e as abelhas, que seguem um padrão que mapeia a melhor fonte de pólen. Num mundo em que a complexidade está em constante evolução, o ser humano está no ponto mais alto, como a joia da coroa. A complexidade permitiu ao cérebro desenvolver suas habilidades, entre elas o pensamento e o raciocínio.

*O erro crítico de complexidade é igual à consciência:* Ninguém ainda nos disse como a complexidade explica os atributos da vida. Como já mencionamos, acrescentar mais cartas a um baralho não significa que de repente o baralho aprendeu a jogar pôquer. Jogar mais moléculas sobre bactérias primitivas não explica como as primeiras células passaram a existir e, certamente, também não explica como elas aprenderam comportamentos complexos.

*A hipótese do zumbi:* Esta é uma área marginalizada, mas tem a atenção da mídia graças ao nome e aos esforços de divulgação de seu fiel defensor, o filósofo Daniel Dennett. A premissa básica é determinista: todas as células do cérebro funcionam através de princípios fixos da bioquímica e do eletromagnetismo. Os neurônios não existem por escolha ou vontade própria. Estão condicionados às leis da natureza.

Entretanto, como somos todos produtos de células cerebrais, somos essencialmente fantoches, dependentes de processos químicos que não controlamos. Passamos feito zumbis pelos processos da vida, mas o fato de acreditarmos que podemos escolher, que temos livre-arbítrio, individualidade e até mesmo consciência cria uma história reconfortante que nós, zumbis, contamos ao redor da fogueira para nos manter aquecidos. Similar à teoria da complexidade da mente, a teoria dos zumbis diz que a consciência é um subproduto dos quatrilhões de conexões neurais do cérebro. Construa um supercomputador com esse mesmo número de conexões e ele será tão consciente quanto um ser humano.

*O erro crítico da hipótese do zumbi:* Dois erros críticos nos vêm à mente (deixando de lado o argumento absurdo de que os seres humanos não são conscientes, que nos soa mais como vigarice do que como pensamento sério). A primeira falha é a criatividade. Os seres humanos são capazes de infinitos atos de invenção, arte, percepção, filosofia, e de descobertas que não podem ser resumidas às funções fixas das células. Em segundo lugar, o argumento do zumbi é autocontraditório, porque as pessoas que o adotam, por serem zumbis, não conseguem provar que suas ideias são confiáveis. É como se um estranho se aproximasse e dissesse: "Vou lhe contar algumas coisas sobre a realidade. Mas primeiro saiba que eu não sou real".

## Por que nosso cérebro não gosta dos Beatles

É mais fácil matar um vampiro com uma estaca atravessada no coração do que dissipar o pressuposto de que o cérebro, um objeto físico, tem poder de criar a mente. Ao menos vimos os erros fatais das últimas teorias sobre o cérebro e a mente. Desmontar uma ideia ruim não é a mesma coisa que encontrar uma ideia melhor. Podemos descobrir uma boa ideia na bela canção de Paul MacCartney, um clássico dos Beatles, "Let It Be". É o seu cérebro que gosta da música ou é a mente? No argumento em favor do cérebro, os neurocientistas conseguem identificar alguns processos cerebrais específicos quando "Let It Be" entra pelo canal do ouvido na forma de vibrações sonoras.

Pesquisadores da McGill University em Toronto conectaram sujeitos a eletrodos que mediam sua atividade cerebral enquanto eles ouviam a música. Como se poderia prever, a música cria seu próprio padrão de respostas quando comparada a sons não musicais. Os estímulos brutos que alcançam o centro auditivo no córtex se espalham por locais específicos onde ritmo, compasso, melodia, tom e outras qualidades são processados separadamente em questão de milissegundos. O córtex pré-frontal compara a música que a pessoa está ouvindo agora com a música que ela espera ouvir, por conta de suas experiências anteriores. Ao comparar as duas, o cérebro pode ser desafiado por algo que ele não esperava, o que pode ser uma surpresa agradável ou desagradável.

A pesquisa também mostra que o cérebro está "conectado" desde a infância com o sistema musical ao qual é exposto. O cérebro de um bebê chinês desenvolve conexões específicas que respondem à harmonia chinesa, e assim gosta do que ouve. Um bebê nascido no Ocidente, e exposto às harmonias ocidentais, está conectado para apreciar mais esse sistema do que o sistema chinês. Por fim, os pesquisadores escolheram uma execução musical e aos poucos a foram mudando no software do computador para ver se o cérebro notava a diferença.

É possível diferenciar o Paul MacCartney real de uma boa versão sintetizada? Depende. Quando a música se torna mais mecânica e menos pessoal, o cérebro não costuma notar qualquer diferença até que a mudança se torne muito óbvia. Isso explica os "ouvidos de lata" e, no outro extremo, a sutil habilidade de um músico profissional de detectar os detalhes mais finos de um estilo musical. Conexões diferentes levam a níveis diferentes de apreciação.

A pesquisa da música e do cérebro se sofisticou demais. Porém, argumentamos que esse método de trabalhar a música é mal conduzido e não produz respostas que se aproximem da verdade. Quando a pesquisa do cérebro tem utilidade médica, como no tratamento da doença de Parkinson, por exemplo, ou para ajudar na recuperação de pacientes de AVC, concorrem os seguintes fatores:

- Uma função cerebral foi danificada de alguma forma orgânica.
- A função danificada pode ser isolada.
- A função danificada pode ser observada.
- Os mecanismos para correção da função danificada estão bem claros e compreendidos.

Quando um paciente de AVC chega ao hospital, um exame do cérebro localiza a área do sangramento, que é interrompido com drogas ou cirurgia. Nesse caso, encontramos todos os benefícios de se tratar o cérebro como um objeto danificado. A ciência médica examina as funções cerebrais com precisão cada vez maior, permitindo que os cirurgiões façam seu trabalho e apliquem drogas cuja ação seja mais localizada e específica. Entretanto, no que diz respeito à música, quase nenhum dos fatores decisórios está presente:

- Nenhuma função cerebral foi danificada.
- As funções verbais que produzem música são complexas e estão conectadas de maneira misteriosa.
- A transformação dos sinais ruidosos em música não pode ser observada fisicamente.
- Não se explica por que o cérebro superior evoluiu para inventar e apreciar a música; entretanto, não existe cura para pessoas que são totalmente indiferentes a ela. Não se trata de uma doença.

Será que a neurociência ficou para trás? Ou muito mais dinheiro e mais pesquisa trarão respostas melhores? Se o modelo como um todo estiver errado, não. De alguma maneira o cérebro produz música a partir de dados físicos brutos (vibrações de moléculas de ar); todos concordam com isso. Um aparelho de rádio também produz música, e ainda assim seria um absurdo dizer que os dois são iguais. O rádio é um aparelho que funciona por processos fixos predeterminados. Por mais similar que possa parecer, o cérebro humano faz o que quiser com os sinais musicais, inclusive desligá-los completamente. Tudo depende do que a mente queira fazer. Quando alguém acha que gosta ou não gosta de uma música, quem tomou essa decisão foi a mente, não os centros de dor e prazer no cérebro. Quando um compositor tem uma inspiração, é a mente que inspira, não os neurônios. Como se pode ter certeza? A resposta preencheria um livro inteiro, mas vamos dividi-la em compartimentos.

## 1. O determinismo está errado

Se o cérebro está conectado desde a infância para ouvir música chinesa na China, indiana na Índia, japonesa no Japão, e assim por diante, por que todos esses países possuem hoje orquestras sinfônicas no estilo ocidental, praticamente formadas por músicos nativos que executam músicas clássicas do Ocidente? Não se pode dizer que o cérebro esteja conectado quando as conexões são mudadas à vontade. O determinismo funciona bem nos esquemas de uma rede neurológica, mas não na vida real. Por analogia, é como se os pesquisadores do cérebro quisessem nos convencer de que a fiação elétrica de uma casa pode trocar sozinha uma corrente alternada por uma contínua. Isso equivale a um cérebro "decidir" que prefere música chinesa. Só a mente pode realizar essa mudança.

Se dezenas de áreas inter-relacionadas do cérebro se combinam para processar música, mas não o ruído de uma serra elétrica ou o som do vento soprando nas folhas das árvores, como é que o estímulo bruto sabe por onde deve seguir em primeiro lugar? O centro auditivo recebe todos os dados brutos da mesma maneira, pelos mesmos canais do ouvido interno. Mas os dados de um piano vão diretamente para o processamento musical. Isso implicaria que o centro auditivo reconhece os sons de uma serra elétrica e os sons de uma música, mas não reconhece. Sabemos por onde passa cada um desses sinais; mas não sabemos por quê.

Vamos voltar o relógio à época em que ouvimos "Let It Be" pela primeira vez. Os lobos pré-frontais comparam a nova música com as expectativas que trazemos do passado. Isso faz que ela nos surpreenda e nos agrade ao desafiar tais expectativas. Mas às vezes uma música nova provoca uma reação exatamente oposta no mesmo ouvinte. Alguém se aborrece ouvindo Ella Fitzgerald e, mais tarde, descobre que ela é maravilhosa. Em outras palavras, a resposta musical está sujeita a mudanças imprevisíveis. Nenhum sistema mecânico explica essa variabilidade, e reduzi-lo a sinais neurais aleatórios apenas empurra o problema para baixo do tapete. Não se deve esperar que os elementos químicos presentes em um neurônio produzam ora uma resposta, ora outra exatamente oposta.

## 2. A biologia não é suficiente

A música expõe por que o comportamento humano não faz sentido nem biologicamente nem em termos evolutivos. Gostamos de música porque gostamos, e não porque nossos ancestrais fizeram bebês cada vez melhores por conta da sua afinidade musical genética. Procurar uma necessidade evolucionária para a música é pôr o carro na frente dos bois. Em vez de precisar da música como um mecanismo de sobrevivência, nós gostamos de viver graças à música, porque a nossa mente se delicia com ela. Por alguma perspectiva darwiniana plausível, a audição humana deve ter sido favorecida por uma profunda sensibilidade, de modo que os nossos ancestrais ouviam o rugido de um único leão ao longe, em vez de dez ou vinte – não ser comido é uma boa maneira de sobreviver –; a raposa-do-ártico apresenta uma característica comparável, pois ouve um rato correr sob a neve a 60 centímetros de profundidade – comer mais no inverno garante uma boa saúde. Mas não evoluímos graças a esse tipo de acuidade; evoluímos, em vez disso, graças a um inútil (do ponto de vista da sobrevivência), embora extremamente prazeroso, gosto pela música.

A música é pessoal, singular e imprevisível. Não é uma falha que a ciência tenha que corrigir ou explicar. Faz parte da natureza humana. Em uma ocasião bastante famosa, soldados inimigos na Primeira Guerra Mundial atravessaram as trincheiras para cantar, juntos, canções natalinas. O que é mais humano, esse comportamento ou lutar até a morte em uma guerra absurda? Na verdade, as duas coisas. A natureza humana, assim como a música, é inexplicável em sua complexidade.

Algo novo foi criado espontaneamente quando "Let It Be" apareceu. Novos estilos surgem por meio da inspiração. Digamos que alguém construa um supercomputador e insira acordes e frases musicais (a propósito, existiriam mais acordes e frases musicais do que átomos no universo), para que o programa desenvolva todos os estilos musicais possíveis. Num instante ele produz a música de Beethoven de maneira puramente aleatória. Mas é exatamente isso que invalida o modelo computador-cérebro, porque Beethoven não passou milhões de horas testando combinações aleatórias até surgir um novo estilo. Ao contrário, surgia ali um gênio musical, uma mente musical única, que, apesar de estar acostumada a ouvir as músicas tradicionais de sua época, evoluiu criativamente para além delas e mudou para sempre o estilo clássico.

### 3. O seu cérebro não ouve Beatles, mas você ouve

O problema mente-cérebro, que foi chamado de problema difícil (ver pág. 166), se provou tão impossível porque priorizar o cérebro foi um erro. Os neurônios não ouvem música. Nós ouvimos; então, por que examinar os neurônios como a chave para a música ou para qualquer outra experiência? Mesmo os elementos mais básicos da consciência estão ausentes do cérebro. Ele nem imagina que existam. Se enfiarmos uma faca no cérebro, ele não sentirá dor. Não tem preferência pelos Beatles ou por Led Zeppelin. Em suma, a mente não pode ser explicada usando-se qualquer coisa ou objeto, nem mesmo um objeto tão precioso quanto nosso cérebro. Ninguém pergunta ao rádio do carro se ele prefere Beatles ou Led Zeppelin. Ninguém espera que um notebook grite quando alguém espeta uma faca nele.

Chegou a hora de encarar os fatos. Não existe nenhum processo físico que transforme as vibrações do ar em música. Não há som no interior do cérebro; é um ambiente completamente silencioso. "Let It Be" e suas qualidades de delicadeza, sentimento religioso, prazer etc. não é um produto dos circuitos cerebrais. É construída a partir de um potencial infinito da mente, que é processado por nosso sistema nervoso. A música não pode ser encontrada no rádio, no piano, no violino ou em uma coleção de neurônios que enviam sinais químicos e elétricos uns para os outros.

Se levarmos a sério esses fatos, a mente ganha o *status* de consciência, algo que máquina nenhuma consegue alcançar. A consciência não pode ser fabricada, o que lhe permite reinventar o universo, mas não como se fosse o lugar onde ela foi pavimentada, neste privilegiado planeta Terra, situado a dois terços do centro de uma galáxia chamada Via Láctea, mas sim no sentido de que ela está em toda parte. Muita gente na física aceita que a natureza age de um modo muito semelhante à mente, mas não engole a hipótese de que seus comportamentos sejam *exatamente* iguais.

Schrödinger aceitou esse impasse há quase um século, ao declarar que não faz sentido subdividir a consciência. Afinal, se ela existe, está em toda parte, e, dizemos mais, existe o tempo todo. Portanto, se alguém diz que a consciência nada mais é que uma propriedade do cérebro humano, está defendendo um interesse particular. O cérebro não faz nada que já não aconteça em todo o universo. Por que a mente humana é criativa? Porque o cosmos é criativo. Por que a mente humana evoluiu? Porque a evolução faz parte do tecido da própria realidade. Por que a nossa vida tem significado? Porque a natureza segue em frente, movida pelo propósito e pela verdade. Nós prometemos responder às perguntas "por quê" que estão sempre presentes em nosso dia a dia, e agora temos a chave para todas elas: a mente cósmica move todos os eventos e dá a eles um propósito.

A esta altura, já cobrimos nove mistérios cósmicos que nos levaram a duas conclusões. A primeira é que as melhores respostas oferecidas pela ciência não são boas o suficiente. A ala que prega que "estamos quase lá" veste uma máscara otimista, mas por trás dessa máscara há confusão e desconfiança. Muito menos difundida é a ala que diz que "mal começamos a encontrar as respostas", embora essa seja uma posição que reúne uma quantidade impressionante de evidências a seu favor. Inclusive, é bastante provável que, hoje, esta ala seja a adotada pela maioria dos pesquisadores e teóricos.

A segunda conclusão é que a realidade está tentando nos dizer algo novo, que o cosmos precisa ser redefinido. Todas as palavras tabus que são rejeitadas pelo fisicalismo – *criatividade, inteligência, propósito, significado* – ganharam novo fôlego. De fato, estamos mostrando que elas são as pedras angulares de um universo consciente, expressamente criado para a evolução da mente humana. A realidade é a juíza suprema. Não há uma corte superior à qual se possa apelar. Se a realidade está mostrando o caminho para um novo universo, é inútil resistir. Manter-se fiel à ideia de que "um dia teremos todas as respostas" não nos ajuda a abordar a natureza da realidade, aqui e agora.

PARTE 2

# ACEITANDO O SEU EU CÓSMICO

# O PODER DA REALIDADE PESSOAL

O que é preciso para que você se convença de que tem um eu cósmico? Não se contente com uma resposta rápida ou fácil. Assumir o eu cósmico é como assumir a responsabilidade por tudo o que consideramos real. Em seu poema épico "Canção de mim mesmo", Walt Whitman proclama o seu *status* universal com jubiloso abandono:

> Eu celebro o eu, num canto de mim mesmo,
> E aquilo que eu presumir também presumirás,
> Pois cada átomo que há em mim igualmente habita em ti.

Racionalmente falando, isso soa mais como um pequeno disparate. Mas os leitores de poesia não levaram Whitman ao pé da letra quando ele declara "Sou amplo: incluo multidões", e mesmo assim ninguém melhor do que ele tornou o êxtase viral (o que de fato é), poucos foram ousados o bastante para entendê-lo quando escreveu "O relógio indica o instante – mas o que é indicado pela eternidade?" A resposta que ele dá também é arrebatadora. A eternidade revela que os seres humanos são filhos do cosmos. Nossa vida atravessa as fronteiras do tempo.

> Já escapamos de trilhões de invernos e de verões,
> Há trilhões à frente, e ainda trilhões à frente desses.

Nascimentos nos trouxeram riqueza e variedade,
E outros nascimentos nos trarão riqueza e variedade.

Este livro oferece a mesma resposta, não como poesia, mas como um fato que subverte a realidade convencional. O eu cósmico não é só uma hipótese, mas o eu mais fundamental que alguém possui. Se ele não existe, também não existe o mundo físico, inclusive todas as pessoas e todas as coisas que nele estão. É inacreditável que o canto de um poeta a respeito de si mesmo corresponda às teorias mais avançadas da física moderna:

Vede, ó irmãos e irmãs,
Não é o caos ou a morte – é forma, união, plano – é vida eterna
– é Felicidade

As palavras aplicam-se perfeitamente à ideia de que vivemos em um universo consciente. No lugar da teoria comumente aceita de que as propriedades da mente emergiram do caos há bilhões de anos, no Universo Humano a mente esteve presente em todos os tempos e lugares – na verdade, *além* de todos os tempos e lugares. Como resposta aos mistérios cósmicos sobre os quais temos lido, esta é a única que continua em pé mesmo depois que todas as explicações "razoáveis" foram demolidas. *Nada faz sentido*, percebe? Existem muitos problemas em aberto, como a gravidade quântica, a energia escura e outros. Grande parte da realidade está fora da vista. Defender a existência de inúmeras outras dimensões é puro malabarismo matemático para livrar-se do impasse criado por uma teoria que não corresponde à realidade. A antiga confiança desabou, pois os tijolos da natureza – os átomos e as partículas subatômicas – não possuíam propriedades intrínsecas sem um observador.

Nas histórias de Sherlock Homes, há sempre aquele momento em que o grande detetive está prestes a revelar a solução misteriosa do crime, e essa solução é estranha e inesperada, tal como quando uma cobra venenosa, conhecida como "faixa malhada", cometeu o assassinato ao deslizar pela corda do sino que chamava os empregados. Em tais momentos, Sherlock gosta de dar uma aula de raciocínio dedutivo, lembrando o dr. Watson, seu fiel escudeiro, de que, quando todas as outras explicações razoáveis já foram excluídas, a única restante, ainda que improvável, é a correta. Para sermos justos, há um furo nessa aula de dedução de Sherlock Holmes. Diante de um assassinato que ocorreu num recinto fechado e com um punhado de suspeitos, o grande detetive poderia, com relativa rapidez, excluir soluções razoáveis. O cosmos, no entanto, está longe de ser um recinto fechado. Ele oferece um espaço quase infinito para teorias novas e mais exóticas, como ficou comprovado nos últimos cem anos.

## Não há espaço para a estupidez

Colocar um universo consciente onde a questão central é a vida humana não pode ser simplesmente outro item acrescentado ao cardápio. Única entre as teorias concorrentes da cosmologia, a teoria do universo consciente exclui todas as que consideram universos sem consciência, pois eles não têm realidade e não podemos nem imaginar a realidade deles, já que não existem! Simples assim.

Ser consciente é como estar grávida ou morto – ou se está ou não se está. Não há estado intermediário. Na nossa visão, o estado intermediário desapareceu de uma vez por todas quando mostramos que o cérebro não pensa. O cérebro humano, por ser algo físico, não pode dar origem à mente. Pela mesma lógica, o universo físico está desqualificado como criador da mente. O universo é imenso quando o comparamos ao cérebro humano, mas, se aumentarmos um mecanismo físico, ele não será mais inteligente nem se tornará capaz de pensar.

Independentemente do choque e da indignação dos nossos cientistas, o único jeito de qualquer coisa se comportar como a mente, seja átomo, seja cérebro ou o universo todo, é *ser* a própria mente; não se pode fugir dessa conclusão. É o que o Iluminismo do século XVIII chamava de relógio do universo. A tendência intelectual da época era excluir Deus do papel de participante ativo no funcionamento do universo. Mas os processos que estão sendo observados pelos cientistas, como o fato de os elementos atômicos terem se distribuído ordenada e naturalmente por sua massa, indicam um sistema não aleatório. A solução foi uma espécie de julgamento de Salomão. Deus foi autorizado a colocar o universo em funcionamento com perfeita precisão, mas então foi despachado para o paraíso e o relógio da natureza continuou funcionando por sua própria conta.

A noção de um universo que funciona como um relógio pode soar curiosa nos dias de hoje, mas foi praticamente a última vez que os cientistas fizeram as pazes, não sem dificuldade, com a consciência como um ingrediente científico importante para explicar um fenômeno cósmico. Mas foi uma paz temporária. Depois que Deus foi expulso, não havia nenhum motivo para considerar a possibilidade de uma mente cósmica senão como metáfora, como quando Einstein declarou querer saber como funcionava a mente de Deus, pois o resto são detalhes.

Nossa intenção não é trazer Deus de volta, seja recebendo-o pela porta da frente, como fazem os criacionistas, seja empurrando-o pela porta dos fundos, que é o que acontece quando a matemática é promovida como a resposta definitiva para todos os fenômenos naturais. De certo modo, os números estão em um paraíso especial. O primeiro filósofo a situar a realidade em uma esfera invisível de existência pura foi Platão, para quem tudo de belo e verdadeiro nesta Terra seria uma sombra da Beleza e da Verdade absolutas do além, refletindo-se, por assim dizer, na caverna da existência. Hoje, a matemática ocupa a esfera platônica, mantendo-se, de alguma maneira, afastada da existência física para organizá-la de acordo com as leis matemáticas perfeitas.

A palavra *platônico* é prima de primeiro grau de *divino*, porque ambas se referem a valores transcendentais. Não há muita diferença entre dizer que a harmonia da matemática é um atributo platônico e afirmar que é uma graça divina. O problema de expulsar Deus ou deixá-lo entrar é o mesmo em ambos os casos. A consciência não está mais "no" universo do que a umidade da água ou a doçura do açúcar. Ninguém diz "Esta água está quase boa. Basta acrescentar um pouco mais de umidade", ou "Gosto muito deste açúcar, mas ficaria muito melhor se fosse doce". Da mesma forma, a consciência não é um pó mágico que se polvilha sobre átomos inertes para que comecem a pensar. A consciência já tem que estar presente.

Temos visto que não é uma propriedade da matéria se comportar de modo semelhante ao da mente. Muito pelo contrário; a mente cósmica, se quiser, pode assumir as propriedades da matéria. Em nível quântico, ela pode escolher comportar-se como onda ou como partícula. Quando a escolha é feita, é a mente que escolhe, e isso não deveria nos chocar. As escolhas são mentais por definição. Não dizemos: "Meu estômago quer comer aveia no café da manhã". Nós queremos comer aveia, não o nosso corpo. O corpo participa da escolha, claro, graças à conexão mente-corpo. Se estamos distraídos, o estômago roncando pode nos lembrar que é hora de comer, assim como um bocejo nos lembra que é hora de dormir. Ambos os lados, o físico e o mental, têm permissão para participar.

Ao dar as costas para a consciência, a ciência moderna tomou uma decisão infeliz da qual começa a se arrepender. A própria realidade parece exigir que a ignorância deixe de ser uma desculpa válida, em se tratando da mente e do cosmos. O universo não se tornou irracional de uma hora para a outra; essa foi uma decisão coletiva tomada no início da ciência moderna. Na época, uns quatrocentos ou duzentos anos atrás, um universo mecânico sem nenhuma inteligência fazia todo o sentido; isso pode ser ilustrado por uma história que todos nós aprendemos na escola, sobre Isaac Newton e a maçã. O incidente é tão conhecido que não parece ter nenhuma dimensão oculta, mas tem. Vale a pena lembrar alguns detalhes que Newton revelou ao colega William Stuckle (alerta de *spoiler*: a maçã não caiu na cabeça de Newton).

> [...] fomos para o jardim tomar um chá à sombra da macieira; apenas eu e ele. Entre outros assuntos, ele me contou que se encontrava nessa mesma situação de quando, anteriormente, lhe ocorreu a ideia da força gravitacional. "O que faz que essa maçã sempre caia perpendicularmente em direção ao chão?", ele se perguntou, enquanto contemplava a queda da maçã. "Por que ela não cai para os lados, ou para cima, mas sempre na direção do centro da Terra? Sem dúvida o motivo é que a Terra sempre atrai a maçã. Deve existir um poder de atração na matéria da maçã que se soma ao poder de atração da matéria da Terra, que está localizada em seu centro, não em um dos lados. Se a matéria atrai a matéria, tem que ser na mesma proporção de sua quantidade. Então, a maçã atrai a Terra assim como a Terra atrai a maçã."

Essa era a história que Newton gostava de contar (e há quem acredite que ele mesmo a inventou), embora alguns não aceitem bem o momento "a-ha!" da queda da maçã, mas pensem que ele já tinha refletido muito sobre a gravidade. Seja como for, a dimensão oculta do episódio não está naquilo que é dito, mas sim no que não se diz. Newton e a maçã são um ótimo exemplo de como chegar à verdade excluindo tudo o que não se aplique especificamente. Por exemplo, são deixadas de lado as observações sobre a variedade da maçã, se o tempo estava bom ou não, a geografia do terreno, o estado de saúde de Newton, as roupas que ele usava e assim por diante. Estamos tão acostumados a excluir as experiências "não científicas" que esse comportamento se tornou natural. Nós valorizamos o fato de que a mente racional tem o poder de manter o foco, de maneira incisiva e precisa, na mecânica da natureza.

Em face disso, a realidade é inclusiva. Na verdade, ela inclui tudo. Excluir a experiência diária é um ato mental arbitrário. Pode levar a uma ideia incrível, como a lei da gravitação universal de Newton –

especialmente brilhante foi ele ter intuído que a força gravitacional da maçã atrai a Terra assim como a da Terra atrai a maçã –, mas a exclusão deixa claro o verdadeiro funcionamento da realidade. Isso não aborreceu especialmente os cientistas iluministas enquanto desmontavam o relógio do universo para conhecer todas as suas peças. Mas hoje vivemos em um "universo incerto" (onde, aliás, há uma possibilidade infinitesimal de que a maçã caia para os lados ou para cima, segundo as probabilidades quânticas), e a maior de todas as incertezas é a realidade, que se esvai pelos nossos dedos.

São creditados alguns sucessos ao "exclusionismo", mas a mente humana é, em primeiro lugar, inclusiva. Quando o garçom nos apresenta uma bela criação do chef, não dizemos: "Espere um pouco. Não consigo me decidir entre olhar, provar, tocar, cheirar ou ouvir esta comida". Assimilamos a cena toda, o tempo todo. (E isso acontece muito além do âmbito da mente consciente. Pessoas hipnotizadas conseguem lembrar momentos da infância com exatidão fotográfica, a ponto de conseguirem contar os passos que precisam dar para chegar até o sótão.) Acatar a mensagem da natureza, que nos diz para sermos inclusivos, condiz com a experiência diária.

O próprio Newton não era um "exclusionista" autêntico. Cristão devoto, ele acreditava literalmente na cronologia da história descrita no Velho Testamento. Em outras palavras, era um divisionista, por aceitar que as leis naturais governassem o mundo físico e, ao mesmo tempo, ajoelhar-se perante Deus como o governante do mundo espiritual. Mas ser um divisionista (ou dualista, para usar o termo formal) é apenas um ponto no caminho para o total exclusionismo, pois Deus saiu inteiramente de cena na era moderna. No cenário atual, falar em supercordas ou em multiverso envolve uma decisão consciente de excluir toda a realidade, exceto por uma fina fatia da matemática, e mesmo essa fatia é apenas uma hipótese. Inverter o curso e escolher o "inclusionismo" implica uma mudança sísmica na maneira como abordamos a realidade. Toda vez que a realidade é fatiada em dados, a verdade está sendo trocada por um pedaço dela – uma péssima troca.

Dividir a diferença deixou de fazer sentido depois que Deus saiu de cena, mas ele continuou por perto ainda por algum tempo. Os esforços de pesar a alma quando ela sai do corpo no momento da morte começaram no século XIX, mas foram em vão. Recentemente, porém, o equivalente científico da pesquisa da alma voltou a ser respeitado graças ao conceito de pampsiquismo, que torna a mente uma propriedade da matéria. Aqui chegamos a um beco sem saída. Pampsiquismo soa holístico, o que é positivo. Mas não explica nada; continua insistindo que o comportamento dos átomos é semelhante ao da mente – isso não é uma resposta, é um problema que precisa ser resolvido. Com certo ceticismo, vemos que o pampsiquismo lembra o movimento mais retrógrado que a física já fez, quando retomou o animismo e outras crenças aborígenes de que o espírito habita todas as coisas.

Mas há pontos positivos no pampsiquismo. Primeiro, é um bom estratagema transformar a mente em uma propriedade comum a todas as coisas. Diferentemente de uma alma que pode ser pesada quando deixa o corpo no momento da morte, a propriedade não precisa ter peso nem dimensão mensuráveis. E nem vir ou ir embora. Por exemplo, nascer macho ou fêmea é uma propriedade dos mamíferos que não pode ser extraída, como se extrai o sangue, para vermos quanto pesa cada gênero ou de que cor são. Em segundo lugar, o pampsiquismo aceita que o comportamento natural do universo é como o da mente, e não uma peculiaridade excêntrica dos fenômenos quânticos. Isso bastaria para popularizar a teoria, não fosse por um erro crítico. Quando dizemos que a mente é uma propriedade da matéria, o oposto é igualmente possível: a matéria é uma propriedade da mente. Uma não pode ser provada ignorando a outra. Quando certos hormônios entram em ação, duas pessoas se atiram uma nos braços da outra e começam a fazer sexo. Mas também é possível que uma pessoa pense que transar é uma boa ideia, e esse pensamento estimule os hormônios. Então, o nosso comportamento, lá em nível quântico, torna impraticável uma simples relação de causa e efeito. Dizer que a matéria age como a mente e que a mente age como a matéria não funciona; nem um nem outro. Caso contrário, diríamos coisas estranhas como: "A umidade da água faz as pessoas quererem nadar". Uma mera propriedade não traz uma causa.

A experiência humana é a última coisa que deveria ser excluída de uma explicação do cosmos. Vejamos se conseguimos assimilar um vocabulário de inclusão. Não há dúvida de que a realidade é todo-inclusiva e que, por um milagre, os seres humanos conseguem assimilar uma variedade infinita do que a realidade tem a oferecer. Onde está o mecanismo que decide admirar a beleza de um pôr de sol e, ao mesmo tempo, ignorar a textura do chão sob os nossos pés? Ou entregar-se aos carinhos da pessoa amada e ao mesmo tempo detestar a aparência dos móveis do quarto? Fazemos isso de forma tão automática que o damos como certo. O que interessa é o que isso significa para a experiência do mundo.

A resposta é que experimentamos o mundo por escolhas. Não existe nenhum mundo definitivo. Se a maçã de Newton fosse parecida com as que se vendem nos supermercados, seria vermelha, doce, crocante, levemente granulada e dentro de certa faixa de peso. Nenhuma dessas propriedades existe na natureza. São percepções da mente humana. A maçã não precisa ser reinventada toda vez que encontramos uma. Desde que a nossa percepção decida que as maçãs têm gosto de maçã, e não de pera ou de abacate, assim elas permanecerão no nosso esquema mental. Como vimos anteriormente, a realidade é filtrada pelo cérebro com suas limitações estruturais (lembre-se do pensamento revolucionário de Alfred Korzybski, discutido na pág. 149). Mas o cérebro, em sua imperfeição, não nega um simples fato: tudo o que percebemos é uma criação mental acumulada em milhões de anos de evolução.

Talvez seja estranho dizer que escolhemos comer maçãs doces porque isso acontece há muito, muito tempo. Desde que a doçura passou a fazer parte da percepção, ela se expressa fisicamente em nossas papilas gustativas, cujo código está registrado em nossos genes. Um aparato específico que liga e desliga nosso gosto pela doçura está decodificado no cérebro. Mas é sempre possível mudar. Se estamos com uma gripe tão forte que não sentimos o gosto de nada, por exemplo, a doçura da maçã é totalmente apagada da nossa percepção. Somos seres conscientes, mas ainda não somos "percebedores" universais. Nossos olhos não enxergam objetos na escuridão total. Se o cérebro humano conseguisse detectar frequências de ultrassom ou raios infravermelhos – habilidades encontradas na natureza entre morcegos, tubarões, répteis e outros –, essa habilidade seria traduzida como um funcionamento do nosso cérebro. Podemos, contudo, compensar as nossas limitações, criando instrumentos que detectam frequências de luz e sons que nossos sentidos não alcançam – e nos transformarmos em potenciais "percebedores" universais. Quanto à habilidade de fazer escolhas, parece que somos os campeões na natureza.

Existem muitas coisas que não podemos mudar, como a gravidade, a rigidez das rochas, a solidez de uma parede de tijolos. Mas é preciso fazer algumas distinções. Nossa percepção pode ser classificada em três tipos:

- Percepções que não podemos mudar.
- Percepções que podemos mudar.
- Percepções que estão no limite, às vezes são mutáveis, às vezes não.

Na nossa realidade pessoal, os três tipos se mesclam e se combinam. Se alguém não gosta da cor da saia que está usando, poderá mudá-la – isso é uma percepção mutável. Se não consegue atravessar paredes, isso se encaixa entre as percepções não mutáveis. Poderíamos dar milhares de exemplos que se enquadram em cada categoria. A graça da vida vem daquilo que podemos mudar, enquanto a solidez e a segurança vêm das coisas que não podemos mudar. Se pudéssemos escolher não obedecer à lei da gravidade às segundas-feiras, o caos se instalaria, a começar por nosso corpo se desmanchando em uma nuvem de átomos.

Mas o que de fato nos fascina é a terceira categoria: as percepções que às vezes podemos mudar, às vezes não. Aqui é onde a teoria quântica torna a nossa participação na natureza mais enigmática e, ao mesmo tempo, fascinante. Cria-se uma área cinza, em que partículas e pessoas podem ambas tomar decisões. Estar presente passivamente, sem participar, deixa de ser uma opção. Toda percepção é um ato de participação na realidade. Quando percebemos o outro como o nosso grande amor, nossas ações nos levarão a áreas da realidade que eram desconhecidas antes dessa realização. Diariamente as nossas ações estão na linha de frente da evolução, no limite em que a mente é capturada entre a cautela e a curiosidade. O exemplo mais óbvio são os milagres. Quem não gosta de acreditar que um ser humano um dia caminhou sobre as águas, que a fé pode curar um câncer da noite para o dia, que os mortos se comunicam com os vivos? A controvérsia sobre milagres não é acerca da possibilidade de eles acontecerem ou não, mas a respeito de a que categoria pertencem. Um milagre só pode acontecer quando se encaixar na terceira categoria, onde as coisas às vezes ocorrem, às vezes não. É claro que sempre se pode praticar a total exclusão (atitude típica dos ateus e dos céticos) ou a inclusão (atitude típica dos devotos religiosos).

E se não tivermos nenhuma atitude fixa? Então estaremos na companhia do visionário pioneiro da física quântica, Wolfgang Pauli, quando disse "A minha opinião pessoal é que a ciência da realidade futura não será nem 'psíquica' nem 'física', mas ambas, de alguma maneira, e nenhuma". Ao usar uma palavra que a ciência rejeita – *psíquica* –, Pauli aponta para o supremo mistério. O vasto mecanismo físico a que chamamos universo tem duplo controle: obedecer às leis naturais e, ao mesmo tempo, obedecer aos pensamentos. Essa é a principal razão pela qual ocupamos um universo incerto atualmente. Mas, ao prever que o amálgama mente-matéria da realidade seria ambas as coisas e nenhuma delas ao mesmo tempo, Pauli aponta para uma solução. Isso soa como um paradoxo, mas o desvendaremos para mostrar que Pauli está afirmando uma verdade que é simplesmente incontestável.

## Qualia: a realidade pronta para ser apreendida

Vamos trazer a discussão para um nível pessoal. Quais partes da sua própria realidade podem ser mudadas somente através da mente, e que de fato são relevantes? A resposta requer buscar um novo termo no nosso vocabulário: *qualia*. Trata-se de um conceito muito importante, embora a maioria das pessoas nunca tenha ouvido falar dele. Qualia pode mudar as nossas percepções, ou não. Qualia pode mudar a realidade, ou não. Qualia refere-se a como experimentamos a vida e não a como a medimos. A palavra latina *qualia* significa "qualidades" e diz respeito a um mundo tão inatingível quanto o da física quântica, mas que aponta no sentido oposto: afasta-se dos objetos físicos e vai ao encontro da experiência subjetiva. Se os quanta são "pacotes" de energia, qualia são as qualidades diárias da existência – luz, som, cor, forma e textura –, cujas implicações revolucionárias já começamos a descrever.

Experimentamos o mundo neste exato momento como qualia. É a cola que mantém unidos os cinco sentidos. O perfume de uma rosa é um qualia (usamos a mesma palavra no singular e no plural), como também é a textura aveludada das pétalas, as cores e os matizes, as sombras e as dobras. Olhando a experiência diária da perspectiva do cérebro, o psiquiatra e teórico neural Daniel Siegel propõe que o modelo teórico da nossa realidade "aqui" é baseado em sensação, imagem, sentimento e pensamento. Não importa o que esteja acontecendo neste exato momento, nosso cérebro está registrando ou uma sensação (que calor! A sala está abafada, os lençóis são macios); uma imagem (vejo um belo pôr do sol, o rosto da minha avó em minha mente, minhas chaves em cima da mesa); um sentimento (estou muito feliz, me preocupa perder o emprego, amo meus filhos); ou um pensamento (estou planejando férias, acabo de ler um artigo interessante, o que será que tem para jantar?).

Os qualia estão por toda parte. Nada acontece sem eles, o que significa que, ao participarmos da realidade através de um cérebro humano, o nosso mundo consiste em qualia. Se existir alguma realidade fora do que percebemos, ela será, literalmente, inconcebível. E se eliminarmos todas as sensações, imaginação, sentimentos e pensamentos, não sobra coisa alguma.

Eis o truque: por serem *subjetivos,* os qualia atacam diretamente a objetividade da ciência moderna. Além disso, por ser a experiência *significativa,* os qualia atacam o modelo de uma natureza aleatória, sem importância. Ainda há mais coisas em jogo.

Por ser uma abordagem revolucionária, a ciência dos qualia afirma que *só* a experiência subjetiva é confiável. À primeira vista parece uma afirmação absurda, especialmente para um cientista. A subjetividade é notoriamente não confiável. Que direito têm as pessoas de dizer: "Não gosto da força da gravidade. Tire-a daqui", como se estivessem em um restaurante e não gostassem da aparência da comida? Como vimos, algumas coisas não podem ser mudadas só porque queremos. Mas o argumento da não confiabilidade não tem consistência alguma. É apenas plausível se tivermos como parâmetro a capacidade de medida. Se um estrangeiro pede uma informação e a pessoa A lhe diz para dobrar à esquerda, mas a pessoa B diz para dobrar à direita, um mapa dirá qual das duas está certa.

Mas medir pode ser uma falsa pista. Einstein provou de uma vez por todas que nada, absolutamente nada, está imune à relatividade, e a relatividade tem tudo a ver com percepção. Se alguém estiver em uma nave espacial que é lançada da Terra, seu corpo estará exposto a muitos Gs de força gravitacional. O astronauta se sente muito pesado durante o lançamento, e o que ele percebe é real. A aceleração, segundo Einstein, é igual à gravidade "real". Da mesma forma, a cor azul não existe se não houver um olho que reaja à luz como o olho humano. Se um marciano chegasse à Terra e dissesse, admirado: "O céu da Terra é *grimmick*", um ser humano não entenderia, porque *grimmick* não é uma cor na nossa realidade e ele também não sabe se *grimmick* é uma cor.

Os qualia são os verdadeiros tijolos da realidade. Podemos passar a vida toda sem fazer uma medição científica, mas um cientista não faz nada se não sentir, ouvir, tocar, provar e cheirar. Se você gosta do cheiro de repolho cozido e outra pessoa o detesta, isso não prova que a subjetividade não seja confiável, mas prova que temos infinita liberdade criativa para brincar com os qualia.

As medidas consideradas objetivas não passam de flagrantes isolados, um súbito vislumbre da real fluidez da experiência. Esses flagrantes são ao mesmo tempo reais e falsos. Imaginemos um pai que está preocupado com sua filha adolescente e contrata um detetive particular para segui-la. Uma semana depois ele aparece com uma pilha de fotos. Numa delas a filha está provando sapatos, em outras mostra uma identidade falsa em um bar, fuma escondido em uma viela e manda uma mensagem de texto para uma amiga. Cada foto é uma situação real, mas no conjunto não capturam nada de essencial sobre sua filha se não inúmeras facetas com pouca conexão entre si. Outras fotos tiradas na semana seguinte mostram a menina visitando um amigo doente no hospital e prestando serviço voluntário em um abrigo de animais, o que contradiz o padrão sugerido nas fotos anteriores. A física se encontra na mesma situação, mas nesse caso precisa combinar milhares de observações isoladas, entre as mais básicas possíveis, focadas em partículas subatômicas que duram apenas alguns milionésimos de segundo.

Em contraste, os qualia estão constante e continuamente conectados. Se substituirmos as fotos de detalhes da natureza por um filme interminável, o universo é efetivamente um espelho do sistema nervoso humano. O físico Freeman Dyson corrobora esta conclusão: "A vida tem conseguido, apesar de tudo, moldar o universo de acordo com seus propósitos".

Por trás da máscara de uma máquina cósmica, cujas partes podem ser avaliadas e reparadas, o universo é humanizado. Ele não pode existir de outra maneira, desde que nada "fora dele" pode ser experimentado exceto em nossa própria consciência. Estamos no caminho pioneiro aberto por alguns físicos, como David Bohm, que escreveu: "Em certo sentido o ser humano é um microcosmo do universo; portanto, seja lá o que for uma pessoa, ela é uma pista para o universo".

## Mas...

Quando os fisicalistas se veem acuados, usam uma tática de defesa que não é sutil. Exemplos como os que seguem são usados com frequência para desqualificar os qualia: "Esqueça essa metafísica. A realidade é uma dádiva. Se você for atingido por um ônibus, toda a sua teoria voará pela janela. Você vai morrer como qualquer pessoa". Ser esmagado por um ônibus parece ser um desfecho convincente para o senso comum, mesmo porque o ônibus pode ser substituído por um carro, um trem, ou um muro. Mas o fisicalismo não explica, para início de conversa, por que o ônibus, o trem ou o muro são rígidos, uma vez que 99,9999 por cento de toda matéria é formada por espaços vazios. A resposta-padrão, de que a rigidez resulta da oposição de cargas eletromagnéticas, é como mostrar a fórmula química da sucralose para explicar por que o açúcar é doce.

Em segundo lugar, os qualia não são flutuantes e temporários. Qualidades como a umidade da água e a rigidez de uma parede de tijolos estão incorporadas. Formam estruturas que são tão reais quanto a fórmula da sucralose. A grande vantagem é que a doçura é uma experiência real, enquanto a fórmula da sucralose é apenas o mapa de uma experiência, mas não se pode ir do mapa para a vida real.

Um universo consciente envolve a mudança, a não mudança e o estado de mudança potencial. Esta é outra razão, e uma das mais importantes, pela qual o cosmos se sente humanizado quando nos abrimos para essa possibilidade. Como vimos, existem percepções que podemos mudar, que não podemos mudar e outras que ficam no campo das possibilidades. Essas percepções constituem o mundo criado pelos blocos de qualia. O fato de que um corpo humano será esmagado por um ônibus pertence a uma configuração que é imutável. Mas não diz como foi criada essa configuração.

Se soubéssemos como essa configuração foi criada – e continua sendo –, descobriríamos o segredo da evolução da realidade. Nossos ancestrais, que viviam em cavernas, tinham desenvolvido um cérebro superior (o córtex cerebral), que não era muito diferente do córtex cerebral de alguém como Einstein ou Mozart. Mas em uma sociedade de caçadores não havia necessidade de Einsteins e Mozarts. Eles não serviriam a nenhum propósito de sobrevivência. Pelo contrário, por razões que ainda são um mistério, a mente cósmica moldou uma máquina cerebral capaz de infinitas adaptações. Enquanto os primeiros *Homo sapiens* se preocupavam em construir pontas de flecha feitas de pedra e costurar o couro com os tendões dos animais, o cérebro superior já estava equipado para o futuro, para as sonatas de Mozart e a mecânica quântica.

Então, quem sabe se o nosso cérebro já não estará equipado para o que virá daqui a milhares ou dezenas de milhares de anos? É um milagre que a evolução possa enxergar tão longe assim. Porque não há dúvida de que outros primatas superiores, como o chimpanzé, também criaram ferramentas primitivas e, em algum momento ao longo do caminho, deram de cara com um muro evolucionário. A possibilidade de um chimpanzé desenvolver suas habilidades atuais é bastante limitada. A nossa não é. A história humana é repleta de atos horríveis e desconhecidos de guerra e violência, e ainda assim nosso cérebro está pronto para a meditação budista, o pacifismo *quaker*, o êxtase musical.

Em suma, o Universo Humano depende de enxergar além das nossas atuais habilidades, onde nos sentimos presos em nosso mundo físico, encurralados por suas regras. A mente cósmica não vem conosco. Uma poderosa força evolucionária impulsionou o córtex humano até um ponto sem precedentes, a uma velocidade inacreditável. O surgimento de um cérebro superior levou de 30.000 a 40.000 anos, o equivalente a uma pequena piscadela na tela do tempo evolucionário. Para saber aonde chegará a onda evolucionária, basta explorar uma das mais incríveis características humanas, que não é compartilhada, até onde se sabe, com nenhum outro ser vivo. Temos consciência de que somos conscientes. O próximo horizonte, ao que parece, está dentro de nós, e, se quisermos dar o próximo passo em nossa evolução, o único mapa que temos é aquele criado por nós mesmos, em nossa própria consciência.

# DE ONDE REALMENTE VIEMOS

Nossa conexão com a mente cósmica faz parte do nosso sistema nervoso. Nascemos para enxergar a luz e ouvir sons, habilidades que também são atribuídas ao nosso sistema nervoso. Áreas específicas são acionadas quando a música faz vibrar o tímpano e faíscas saltam na retina. Mas a mente cósmica não ocupa um lugar específico no cérebro. Como saber se a conexão cósmica é real ou se faz alguma coisa por nós? Os céticos argumentariam que a vida de milhões de pessoas é acometida por miséria, pobreza e violência. Até os mais privilegiados sofrem acidentes e tragédias ao longo da vida. Então se questionaria de que vale a conexão cósmica se ela não pode aliviar as dificuldades da existência diária.

Para responder, teremos que examinar mais profundamente a configuração da mente, tanto a individual quanto a cósmica. Já dissemos que algumas coisas são passíveis de mudança, enquanto outras não, e que uma terceira categoria refere-se ao que pode ou não ser mudado. Para sociedades fatalistas como a cristã europeia medieval, Deus era tão poderoso que o indivíduo tinha pouca chance de melhorar a sua cota de vida. Na era atual, tudo o que vemos são aspirações. As pessoas não só querem melhorar, mas também buscam a transformação total, e é só por isso que a ideia de um universo consciente vem ganhando terreno com tanta força hoje em dia – um universo criado para promover a expansão da consciência pessoal. E é só nessa base que podemos falar em mudanças e em como realizá-las.

Vamos pensar no mundo que conhecemos bem – a família, os amigos, o trabalho, o lazer e outros – como um sistema fechado. No interior desse sistema todas as partes se encaixam e se movimentam, dando pouco espaço para pensar que lá fora existe uma realidade maior. Se não tivermos consciência dessa realidade, nosso potencial de mudança fica limitado pelo que nosso mundo nos permite. Não podemos mudar o que não conhecemos. Entretanto, o universo consciente talvez não exista por não ter nenhum efeito no nosso cotidiano. O ceticismo seria uma resposta normal, até natural, caso alguém nos diga que estamos conectados o tempo todo a uma mente cósmica.

Consideremos agora o extremo oposto, uma existência marcada pela desvinculação total das coisas mundanas. Quem alcança tal distanciamento – talvez um iogue ou um monge zen-budista – não está interessado em como funcionam os eventos. Bom e mau, dor e prazer deixaram de gerar respostas como desejar mais aquilo que é bom e repudiar o mau, ou simplesmente preferir prazer à dor. O sistema nervoso humano é infinitamente flexível, e qualquer um gostaria de viver assim, nesse entorpecimento puro, pacífico, como se a mente não existisse. Então estaríamos livres de todos os sistemas, mas a custo de quê? Renunciaríamos à maioria das coisas que as pessoas comuns desejam apaixonadamente, porque nesse distanciamento nada tem importância; ganhar ou perder dá no mesmo. Por mais espiritual que possa parecer, renunciar ao mundo pode significar tanto divorciar-se da mente cósmica quanto levar uma vida mundana.

O que nos leva à terceira opção, quando algumas mudanças são possíveis e outras não. É o que chamaremos de escolha evolutiva, porque a vida é voltada para a busca de mais consciência e frutos dessa consciência, que são o amor, a verdade, a beleza e a criatividade. Mas, ao mesmo tempo, preferimos optar pelo distanciamento pacífico, centrado, que permeia tudo na vida. Esta terceira opção, mudar em meio à não mudança, é a que favorecemos, por fazer pleno uso da conexão com a mente cósmica.

Por um lado, o dinamismo e a mudança são imensos; por outro, a realidade da consciência pura é a fonte silenciosa de onde brota toda a criação.

Quando compreendemos todas as opções, fica claro que os termos *objetivo* e *subjetivo* não se aplicam mais. A vida exterior e a vida interior movimentam-se em harmonia. A atividade diária continua sendo individual – somos uma pessoa específica que acorda, liga o carro e vai trabalhar –, mas a consciência criadora dessa realidade é universal. Mas, por incrível que pareça, ainda precisamos provar que a conexão com a mente cósmica é real, que ela funciona e melhora muito a vida de quem vivia sem ela. Compreender que viemos da esfera da consciência pura, e não apenas do útero da nossa mãe, pode causar uma verdadeira transformação, do tipo que muitas pessoas buscam e desejam tanto realizar.

## A "minha mente" ou a mente cósmica?

Abstrações são sempre um perigo, porque pode parecer, mesmo a esta altura deste livro, que a mente cósmica é um conceito abstrato demais para ser real e prático. Digamos que estamos planejando nossas férias e não conseguimos nos decidir se vamos para as montanhas ou à praia. Pesquisando os hotéis, encontramos uma boa oferta em Miami Beach, e a decisão é tomada. Será que todo esse processo teria acontecido na mente cósmica? Estamos acostumados a frases como "Eu decidi que..." e "Na minha opinião..." Ambas implicam que cada um tem sua mente própria, portanto são as "minhas" férias, a "minha" escolha de hotéis e a "minha" decisão de ir à praia.

Mas é a própria ilusão que separa de nós a realidade "lá fora". Nessa configuração dualista, "minha" mente é diferente da mente cósmica. Para início de conversa, ela é muito menor e sua perspectiva limita-se às experiências que temos desde que nascemos.

Porém, se abandonarmos a ilusão da separação, não teremos necessidade de escolher isto ou aquilo. A mente *sente-se* pessoal e, ao mesmo tempo, *é* cósmica.

Imaginemos que somos um elétron circulando no vácuo quântico. Por sermos partículas solitárias, nos sentimos como "eu", um indivíduo. Mas na realidade somos uma atividade do campo quântico, disfarçados de onda e não de partícula, e existimos em toda parte. Em nosso dia a dia, nos acostumamos a nos sentir como um indivíduo, mas, olhando de longe, cada pessoa é parte da atividade do universo. O que vale para um elétron vale para as estruturas constituídas de elétrons (e outras partículas elementares), como o corpo humano.

Quando se vive separado, ignorando o eu holístico, a vida parece um pão que já vem fatiado. A necessidade de dividir e subdividir permitiu à ciência afirmar, falsamente, que a objetividade e a subjetividade são muito diferentes, e que a objetividade é superior. Mas a era quântica aboliu essa divisão e a realidade tomou uma nova direção – o que já foi discutido nos capítulos anteriores.

Será que alguma vez a realidade já foi vista diretamente, por inteiro, sem divisões ou separações? Isso mais parece uma busca espiritual, que em outras épocas era uma união com Deus, o *atman*, o *satori*. O desejo de comungar com o espírito e ao mesmo tempo fugir do sofrimento terreno é o que motiva a busca por transcender essa separação. Agora a necessidade é outra, muito mais focada na consciência superior e na realização do próprio potencial. Entretanto, é importante encontrar uma nova motivação, como saber de onde viemos, porque só o conhecimento nos garante que a mente cósmica é a nossa fonte. Tendo certeza disso, nascimento e morte serão vistos sob uma luz diferente, como um aspecto da eternidade.

Como a visão holística parece ser literalmente impossível, não é fácil abandonar o hábito de fatiar a realidade em pedaços administráveis. É o que a experiência diária nos sugere. Por que, então, olhamos o corpo humano por inteiro, e não como células, tecidos e órgãos? E por que olhamos o cosmos além de espaço, tempo, matéria e energia? Não devemos exagerar as dificuldades de ser uma pessoa coesa. No dia a dia, não sentimos o corpo como células, tecidos e órgãos, mas em seus diferentes *estados*. Estar desperto é um estado diferente de dormir e sonhar. Sentir-se adoentado é um estado diferente de sentir-se bem. Como já vimos, a mecânica quântica funciona de modo similar. A onda é apenas um estado diferente de uma partícula.

Da mesma maneira, mente e corpo são tão diferentes um do outro porque é assim que estamos acostumados a pensar, mas, na verdade, mente e matéria são diferentes estados de uma mesma coisa: o campo da consciência. Podemos acompanhá-las quando uma se transforma na outra no interior do cérebro, onde os eventos mentais provocam reações químicas num movimento contínuo. E, assim como uma colisão na estrada nos faz sentir medo, esse evento mental se traduz em moléculas de adrenalina, que, por sua vez, se traduzem em alterações físicas como boca seca, coração acelerado e rigidez muscular. Quando percebemos essas mudanças, estamos de volta à esfera da mente. Analogamente, todos os diferentes sinais percorrem um caminho de transformação do físico para o mental, sem ponto final definido. A transformação é a própria vida.

O que acontece no nosso corpo também acontece no universo, onde os eventos pertencem à constante transformação da consciência em mente ou em matéria. Mas isso não nos diz nada até sabermos o que é a consciência. Se "minha" mente, "meu" corpo, os bilhões de galáxias do espaço sideral e a mente cósmica se resumem em estados da consciência, cabe a nós definir, de uma vez por todas, o que é de fato a consciência. Caso contrário, estaremos apenas fingindo que *queijo* e *queixo* são a mesma coisa, quando é óbvio que não são.

Em primeiro lugar, a consciência tem muitos estados, então pode parecer que ela não seja algo uno, apesar de ser. Se sonhamos com uma praia na Jamaica, podemos estar experimentando um sonho lúcido, em que os cinco sentidos estão envolvidos. Sentimos o calor da areia sob nossos pés e o perfume de plantas tropicais na brisa do mar. Mas, quando acordamos desse sonho, reconhecemos que só nos achávamos em um estado especial.

*Reconhecer o estado em que nos encontramos é a chave para a totalidade.* Imaginemos dois pilotos de carros esportivos. O carro de um deles tem cinco marchas, e ele sabe trocar as marchas com habilidade. O segundo piloto tem cinco carros, cada um equipado com uma marcha. Para este, dirigir não é algo holístico nem unificado, porque depende do carro ele vai dirigir, e cada um deles está restrito a apenas uma marcha.

O desafio é seguir o nosso caminho pelo cosmos onde cada marcha (espaço, tempo, matéria e energia, e mais outras propriedades físicas, como carga elétrica, campo magnético etc.) é intercambiável. Tudo se dissolveria em um caldo quântico se não houvesse um organizador, cuja óptica precisa incluir todas as coisas, e a mente cósmica cumpre justamente essa função. Tempo, espaço, matéria e energia são controlados na mesma caixa de câmbio, e o piloto (a consciência) escolhe em que estado quer estar. A realidade consiste em mudar, intercambiar os estados que emanam de uma mesma fonte, a consciência.

## Entregando ao universo uma ordem de despejo

É agradável pensar que estamos em um universo vivo. Por definição, se o cosmos tem uma mente, ele só pode estar vivo. Mas se dissermos que o universo é consciente, é um universo vivo ou (como temos feito) um Universo Humano, os problemas aumentam. Um problema é de ordem prática: como se vive em um universo vivo? Faríamos compras no mercado, iríamos a festas de aniversário, bateríamos papo em volta do bebedouro de alguma maneira diferente do que já fazemos? A resposta é sim. Um universo consciente vem da transformação do universo incerto que agora ocupamos, e a transformação é tão profunda que todo comportamento passa a ser questionado. Como explicou Peter Wilberg, um dos mais astutos e inteligentes teóricos do qualia, nós não enxergamos porque temos olhos. Os olhos são órgãos físicos que evoluíram para realizar o desejo da mente de enxergar. A mente vem primeiro. Ela abarca a realidade da experiência através de qualia, que abrange os cinco sentidos e as sensações, imagens, sentimentos e pensamentos.

O renascimento espiritual prometido pelos santos, sábios e místicos depende de uma nova realidade, melhor dizendo, de um novo universo. Ou, então, de uma nova maneira de enxergar o universo que já existe. Esses sonhos de renovação vão de encontro a um grande bloqueio quando nos aproximamos da realidade como um todo. *A mente é limitada e não consegue ir além.* Não consegue pensar qual é o caminho para a sua renovação, imaginar, sentir, ver ou tocar como seria essa transformação. O elo que une o universo incerto à mente criadora é forte como o aço. Em outras palavras, se a mente cair na armadilha das suas próprias percepções, como essa mesma mente pode se libertar? Parece que, aqui, novamente a cobra morde a própria cauda.

Vamos apresentar, então, um novo termo que será bastante útil: *monismo*. Derivado do grego *monos* – que significa um, singular, solitário –, o monismo é a alternativa para o dualismo. A unidade é o atributo básico da realidade, não a separação. Para algumas formas de monismo o universo se constitui de uma única substância apenas. Os fisicalistas, que acreditam que tudo se origina de uma fonte material, compõem uma das escolas monísticas. A busca de Einstein pelo campo unificado, o Santo Graal da ciência, é uma forma de monismo. A escola rival, que acredita que tudo vem da mente, é chamada de idealismo, mas esse termo perdeu tanto a credibilidade que preferimos falar em *consciência*.

Imaginemos que não podemos votar nas próximas eleições até declarar a qual linha de monismo pertencemos, ao fisicalismo ou à consciência (à qual agregamos as noções de "priorizar a mente" e "priorizar a matéria"). Como escolher? A mente de cada um de nós é irremediavelmente condicionada, enviesada por todas as escolhas antigas que fizemos desde as primeiras horas da infância e que acabaram se tornando autocentradas. No desenvolvimento das crianças há uma necessidade de dizer "tenho que ser eu"; em outras palavras, ser um indivíduo livre. Mas a projeção dessa necessidade no cosmos faz com que o dualismo saia do controle. Transforma a utilidade de um eu separado, individual, em uma lei da natureza, o que não é.

Na vida diária, o dualismo cai em categorias que todos nós conhecemos:

- O que gostamos *versus* o que não gostamos.
- O que dá prazer *versus* o que causa dor.
- O que queremos fazer *versus* o que não queremos fazer.
- Pessoas de que gostamos *versus* pessoas de que não gostamos.

Em resumo, vemos um mundo construído pela escolha entre isto/ou aquilo, por oposições. O oposto do *antes* é *depois*, de *perto* é *longe*, de *aqui* é *lá*. Mas esses pares de opostos não são reais. São mentais. Se quisermos chegar ao real, todo esse conteúdo da mente terá que ser descartado. Num nível mais banal, se julgamos uma pessoa pela cor da pele, não saberemos quem ela realmente é até que o conceito cor da pele deixe de interferir no caso. Pode levar ainda um bom tempo para se abandonar esse tipo de sintoma dual; imagine, então, como será difícil livrar-se do dualismo completamente. O processo vai muito além dos valores pessoais; em essência, significa entregar ao universo uma ordem de despejo. Porque a partícula subatômica não tem propriedades fixas e muito menos as coisas que são constituídas dessas partículas. Se levarmos isso mais adiante, todos os objetos físicos terão que ser despejados, dos quarks às galáxias.

Como os objetos não existem fora do espaço quando são despachados, o próprio espaço tem que pegar a estrada, mas, como ele tem uma relação relativista com o tempo, segundo Einstein, o tempo também não pode ficar parado. A física atual, pelo menos em alguns setores, só chegou até aqui. A visão segundo a qual matéria, energia, outras quantidades físicas, tempo e espaço não possuem realidade fixa absoluta pode ser classificada como um dualismo "fraco" porque, por mais heroico que possa parecer se desapegar do universo material, ainda não chegamos à totalidade. Quando a mente se dá conta de que o universo material é feito de mente, não há muitos motivos para que ela confie em si mesma. Alguns cientistas consideram a habilidade da mente de criar qualia e concluem, erroneamente, que nada tem importância e que o cosmos é irrelevante.

Essa perda de confiança pode até ser produtiva se motivar o próximo estágio da jornada para a totalidade. Para deixar de acreditar nas ilusões, a mente condicionada também recebe uma ordem de despejo, desta vez *de si mesma*! Só então a mente cósmica pode entrar como substituta. É mais ou menos como um cardiologista transplantar um coração em si mesmo, só que mais complexo. Rupert Spira, um excelente mestre espiritual, diz que transcender a mente é aceitar que algumas coisas não são eventos mentais. A morte é só um exemplo. Spira argumenta que a mente adoraria sobreviver à morte só para poder voltar e contar como foi essa experiência.

Em sua natureza a mente não é, de modo algum, uma atividade, mas algo mais. Assim como um lago não se define pelas ondas que se formam em sua superfície, a mente não é a atividade de pensar, sentir, emocionar-se e imaginar. O lago é um corpo de água tranquilo; a mente é a conscientização sem ondas. Ela é o plano de fundo imutável de tudo o que vem e vai. Não há mais que se prender em eventos mentais, e com o tempo a mente silenciosa transforma-se no próprio lar, um lugar de repouso ao qual pertencemos verdadeiramente. A boa notícia é que a mente não morre com essa ausência de eventos mentais. Mas faz exatamente o que sempre se esperou que fizesse: mudar de estado. Nesse caso, é a mudança dos constantes pensamentos, desejos, expectativas e lembranças (ou seja, a experiência da separação) para um estado que é simplesmente consciente, alerta e desperto (ou seja, a experiência da totalidade). Quem escolhe fazer essa mudança somos nós. Por ser infinitamente flexível, a realidade permite que a experiência da separação e a experiência da totalidade sejam ambas convincentes. Mas os dois estados com certeza são diferentes. Eis alguns exemplos de como a separação é sentida.

## Como sentimos a separação

- Nós nos sentimos como um indivíduo isolado.
- Ouvimos e localizamos o ego e suas demandas, "eu, mim e meu", à frente do ego e das demandas das outras pessoas.
- Somos impotentes perante as poderosas forças naturais.
- A sobrevivência básica requer trabalho, luta e preocupação.
- Queremos nos unir ao outro para resolver a solidão.
- O ciclo constante de prazer e dor é interminável.
- Somos presas fáceis de estados mentais que estão além do nosso controle, como depressão, ansiedade, hostilidade e inveja.
- O mundo externo domina o mundo interno – a difícil realidade é inevitável.

Se perguntarmos a outras pessoas se estamos no mesmo estado de separação, veremos que sim. Estando todos na mesma situação, nós a aceitamos como realidade. O que surpreende nessa lista não é o tanto de sofrimento que ela apresenta, embora seja mais do que suficiente. A surpresa é a vinculação de toda a lista com o comportamento do universo. Como vários pioneiros do fenômeno quântico afirmaram, o universo tem tudo o que o experimentador está buscando.

Em contraste, veja como nos sentimos depois que a ilusão da separação desaparece.

## Como é ser real

- Não estamos no universo. O universo está em nós.
- "Aqui dentro" e "lá fora" são reflexos um do outro.
- A consciência é constante e está presente em toda parte. É a única realidade.
- Todas as atividades isoladas do universo são uma só atividade.
- A realidade não está apenas sintonizada; está perfeitamente sintonizada.
- Nosso objetivo é nos alinharmos com a criatividade do cosmos.
- A próxima coisa que tivermos vontade de fazer é a melhor que podemos fazer.
- A existência é livre, aberta e não tem obstáculos.
- Mente e ego continuam existindo, mas tiram mais folgas.
- Sabendo quem somos, podemos explorar possibilidades desconhecidas.

É provável que o primeiro ponto, "O universo está em nós", seja o mais chocante. Por ser uma declaração afirmativa do fato físico, beira o absurdo, uma vez que bilhões de galáxias não podem estar confinadas no interior do ser humano. Onde elas ficariam? Dentro do crânio? Claro que não. Mas "o universo está em nós" acontece no final de uma jornada; não é uma ideia isolada. Ao longo da jornada vimos que toda experiência ocorre como qualia – em outras palavras, são qualidades como cores, gostos e sons. E, como os qualia acontecem na consciência, eles não estão limitados por dimensões físicas. Ninguém diz "Azul é uma cor muito maior para mim do que para você", ou "Guardo meu vocabulário em um cofre em Los Angeles porque sempre vou para lá".

Porque os qualia não têm dimensões – não são curtos nem longos, rápidos nem lentos e outras coisas –, é bem possível que, no espaço mental, um vírus ocupe o mesmo espaço que bilhões de galáxias. O azul não tem lugar específico senão na consciência. Podemos nos lembrar ou nos esquecer dele. O mesmo acontece com o vocabulário. Podemos evocar a palavra *girafa* e ao mesmo tempo deixar que o resto do vocabulário continue existindo no espaço mental, que está em toda parte o tempo todo. O cérebro é feito de qualia. É rígido como um grão de aveia, contém lagos em miniatura e exala várias secreções. Todos esses qualia ocupam o mesmo espaço do vírus e do bilhão de galáxias. Todos eles estão na consciência. O que nos acostumamos a chamar de "espaço sideral" é também outro qualia. Alguém poderia protestar: "Alto lá, meu cérebro está dentro do meu crânio, e não há o que discutir". Mas pensemos no rosto da pessoa amada. O cérebro produz uma imagem que não está em seus tecidos – não importa quanto procuremos, não vamos encontrar imagem alguma no cérebro.

Então, só pode ser verdade que o cérebro tem uma única função: permitir o acesso ao "espaço" mental em que residem os conceitos, as experiências, as imagens e todos os qualia. Um rádio dá acesso a centenas de sinfonias sem que ninguém tenha que quebrá-lo para ver os músicos tocando lá dentro. Mas os neurocientistas acham difícil parar de fazer a mesma coisa. Eles querem que o cérebro seja o lugar onde está a consciência, quando, na verdade, ele é apenas a *porta* que se abre para a consciência. Por que a consciência precisa dessa porta? Pelo mesmo motivo que nos faz ficar machucados, ou até morrer, ao sermos atropelados por um ônibus. A consciência tem a habilidade inata de criar coisas, eventos, experiências. É seu comportamento natural. Max Planck já sabia disso quando disse: "Considero a consciência fundamental. Não podemos deixá-la para trás", algo que já citamos várias vezes. A realidade não tem que dar explicação de como se comporta, porque não responde a ninguém senão a si mesma.

## A mente como criadora

Daqui, partiremos para um novo estágio da jornada, em que a mente percebe claramente que é a autora da nossa realidade pessoal, como sempre tem sido. Isso não é, em si, um *insight* tão profundo. Quem já se apaixonou acabou descobrindo, depois de alguns meses, que o bem-amado é uma pessoa como outra qualquer, conhece o poder da realidade criada pela mente. Um *insight* real é ver que a mente não usa tijolos nem reboco, nem matérias mais finas como energia, tempo e espaço, mas usa apenas conceitos. O conceito de "eu", o si mesmo. No instante em que a mente pensa "eu", que é a raiz de toda separação, o universo inteiro se alinha na forma de um mundo separado do "eu".

Tudo seria vazio e chato se o "eu" enxergasse através da ilusão. Então, para que a separação continue, o "eu" traz em si um número imenso de experiências. Para muitos, a ciência é a prova de que a ilusão "funciona". São pessoas que estão tão certas sobre a lua e as estrelas quanto sobre qualquer outra coisa na existência. Foi preciso ter muita imaginação, habilidade e engenhosidade para mandar ao espaço o telescópio Hubble, a fim de investigar o universo "lá fora" muito além do que se conhecia até então. É um progresso e tanto da ilusão, que tanto já se esforçou para ver estrelas a olho nu. Mas enxergar melhor a ilusão não a torna real. Pela mesma lógica, se eu sonhar que o Sol está brilhando, será que o sonho se tornará mais real se dois, uma dúzia, milhares ou milhões de sóis brilharem?

Ao constatar que constrói a realidade a partir do nada, a mente faz uma pausa para maravilhar-se com o estado de separação e com quanto ele é convincente. É o que queremos dizer quando afirmamos que a realidade é infinitamente flexível, ao permitir que a separação floresça enquanto for convincente. Podemos passar a vida inteira procurando por novas espécies de orquídeas, uma culinária mais requintada, pessoas mais belas – o qualia que desejarmos. Como toda experiência consiste em qualia, podemos até dizer: "Relaxe, isso é tudo o que temos". Sinceramente, é triste ver através da ilusão. Quando nos damos conta de que as orquídeas, a culinária e a pessoa bonita são criações mentais, dá uma sensação de vazio, uma tristeza – temporária.

A mente então decide que deve existir um mundo melhor em algum lugar, e esse novo desafio põe em xeque a sensação de tristeza. Como o pintor que joga no lixo a sua paleta, a mente se livra de conceitos imaginários. Essa é uma decisão ousada, pois o próprio universo é um conceito substancial. Mas *qualquer* conceito cria um estado de separação. Só a realidade está isenta. Ela não é um produto da mente; a realidade é impensável.

Perceber esse fato, ou seja, vivenciá-lo pessoalmente e não só como uma ideia conveniente, cria uma grande pausa. Você então se dá conta: *"Nunca vou entender de fato o que é real. Está além da minha mente, dos meus sentidos, da minha imaginação"*. E agora? A grande pausa não precisa ser espiritual, embora tenha sido para Gautama sentado à sombra da figueira sagrada, ou para Jesus em sua crucificação, quando dizem "Isso acabou". A grande pausa também pode estar nas palavras de um cientista, como Heisenberg e Schrödinger, que de repente enxergam, com muita clareza, que existe apenas uma realidade, não duas. Não há interior e exterior, eu e você, mente e matéria, cada metade guardando zelosamente seu próprio território. Essa constatação é a pausa; é a mente que para de conceber a realidade para começar a *vivê-la*.

## Duelo entre monistas

Os argumentos em favor de um universo consciente circulam há mais de dez anos entre os cosmólogos e suas conferências. Mas nunca se leu uma manchete como "O Universo Virou de Pernas para o Ar". O número de teóricos que começaram como fisicalistas e, de repente, se deram conta de que tudo é consciência não é nulo, mas também não está muito longe disso. Nos filmes de terror o herói faz tudo certo – atira no vampiro com uma bala de prata, enfia uma cruz no peito de Drácula ou o expõe à luz do sol – e mesmo assim as criaturas retornam. O fisicalismo volta sempre, na maior parte das vezes, por um hábito mental que discutimos lá no início: o realismo ingênuo. "Se você é atropelado por um ônibus, morre" refuta qualquer objeção. E fim da história.

Pode-se dizer que uma refutação mais sofisticada é "o caso do duelo monista". Os defensores propõem que a realidade é uma coisa só, e que essa única coisa é física, não mental. E por aí prossegue a discussão.

*O físico monista:* "Vocês insistem que o universo é criado pela mente. Pelo monismo de vocês, a mente se transforma em matéria, mas não explicam como isso acontece. Vocês dizem que o cérebro não é a casa da mente, mas se cortarmos a cabeça da pessoa não vai sobrar mente alguma. Então, esse modelo de consciência só serve para quem acredita nele.

"Mas, vejam só, nós também temos um monismo. No nosso monismo há um processo por trás de tudo e ele pode ser medido. Encaixa-se perfeitamente nas previsões matemáticas. Se fizermos uma imagem de *scanner* do cérebro, vamos observar a mente trabalhando. Nosso monismo é tão consistente quanto o de vocês, e há um monte de evidências que o sustentam."

Já lemos dezenas de formas diferentes sobre como contestar esse argumento, mas é claro que apenas contestar não adianta nada. A tecnologia é o ás na manga da ciência, e existe sempre a ameaça implícita de que, se desistirmos da abordagem fisicalista, o mundo regredirá a tempos primitivos. A tecnologia estagnará nas mãos dos místicos e dos filósofos. As pessoas adoram seus *smartphones* e televisões de tela plana, toda a tecnologia criada pela corrente fisicalista. Quem arriscaria perder tudo isso? Não se trata de uma ameaça velada. Em várias entrevistas, o popular cientista planetário Neil deGrasse Tyson avisa que a filosofia é totalmente inútil se comparada à ciência. Dois exemplos:

- "Minha preocupação é que os filósofos acreditam piamente que estão fazendo perguntas profundas sobre a natureza. E perguntam aos cientistas: 'O que vocês pretendem? Por que se preocupam tanto com o significado do significado?'"
- "Não se perca com perguntas que acha importantes só por tê-las ouvido na aula de filosofia. O cientista diz: 'Há todo um mundo desconhecido lá fora. Eu estou indo e deixando você para trás. E você não consegue nem atravessar a rua porque está distraído com aquelas perguntas certamente profundas'."

A confiança por trás desses argumentos ignora o fato de que as perguntas profundas que deGrasse Tyson tanto despreza foram levantadas por grandes fisicalistas quânticos do último século. Deixemos isso de lado e tomemos um rumo diferente, vamos mostrar que a consciência oferece uma vida melhor que a tecnologia. Ela abre a possibilidade de um futuro em que o planeta poderá ser salvo da destruição potencial. Coloca o indivíduo no lugar onde as escolhas mudam a realidade pessoal. Ao mesmo tempo, "todo um mundo desconhecido" será abastecido por respostas que só a consciência é capaz de fornecer. Se concluirmos tudo isso em nosso último capítulo, o duelo dos monistas estará terminado. E, quando realmente estiver, todo mundo ainda poderá manter seus *smartphones*.

# SEM RISCO NENHUM

Endeusar heróis não nos leva muito longe. A primeira geração dos pioneiros quânticos é vista como a Grande Geração, não de guerreiros, mas de profetas. Em vez de invadir as praias da Normandia, eles desembarcaram nas praias do tempo e do espaço e, por fim, invadiram as terras da realidade. Mas, como replicou um professor de física do California Institute of Technology, ao ouvir o nome de Einstein sendo reverenciado, "Hoje em dia, qualquer aluno de graduação da Caltech tem mais conhecimento que Einstein". Uma grande quantidade dos atuais fisicalistas concordaria. Einstein, Heisenberg, Bohr, Pauli e Schrödinger estariam comendo a nossa poeira de tanto que suas ideias ficaram para trás.

Nenhum dos pioneiros quânticos tinha conhecimento, por exemplo, do big bang, e esse fato não pode ser contornado, não importa quanto os admiremos. O cosmos se comporta hoje exatamente como se comportava no big bang, ocorrido 13,7 bilhões de anos atrás, e, até que se comporte de outra maneira, a hipótese do big bang continuará reinando no alto da montanha.

Um universo consciente tornará o big bang um conceito incidental. O novo rei da montanha será qualia, as qualidades criadas na consciência. Uma vela acesa dissipa luz e calor, como fez o big bang. Mas sem a experiência humana de luz e calor a criação como a conhecemos não existiria. (Veja como são impressionantes a energia e a matéria "escuras". Ainda não encontramos os qualia que correspondem a elas.) É por isso que eles vêm em primeiro lugar e até um evento gigantesco como o big bang se torna secundário. O que mantém o universo físico intacto *é* qualia.

Se os qualia fossem uma parte inquestionável da nossa compreensão, a nossa vida diária passaria por uma revolução – que é exatamente o que defendemos –, ou as pessoas dariam de ombros e seguiriam vivendo como sempre viveram? O conceito de universo consciente só ganhará força se pudermos humanizá-lo. Caso contrário, o *status quo*, que é o universo incerto, permanecerá. Como conceito, o universo incerto provou ser um ambiente remoto, aleatório e hostil, onde os seres humanos só se encaixam como um acidente cósmico. Em vez de vencedores na roleta cósmica, seríamos como dodôs, aguardando pela extinção. Mas isso não quer dizer que o multiverso não precise de nós. Um trilhão de jogadas de dados trariam de volta um novo universo adequado à nossa espécie.

Nossa admiração pelos heróis foi justificada; dificilmente seremos os únicos a citar Planck, Einstein, Heisenberg, Bohr, Pauli, Schrödinger e outros como profetas modernos. Na verdade, é muito comum evocá-los quando se busca um respaldo científico para a consciência superior. O lado espiritual dos pioneiros quânticos, embora seja um constrangimento para a ciência atual, é um farol para aqueles que ainda buscam respostas. O problema é que os nossos heróis não se aprofundaram em seus formidáveis *insights* sobre a consciência. O trabalho deles contribuiu mais para criar um universo incerto do que qualquer outra coisa. Talvez não devesse ser de outra forma. Afinal, eles tentaram construir um novo jeito de estudar o cosmos físico, e não de vestir Deus com um novo manto.

Então, com a imagem dos heróis abalada, o que temos pela frente? Devemos terminar o trabalho que eles começaram, ou seja, temos que mostrar exatamente como o universo se comporta de maneira consciente. Trata-se de oferecer provas que sejam aceitas por todos, independentemente dos preconceitos que cada um possa ter. A ciência existe para apurar a verdade. Coalas e pandas se parecem com ursos, por exemplo, mas ambos são vegetarianos, coisa que os ursos não são, além de que nenhum dos dois vive no mesmo hábitat dos ursos. A questão não pode ser resolvida sem uma evidência incontestável. A dos coalas foi esclarecida primeiro, porque eles carregam as crias em uma bolsa, então não são ursos, são marsupiais como os cangurus. A questão dos pandas gigantes levou mais tempo para ser respondida, até que se provou geneticamente que eles realmente são ursos, mas de uma espécie muito antiga. (Os genes do panda-gigante são de um animal carnívoro, e não herbívoro, o que significa que ele extrai pouquíssima energia das folhas de bambu das quais se alimenta – tão pouca que sua atividade praticamente se resume a comer e dormir. Sequer sobra energia para os machos disputarem as fêmeas em época de acasalamento.)

Que tipo de evidência convenceria uma pessoa racional de que o universo é consciente? (Excluímos daqui os céticos mais radicais, que jamais aceitariam ser persuadidos.) Veremos a seguir um número razoável de comportamentos que farão melhor do que isso. Não indicarão apenas um universo consciente, mas um Universo Humano. Nesse universo, encontramos nosso verdadeiro lar e, ao mesmo tempo, nosso sonho ancestral de liberdade finalmente será realizado.

## Voltar ao ponto de partida não é um problema

Se algum grupo de biólogos afirmasse que os pandas são plantas e os coalas, insetos, eles não sairiam da estaca zero. Existem na cosmologia basicamente duas áreas, "priorizar a matéria" e "priorizar a mente", e ambas concordam em que o ponto de partida fica além do tempo-espaço, um território de puro potencial. Já abordamos essa questão. Einstein sugeriu que, se os objetos do espaço desaparecessem, não existiria tempo nem espaço. No piscar intermitente da existência, toda partícula subatômica entra no vácuo quântico, ou seja, ingressa em um território onde não há tempo nem espaço. O fato de que todo o cosmos trilha o mesmo caminho significa que a eternidade está bem ao nosso lado, como uma companheira constante.

As duas áreas também concordam em algo que soa bem básico e ao mesmo tempo inócuo, a existência. Claro que o universo existe e essa afirmação faz sentido, pois diz que, mesmo que a partícula penetre no vácuo quântico, a ausência de tempo e espaço não a destrói. De alguma maneira, ela continua existindo, mas na eternidade e em toda parte ao mesmo tempo. A aderência do vácuo quântico é tão poderosa que um quantum se comporta como onda, ele ainda consegue estar em toda parte ao mesmo tempo. Em suma, a existência não é uma tábula rasa. Ela esconde algo de valioso em seus recessos secretos. (Físicos que tenham um toque de misticismo reduzem o universo inteiro a uma única onda ou a uma única partícula: essa é a verdadeira partícula de Deus.)

Estando de acordo sobre voltar ao ponto de partida, o próximo passo é justamente aquele em que entra a argumentação. Será que o cosmos primordial foi forçado a existir, seja por forças físicas, seja por uma mente? Será que ter tijolos sem ninguém para assentá-los é suficiente? A título de ilustração, vamos imaginar, no lugar do universo, uma catedral. Estudar os materiais dos quais é feita a Catedral de Notre-Dame, como pedras, metais e vitrais, pode dar algumas pistas sobre os métodos de construção e os tempos históricos em que a catedral foi erguida; mas de jeito nenhum Notre-Dame é resultado da soma dessas partes. Ela foi criada por seres conscientes; tem uma presença que os objetos físicos "mortos" não explicam. Pedras, metais e vitrais são materiais arquitetônicos, mas não são a sua arte. Então, quando se trata de descrever Notre-Dame, as partes respondem pela quantidade de "coisas" das quais a catedral é feita; a arquitetura responde pelos qualia da construção, entre eles a beleza e a importância religiosa. Conseguir uma ponte entre a quantidade de coisas e os qualia nos leva ao segundo passo para a descoberta da verdadeira realidade do universo.

Precisamos de um construtor que seja para a ciência o que Deus é para a religião. O universo tem paredes infinitamente mais complexas do que uma catedral, e o único candidato a construtor que é capaz de erguê-las corretamente é a mente cósmica. A presença de consciência em Notre-Dame é inquestionável, embora seus arquitetos estejam mortos há muito tempo. Basta a inferência nos dizer que ali trabalhavam agentes conscientes. Da mesma maneira é possível inferir a presença da consciência no cosmos – não há necessidade de conhecer o arquiteto cósmico. É só observar como o universo se comporta: não como pedacinhos de matéria colidindo, mas como uma mente que faz tudo isso com um objetivo.

## O toque humano

Se alguém declarar que a consciência não tem lugar na explicação do funcionamento do universo, a mente humana cai em um limbo evolucionário. Isso é mesmo provável? Alguns fisicalistas aceitam com relutância que o cosmos tenha um comportamento semelhante ao da mente, e, para não chamá-lo de consciente, o chamam de radioativo. Acreditam que, logo após o big bang, grande parte da criação foi destruída quando matéria e antimatéria se aniquilaram mutuamente. Mas um leve desequilíbrio em favor de certas constantes permitiu que o universo existisse, o que implicaria um acordo de paz entre matéria e antimatéria, antes que desaparecessem por completo. Essa reconciliação é conhecida hoje como complementaridade, em seu termo técnico. Por exemplo, quando duas partículas estão entrelaçadas, como diz a física, elas exibem características idênticas, como giro e carga, mesmo estando separadas por bilhões de anos-luz. É isso que as torna complementares. Qualquer mudança em uma partícula se reflete instantaneamente na outra. Isso implica que a complementaridade é mais fundamental que a relatividade, que leva a velocidade da luz a um limite absoluto. A comunicação instantânea não é permitida. E ainda assim ocorre a não localidade. Isso significa que o entrelaçamento é mais fundamental que as quatro forças básicas da natureza, interligadas por regras que também têm como limite a velocidade da luz.

É fascinante imaginar que partículas separadas por bilhões de anos-luz possam "conversar" entre si e, ainda, que o mesmo mistério exista tão perto de nós. É exigido o mesmo esforço coordenado dos neurônios espalhados aqui e acolá, no interior do cérebro, para que sejam produzidas as imagens tridimensionais que chamamos de mundo físico. A coordenação é instantânea, tal como acontece com as partículas elementares. O esquema funciona como um todo. Num estúdio de filmagem, o diretor pede luz, fotografia, som e ação. Cada um deles é uma estrutura independente e coordená-las leva tempo. Mas, quando se trata do mundo, a mente não diz: "As luzes estão acesas. Onde está o som? Alguém pode ligar o som, por favor?" Em vez disso, há uma coordenação instantânea de todos os elementos necessários para produzir o filme da vida.

Isso implica que a complementaridade não é uma propriedade das partículas ou da matéria em geral. É uma propriedade da consciência; é, na verdade, uma das maneiras mais fundamentais que a consciência tem de manifestar o universo. O que corrobora com muita força o campo "priorizar a mente". Mas, se continuarmos reunindo mais evidências de um universo consciente, isso bastaria para justificar um Universo Humano? Estaríamos de fato bem posicionados diante do leme da criação ou seríamos abelhas operárias que obedecem ao comando da consciência cósmica? Essa é uma pergunta retórica, já que a única consciência que conhecemos ou podemos conhecer é humana. Todas as leis da natureza são conhecidas através do sistema nervoso de cada um. Somos a medida da criação, não por decreto divino, mas graças à complementaridade, que encaixa cada aspecto da natureza em um esquema perfeitamente adequado para a nossa existência.

Todas as demais alternativas nos mantêm presos dentro das fronteiras criadas pela mente. E elas têm suas armadilhas. Por exemplo:

- Se percebemos nossa existência como resultado de uma vitória acidental no cassino do multiverso, ela dependerá de chances aleatórias.
- Se nos percebermos como produtos de forças físicas, não seremos mais que robôs feitos de compostos orgânicos.
- Se estivermos convencidos de que evoluímos graças à sobrevivência dos mais fortes, seremos apenas o mais bestial dos animais.
- Se nos virmos como um complexo constructo de informação, seremos apenas um feixe de números compactados.

## A realidade pode nos libertar?

Essencialmente, a história da espécie humana é a história da expansão da consciência. Assim tem sido há milênios e essa busca está longe de terminar. Ao menos vamos poder responder aos nove mistérios cósmicos apresentados no início deste livro.

**Mistério nº 1:** O que existiu antes do big bang?
**Resposta:** Um estado de consciência pré-criada, que não tem dimensão. Nesse estado, a consciência é puro potencial. Toda possibilidade existe em forma de semente. As sementes não são feitas de nada que possa ser medido empiricamente. Entretanto, dizer que não havia nada antes do big bang é tão correto quanto dizer que existia tudo.

**Mistério nº 2:** Por que o universo é tão perfeitamente coeso?

**Resposta:** Não é, porque ser "coeso" significa que partes isoladas têm que se ajustar cuidadosamente entre si. O universo é um todo indivisível. Suas partes, quando falamos de átomos, galáxias ou forças como a gravidade, são apenas qualia – as qualidades da consciência. Todos os qualia existem no mesmo campo de atuação da realidade. O "lugar" no interior da mente ao qual recorremos para ver a imagem de uma rosa é o mesmo que a natureza usa para criar a própria flor.

**Mistério nº 3:** De onde veio o tempo?

**Resposta:** Do mesmo lugar de onde tudo vem, da consciência. O tempo é um qualia, como a doçura do açúcar ou as cores de um arco-íris. Tudo é expressão da consciência, pois o universo foi germinado no útero da criação.

**Mistério nº 4:** Do que é feito o universo?

**Resposta:** Os verdadeiros tijolos do universo são os qualia. Há espaço para infinita criatividade, dependendo do observador. O estado de consciência em que nos encontramos altera os qualia que nos rodeiam. Um pôr do sol não é belo para quem quer se suicidar; uma cãibra na perna pode ser desprezível para quem acabou de vencer uma maratona. Observador, observado e processo de observação estão intimamente ligados. Quando se desdobram, o "conteúdo" do universo vem à tona.

**Mistério nº 5:** Existe um *design* no universo?

**Resposta:** Este mistério é muito mais complexo de se responder do que com apenas um simples sim ou um não. Se existisse *design* "no" universo, os dois teriam que se relacionar como um ceramista e um bloco de argila. A forma emerge da não forma sob a influência de uma mente externa. Um conhecido sermão do cristianismo refere-se ao corpo humano como o vaso de Deus. Na realidade, o *design* é uma percepção consciente que é completamente maleável. Uma pessoa pode olhar uma flor e ver um *design* bonito, outra pessoa talvez a veja como erva daninha ou uma espécie biológica neutra, e um esquilo pode vê-la como comida. O *design* é a interação entre a mente e a percepção. É permitido ver o universo como um projeto perfeito, como perfeitamente aleatório, ou como uma mistura de ambos, ou ainda, diriam alguns místicos, como um mero sonho sem nenhuma substancialidade.

**Mistério nº 6:** O mundo quântico tem relação com a vida diária?
**Resposta:** Essa resposta também é um tanto complexa. Os qualia da experiência mudam de acordo com o nosso estado de consciência. No estado desperto normal, o domínio quântico é pequeno demais para ser percebido diretamente, e ligá-lo ao mundo dos objetos grandes provou ser muito difícil. Sem a experiência para nos guiar e as conclusões conflitantes das experiências em laboratório, os vínculos físicos são controversos. Porém, se aceitarmos que o domínio quântico não é apenas semelhante à mente, mas a representa sob a aparência de quanta, então a resposta é relativamente simples. O domínio quântico passa a ser apenas mais um contexto de qualia, como qualquer outro. Ele não precisa ter nenhuma ligação com a vida diária porque todos os domínios existem a partir da consciência. Mas uma experiência direta do contexto quântico é evitada pela onipresença velada e pela censura cósmica.

**Mistério nº 7:** Vivemos em um universo consciente?
**Resposta:** Sim. Mas isso não faz nenhum sentido se a noção que temos de consciência estiver repleta de pensamentos, sensações, imagens e sentimentos. Esses são os conteúdos da mente. Remova o conteúdo e o que restar será consciência pura, silenciosa, imóvel, que está além do tempo e do espaço, e ao mesmo tempo é repleta de potencial criativo. A consciência pura dá origem a tudo, inclusive à mente humana. Nesse sentido, não vivemos em um universo consciente assim como um inquilino ocupa uma propriedade alugada. Nós participamos da mesma consciência que *é* o universo.

**Mistério nº 8:** Como a vida começou?
**Resposta:** Como um potencial da consciência, que brota das sementes de todas as coisas vivas. Dizer que o musgo que cobre a pedra está vivo e negar a vida da pedra é uma mera distinção feita pela mente. Na realidade, tudo o que existe segue o mesmo caminho desde a sua origem (adimensional) até chegar ao estado em que a própria consciência escolhe para criar a partir de si mesma. Como seguem o mesmo caminho, do não manifesto para o manifesto, a pedra e o musgo preso a ela compartilham igualmente da qualidade da vida.

**Mistério nº 9:** A mente é uma criação do cérebro?
**Resposta:** Não, e o inverso também não é verdade: o cérebro não é uma criação da mente. Esse é outro exemplo em que se cria uma distância artificial entre o ceramista e o bloco de argila. Mente e cérebro não se relacionam assim. A mente não encontrou uma substância primordial no espaço intergaláctico e moldou um cérebro. A matéria não foi aglutinada em gomos maiores e mais complexos até serem tão complexos que começaram a pensar. O princípio que se aplica aqui é o da complementaridade, segundo o qual os opostos aparentes não existem um sem o outro. Não existe o dilema o-ovo-ou-a-galinha, porque a realidade cria os opostos de uma só vez.

Sejamos realistas: essas respostas provavelmente são muito diferentes daquelas que você estava esperando. Nós nos adiantamos, porém, e acrescentamos que nada do que dissemos é anticiência. O que levou a ciência até o fim de seus processos empíricos não foi uma conspiração de místicos, poetas, sonhadores, sábios ou desajustados. Os métodos da ciência se tornaram ultrapassados pela própria realidade. Em um universo dominado pela matéria e pela energia escuras, onde tempo e espaço se desagregaram na escala de Planck, não é anticientífico procurar um novo caminho.

Pusemos três cartas na mesa: qualia, consciência e Universo Humano. Como jogar com elas? Ninguém sabe. Os *insights* mais brilhantes sobre a consciência, que inspiraram os pioneiros quânticos, ficaram dormentes por quase um século. Tomar o universo físico ao pé da letra continua sendo o modo preestabelecido, com poucas exceções.

Por fim, temos falado de uma realidade oculta. Ela foi ocultada intencionalmente. A mente forjou suas próprias algemas, e só a história do mundo poderia explicar como e por quê.

Felizmente, a necessidade de conhecer a realidade jamais será erradicada, e alguma coisa dentro de nós, não importa quem somos, deseja ser livre. Einstein sentou-se ao lado de um poeta indiano para conversar sobre a natureza da existência. Se Tagore estava certo quando disse que o Universo Humano é o único que existe, estamos diante de um futuro infinitamente esperançoso no júbilo da criação. Para as gerações vindouras, "Você é o universo" será o credo reinante, e não mais um sonho contido dentro de um mistério.

Apêndice 1

# SINTA-SE À VONTADE COM O QUALIA

Para muitos leitores é possível que o termo *qualia* seja novo e até exótico. Demos tanta importância a essa palavra que gostaríamos que você se sentisse à vontade com ela. A dificuldade é que qualia refere-se a tudo: toda experiência envolve as qualidades da consciência. Num lindo dia de verão é fácil perceber os qualia que são transmitidos pelos cinco sentidos – o calor, o sol brilhando, o cheiro da grama recém-cortada, e assim por diante.

Porém, é mais difícil aceitar que o nosso corpo também é sentido como qualia. As nossas sensações, neste exato momento, não teriam realidade se não as sentíssemos, portanto o corpo humano é percebido por uma infinidade de qualia. Aprofundando um pouco mais, as experiências do cérebro também são qualia. Não sabemos o que fazer com um conceito tão universal. Existem regras e limites ou a nossa realidade é uma sopa disso? E as experiências da realidade externa, o "mundo lá fora"? Também o são?

As regras dos qualia não têm o mesmo *status* que a física clássica atribui às leis naturais e que, na física quântica, ganharam uma sofisticação inimaginável. Um pêssego doce inunda os nossos sentidos de experiências, e não de números, equações e princípios. Não é usado o mesmo vocabulário pelos fisicalistas. *Doce* não é mais pesado, mais leve, maior, menor ou mais denso que *maduro* ou *quente*.

A grande vantagem da ciência dos qualia, se for esse o caminho que será tomado no futuro, é a correspondência perfeita com a realidade. Comer um pêssego é uma experiência direta, não tem nenhuma outra estrutura conceitual. É essa falta de conceitos abstratos que irrita tanto os cientistas convencionais, mas é a semente de uma nova visão da natureza: transformar este universo em outro, cuja base seja a consciência.

A seguir, daremos uma visão compacta de como a ciência dos qualia deverá se desenvolver no futuro e um breve conjunto de princípios que foram extraídos do que foi discutido neste livro.

## Os princípios do qualia

### A fundação de uma ciência da consciência

1  A ciência é materialista; parte do princípio de que o universo existe tal como se apresenta. Mas faz muito tempo que a física quântica enfraqueceu a noção de objetos físicos – basicamente, o universo não é nem sólido nem tangível nem fixo. Portanto, a velha ciência do universo físico externo recebeu um ataque direto e mortal da física quântica.

2  Uma ambiguidade que abre portas para uma nova interpretação da natureza é a ciência dos qualia.

3  Se a fisicalidade está tão desacreditada, qual seria a base confiável de uma futura ciência? Uma que seja consistente, mas é rejeitada pelos materialistas: a consciência. É ela que possibilita todas as experiências, um fato que não poderia ser ignorado pelas muitas tentativas de excluí-la dos experimentos "objetivos".

4  A ciência dos qualia começa por aceitar que a consciência não é um atributo que evolui de bases materiais para emergir nos

seres humanos. A consciência é fundamental e não depende de nenhuma causa. Ela é o estado básico da existência. Como seres conscientes, os seres humanos não podem vivenciar, medir nem conceber uma realidade que seja desprovida de consciência.

5   A consciência, como o estado básico da realidade "normal", comporta-se como campo em todos os aspectos, como os campos quânticos da matéria e da energia. Como qualquer outro campo, a consciência interage consigo mesma. Essa interação prolifera em todas as formas específicas de consciência, inclusive na nossa própria. (A consciência nunca foi uma propriedade secundária de átomos e moléculas que ao longo do tempo acabou emergindo.) Mas é preciso entender que existe um campo mais profundo da consciência, que é adimensional, já que todas as dimensões do espaço-tempo possuem qualia; a consciência pura, em si mesma, não possui qualia. Os qualia emanam da consciência, assim como fenômenos emanam do vácuo quântico. A consciência deve ser considerada o campo de todos os campos, porque é ela que possibilita a existência de todos os demais.

6   A consciência em suas formas específicas (de um elefante, dos botos, dos macacos-prego ou de uma pessoa) vivencia o mundo subjetivamente. A subjetividade está inserida no campo da consciência, que é sua fonte. Nenhuma forma de consciência está isolada da sua fonte, assim como a atividade eletromagnética jamais pode se isolar do campo do magnetismo universal.

7   Entre os seres humanos, as experiências subjetivas revelam-se nas sensações, nas imagens e nos pensamentos (SIFT, na sigla em inglês). O termo genérico é *qualia*. A realidade subjetiva é uma vasta combinação de diferentes qualia, como cor, luz, dor, prazer, textura, sabor, memória, desejo, ansiedade e alegria.

8 Todas as experiências subjetivas são qualia, inclusive a percepção, a cognição e os eventos mentais. Nenhum evento mental fica de fora, seja amoroso, seja de compaixão, sofrimento, hostilidade, prazer sexual ou êxtase religioso. Em nível mais sutil, os qualia são percebidos como *insight*, intuição, imaginação, inspiração, criatividade.

9 A realidade física externa, "objetiva", chega até nós pelos qualia que estamos preparados para perceber, e não em si ou por si mesma. Sem a nossa participação subjetiva, espaço, tempo, matéria e energia e todas as variáveis e quantidades não existiriam por si sós – se existissem, a realidade deles seria impenetrável. Vivemos em um universo de qualia. Todas as nossas interações com esse universo são vivenciais, portanto são subjetivas. (Os dados subjetivos não têm existência independente, pois pertencem à experiência do coletor de dados.)

10 A experiência do corpo é uma experiência de qualia, assim como a experiência da atividade mental e do mundo, bem como a de outros mundos.

11 Tanto o sentimento de "eu" quanto o de "você" são experiências de qualia.

12 São os qualia que nos conectam com tudo, graças a uma propriedade comum a todos: cada um é um aspecto de um campo da consciência.

13 Como seres conscientes que processam a realidade a todo momento, nós nos expressamos por meio de um vocabulário de qualia. Esse vocabulário é uma tentativa de traduzir, em palavras, a experiência. A linguagem da ciência tenta fazer o oposto: experimentar em nome da objetividade. Mas a

própria "objetividade" denota experiência. Não existe outra linguagem independente dos qualia.

14 As nossas formas de vida, sejam insetos, sejam bactérias, animais ou pássaros, têm seus próprios nichos de qualia. É impossível supor que qualia são esses, porque cada espécie tem um sistema nervoso próprio – até os micro-organismos reagem ao meio ambiente (buscando luz, ar, alimento e o seu semelhante). Seja qual for a interpretação que possamos fazer de outra forma de vida, estaremos apenas refletindo os qualia que são processados pelo sistema nervoso humano. Não é possível saber como a realidade é percebida por outros sistemas nervosos.

15 A percepção é o motor das experiências subjetivas de cada espécie. Cada experiência remodela a realidade física, resultando em um vocabulário de qualia que nos adapta a cada nova mudança. O fato de os animais "inferiores", aí incluídos os insetos e os pássaros, também possuírem vocabulários muito complexos é a prova de que existe um elo criativo entre linguagem e realidade.

16 Nós não enxergamos porque temos olhos. Não ouvimos porque temos ouvidos. Os órgãos dos sentidos não criam a percepção, mas são as lentes através das quais a consciência e seus qualia criam a experiência perceptiva. E aquilo que se percebe nunca é "o" real. Nós percebemos o que a nossa espécie evoluiu para perceber. Seja o que for de fato real – e verdadeiro –, é mais primal que aquilo que percebemos, pensamos ou sentimos. A ciência dos qualia explora os limites entre a percepção e a realidade, e tem como objetivo avançar sobre esses limites.

17 O cérebro humano representa a realidade que é percebida por uma forma de vida particular. A experiência não é organizada aleatoriamente, mas simbolicamente. Humanizamos

a realidade e, em contrapartida, os qualia que são registrados (dor, luz, fome, emoções etc.) fazem cérebro e corpo evoluírem como representações simbólicas. Esse *feedback* tem origem na consciência, e não na biologia ou no cérebro. A consciência humana é uma saída específica e expressiva para o campo indiferenciado que é consciência em si – ou seja, "uma" gerando "muitas".

18 Embora possamos interagir com outras formas de vida, como cães e gatos, não é possível pressupor que suas experiências de qualia sejam idênticas às nossas. Não podemos saber como as outras espécies sentem calor, frio, luz, peso ou variações de velocidade – sequer podemos dizer que registrem esses qualia básicos de modo similar às nossas reações. Inferimos que tenham sentimentos e experiências sensoriais similares às nossas, e nada mais além disso. É muito improvável que um corvo ouça o grasnar de outro corvo ou que um cachorro ouça o latido de outro cachorro da mesma maneira que os ouvimos. Mas conseguimos nos comunicar com outros seres humanos porque traduzimos nossos sinais de qualia em um vocabulário que é aceito por todos (apesar das imensas variações de pessoa para pessoa e de cultura para cultura).

19 Cada entidade viva cria uma realidade perceptiva própria ao interagir com a base fundamental da existência, que é a consciência pura, o campo de todas as possibilidades. Quando emergem, essas possibilidades o fazem como qualia. Entretanto, o campo da consciência é anterior a eles; o cérebro que conhece a realidade somente através dos qualia não é capaz de concebê-los nem descrevê-los. O útero da criação transcende o espaço, o tempo, a matéria e a energia.

20 Existem tantas realidades perceptivas (cérebros, corpos e mundos físicos) quanto existem entidades vivas com qualia.

## SINTA-SE À VONTADE COM O QUALIA

21 Nossa compreensão da experiência subjetiva e nosso senso de empatia pelo outro acontecem através da ressonância entre os qualia. Sejam quais forem os *insights* e as conexões que temos com outras espécies, seres ou esferas da existência, tudo acontece graças ao refinamento e à sensibilidade nos nossos qualia em relação aos deles. O que chamamos de empatia é uma ressonância compartilhada e registrada em nível consciente.

22 O nascimento é o começo de um programa particular de qualia. Uma entidade individual emerge neste mundo com um potencial de qualia que se desenvolve por meio da vida. O que acontece durante toda a vida é o que temos em comum, ou seja, a interação com outras entidades qualia, com suas respectivas programações.

23 A morte é o término de um programa de qualia particular (o programa de vida de um indivíduo). Eles retornam ao estado de formas potenciais no interior da consciência, onde voltam a se embaralhar e a se reciclar em novas entidades vivas.

24 O campo da consciência e sua matriz de qualia são imortais e onipresentes. Isso significa que o campo é o mesmo em toda parte e é todo-abrangente. (Na verdade, o termo *em toda parte* é um qualia.) Os campos são afetados pelos eventos específicos que acontecem dentro dele. O todo jamais perde contato com suas partes; as partes jamais são perdidas ou esquecidas.

25 Nós não vivenciamos um campo em si, mas os qualia que dele emergem. São eles que nos tornam indivíduos com uma perspectiva específica (ou seja, local). A localização é uma experiência de qualia no campo da consciência geral.

26 A mecânica quântica é um modelo matemático que serve para medir a mecânica dos qualia, definida como o conjunto

de experiências de cada um na natureza. É um mapa, não um território. Basicamente, é um mapa matemático, porque a esfera quântica tem formas e probabilidades precisas. A matemática produz os dados e traduz em números a experiência. Essa forma de mapear a realidade perde todos os qualia que constituem a experiência.

27 A realidade pode ser representada de um modo que se assemelhe ao que, de fato, é: um fluxo contínuo e dinâmico da consciência, que brota de um campo universal e se manifesta como matéria, energia, mundos e seres. Para capturá-la tal como é, em contraposição aos números que a medem em fatias pequenas e estáticas, a ciência tem que ser reformulada, na física dos qualia, na biologia dos qualia, na medicina dos qualia etc.

28 O saber tradicional de muitas culturas reconhece que o conhecimento subjetivo é útil e organizado. Essas tradições organizam o mundo dos qualia em princípios e comportamentos conscientes. A consciência reconheceu os pontos de referência, e foi assim que o aiurveda, o *qi gong* e outras medicinas com base em qualia foram sistematizadas e se tornaram confiáveis e eficazes. Até o materialismo ocidental abriu espaço para a psicologia, as correntes de psicoterapia, a mitologia e os arquétipos, o desenvolvimento das crianças e os estudos de gênero – todos eles ramos da experiência do mundo subjetiva (qualia).

29 As práticas espirituais não são específicas nem isoladas das experiências diárias. Baseiam-se em pontos de referência sutis da consciência – na verdade, elas mapeiam o autoconhecimento. O olhar da consciência humana para si mesma é um reflexo da ação da própria consciência olhando para si.

30 As práticas espirituais apuram o autoconhecimento. Se a sintonia é perfeita, os qualia não disfarçam mais de onde

vieram. É como olhar para o espelho e não para a imagem no espelho. A consciência vê a si mesma e reconhece a sua existência pura e absoluta – o estado pré-criado. Mesmo quando as sabedorias tradicionais se degradam e perdem uma conexão mais sólida com a consciência pura, ainda sobram relíquias instrutivas da velha ciência dos qualia, que, por serem alheias à ciência moderna, são interpretadas como paranormais, milagrosas e prodigiosas. De fato, o sobrenatural não existe senão como um aspecto mais sutil da natureza, que se revela como qualia. Eles, por sua vez, têm tanta legitimidade quanto os qualia que a ciência chancela como respeitáveis.

31 Os qualia da medicina já emergiram nas mais variadas formas em todo o mundo, como o aiurveda e a medicina tradicional chinesa. Além de oferecerem o seu estoque de conhecimento sobre o efeito curativo das ervas, essas antigas tradições exigem que pesquisas modernas determinem cientificamente como o corpo reage, não só às ervas, mas também à influência do meio ambiente em geral.

32 Os qualia da biologia resultariam em uma nova compreensão da vida e de suas origens. A vida sempre existiu como consciência pura. As propriedades das coisas vivas eram originalmente potenciais não manifestos, inteligência primordial, criatividade, impulso evolucionário. Por ser onipresente, o campo das possibilidades infinitas não tem começo. Portanto, a vida também não tem começo. O que começa, evolui, envelhece e acaba são as formas de vida individual que põem em prática seus programas de qualia.

33 A origem das formas de vida é o desdobramento da consciência pura (ou vida pura) em múltiplas formas de vida, ou conglomerados de qualia (a vida no mundo relativo).

34 A evolução das espécies se dá por seleção natural, mas num sentido muito mais abrangente do que a seleção natural de Darwin, cujo alicerce é o direito de se reproduzir e se alimentar para sobreviver. O que os membros de uma espécie selecionam, de fato, é a melhor experiência de qualia – essa é a força condutora da evolução. E, por ser a consciência ilimitada, novos qualia emergem, florescem e buscam sua máxima expressão. A vida selvagem no planeta Terra é uma tentativa coletiva de transformar a ecologia em um parque de diversões de qualia. A intenção da evolução é otimizar a experiência, seja de que tipo for.

35 A evolução é voltada para o propósito de cada espécie de experimentar o seu meio ambiente e receber um *feedback*. Cria-se então um circuito de *feedback* para enfrentar os desafios do meio ambiente de uma maneira criativa, algumas vezes com sucesso, outras não. A vida na Terra, como um todo, é uma rede de qualia, como também o são os indivíduos de cada espécie – a experiência de todos afeta tudo.

36 Genes, epigênese e redes neurais armazenam e memorizam cada passo da evolução, seguindo o caminho traçado pela experiência. Vistos como realmente são, esses mecanismos de memorização são assinaturas simbólicas das redes dinâmicas de qualia. Cada rede se auto-organiza, porque não há duas espécies nem dois indivíduos que funcionem a partir de programas de qualia idênticos. Cada contexto é único: trabalha de acordo com as próprias possibilidades.

37 A evolução é um processo infinito que tem suas raízes em uma propriedade inerente da consciência, que é o impulso de criar. Embora evolução seja sinônimo de crescimento, o processo implica preservar as novas criações e absorvê-las num sistema maior, seja ele o corpo humano, um nicho do meio ambiente ou todo o cosmos.

38 Os seres humanos têm o dom do autoconhecimento, que por sua vez é a chave da liberdade. Autoconhecer-se significa que não somos conduzidos, e muito menos prisioneiros das nossas propensões de qualia. Somos tão dinâmicos quanto a própria mente. Isso demonstra uma conexão inquebrantável com a consciência pura, que por definição não pode ser prisioneira de si mesma. O potencial infinito não conhece limitações. Aceitar sua verdadeira natureza, o autoconhecimento, será o ponto de partida da próxima etapa da nossa evolução criativa como espécie. Essa nova etapa também recriará o cosmos, pois habitamos um universo humanizado. O universo se ajusta à percepção que temos da realidade.

39 Essa etapa da evolução será consciente, ditada pelas aspirações humanas. Envolverá o surgimento de uma nova rede auto-organizada de estruturas e conglomerados de qualia. Ou seja, novas tendências irão surgir e se inflamar, atingindo um ponto máximo e, por fim, estabelecendo-se como a mais nova realidade humana. Não é uma transformação mística. Quando os níveis de agressão, guerras, pobreza, tribalismo, medo, privações e violência começarem a despencar, os qualia restantes se aproximarão da sua fonte criativa. Mas, antes, os qualia ultrapassados terão que ser removidos; para isso é preciso que a inércia, gerada pela ignorância, seja abandonada em favor do crescimento dinâmico de uma nova rede de qualia.

40 A mecânica quântica e a ciência clássica serão sempre úteis na criação de novas tecnologias, mas a ciência dos qualia conduzirá a nossa civilização rumo à totalidade, à cura e à iluminação.

Apêndice 2

# COMO SE COMPORTA A CONSCIÊNCIA CÓSMICA

A física moderna nos deu um quadro detalhado de como o universo físico se comporta. O problema é que esse quadro não possui nem propósito nem significado. Para derrubar a noção de que a aleatoriedade é o principal motor do cosmos, teríamos que encontrar, nesse mesmo quadro, o que foi acrescentado (caso tenha sido) quando a mente cósmica foi introduzida.

Eis um resumo das ações da consciência no universo, todas elas envolvendo comportamentos conhecidos ao longo de toda a criação, com base em princípios quânticos.

1. A consciência mantém os opostos em equilíbrio, para que um não anule o outro. A coexistência dos opostos é a *complementaridade*. Em qualquer situação em que existam opostos, um substitui o outro em circunstâncias específicas e, ao mesmo tempo, um pressupõe o outro, como o negativo pressupõe o positivo e o norte pressupõe o sul.

2. A consciência cósmica concebe novas formas e novas funções a partir de si mesma. Essa auto-organização é chamada de *interatividade criativa*. Entre os organismos vivos, a interatividade é senciente: os seres vivos interagem com outros seres sencientes em seu meio ambiente, buscando alimento, propagando a espécie e percebendo a existência do "outro" em diferentes níveis.

É vazio o argumento de que só os seres humanos são sencientes – a senciência é um atributo básico da própria consciência.

3 A consciência cósmica tem pressa de ultrapassar o velho e criar algo novo. Esse comportamento é chamado de *evolução*. Confinar a evolução à vida na Terra é uma perspectiva limitada. O cosmos tem como uma das suas características básicas a evolução. A outra alternativa – o universo operar aleatoriamente por mais de 10 bilhões de anos e só ter conhecido a evolução quando o planeta Terra surgiu – é absurda. Como teriam existido todos os planetas senão pela evolução dos grupos mais simples de matéria?

4 A consciência cósmica opera por meio de eventos isolados, distantes demais para terem contato entre si, mas que, ao mesmo tempo, se mantêm próximos em um nível mais profundo, onde nada está separado. Essa característica é chamada de *onipresença velada*.

5 O universo é criado pela consciência cósmica de modo que a forma pela qual o percebemos, seja através da física, seja através da biologia, não seja questionada. Todos os pontos de vista se justificam. Não importa quantas histórias contemos sobre a realidade, a história completa é mantida à margem. Essa característica é chamada de *censura cósmica*.

6 Todas as partes do cosmos são similares estruturalmente ou em níveis mais profundos. Dois observadores que olham para os diferentes níveis da natureza conseguem se comunicar e se entender por padrões e formas que se repetem. Esse princípio é chamado de *recursividade*.

A consciência cósmica reflete o estado de ser do observador. Não há ponto de vista privilegiado, mesmo que as religiões do passado alegassem o contrário e a ciência faça o mesmo hoje. Mas todas as histórias são sustentadas por evidências, porque nosso estado de ser interage de maneira tão íntima com a realidade que tanto o observador quanto o observado e o processo de observação são inseparáveis. O que acabamos de descrever são comportamentos dos aspectos da natureza; não são sonhos metafísicos. A consciência cósmica criou o universo como um sistema vivo, auto-organizado. Após o big bang, a natureza repete os mesmos comportamentos em todos os níveis, a todo instante. Para a biologia, é evidente que os seres vivos se organizam, tendo o DNA como base. Cavalos geram potros; os rins do cavalo criam novas células renais; as células viabilizam processos de comer, respirar, excretar, dividir etc. Essa auto-organização é dinâmica e, quando é preciso, tem flexibilidade para adaptar-se às novas condições. O cavalo vive tanto nas montanhas andinas quanto abaixo do nível do mar, no vale da Morte, porque suas células se adaptam. Ele pode galopar ou pode se manter em repouso. Pode emprenhar ou não. Todas são mudanças de estado gigantescas, mas o corpo do cavalo, no nível do seu DNA para cima, se autorregula. Se o animal não se adaptar às condições de mudança, morre.

Essa capacidade de se adaptar se reflete na organização de uma molécula, de um átomo, de um quark. Em todos os casos há uma adaptação à mudança, da qual *todo o sistema participa*. Se estudarmos um cavalo em vários níveis, veremos átomos, moléculas, células, tecidos, órgãos e, por fim, o animal completo. Mas o cavalo é *mais* que uma coleção de partes, como uma catedral é mais que apenas vidro, pedra, mármore, tecidos e pedras preciosas. Se as células renais do cavalo se autoexcluíssem, o cavalo deixaria de existir. Se o DNA de uma célula não se dividisse, o cavalo deixaria de existir. Por que nada se autoexclui? Existem trilhões de peças atuantes no cavalo vivo. Carros e outros veículos possuem inúmeras peças e, para a nossa frustração, algumas sempre se quebram ou apresentam defeito.

Mas, no que se refere à natureza, um cavalo é só mais um ser vivo, uma espécie de consciência, e, no nível da consciência, todas as participações estão unificadas. Porque, nesse nível, todos os seres vivos – seja um peixe-boi, seja uma drosófila ou um carrapato – estão interligados. A dinâmica da cooperação é o equivalente moderno da noção religiosa da Grande Cadeia do Ser, onde Deus está indissoluvelmente integrado a cada nível da criação. Em termos leigos, dizemos que os sistemas complexos se organizam por meio dos comportamentos naturais da consciência, que acabamos de descrever.

O que se segue é uma soma dos elementos que colocam os seres humanos em primeiro lugar no universo. Para entender melhor, não precisamos olhar através do telescópio Hubble. Muito mais perto de nós, as células do coração, dos rins ou dos pulmões se comportam de maneira muito semelhante ao próprio universo. A comparação é perfeita.

## Como cada célula reflete o cosmos

Complementaridade: As células preservam a sua vida individual e, ao mesmo tempo, se mantêm em equilíbrio com todo o corpo. Mesmo as células que parecem opostas, como as ósseas e as sanguíneas, são necessárias umas às outras. São necessárias para o todo.

Interatividade criativa: Todas as células produzem elementos químicos para adaptar-se a situações específicas, como o oxigênio necessário ao sangue em altitudes ou profundidades extremas. O tempo todo os genes se adaptam criativamente às mudanças, gerando novas combinações de elementos químicos no interior das células.

Evolução: As células são geradas a partir do mesmo DNA e da mesma estrutura da célula-mãe. As células-mãe do interior de um útero recriam toda a evolução da vida na Terra, passando por vários estágios até que se alcance o estágio evolucionário final, que é o ser humano.

Onipresença velada: As células têm total conhecimento dos eventos que controlam, mas não do corpo como um todo, que se mantém invisível. Ele não deixa pistas nem impressões digitais, muito embora a sua totalidade seja o principal objetivo de tudo o que acontece no interior das células.

Censura cósmica: As leis da biologia estão refletidas em todas as células e não podem ser infringidas – ou as células não existiriam. O que "censura" a onipresença e a totalidade é a aparência dos inúmeros eventos que acontecem ao nosso redor, que, embora pareçam refletir a realidade estabelecida, encobrem ou anuviam o que há "por baixo" da percepção ordinária. Na dualidade, nem mesmo a mente, através do pensamento, pode conhecer a sua própria totalidade.

Recursividade: Por mais diferentes que pareçam as células reunidas nos tecidos dos rins, dos ossos, do coração ou do cérebro, são todas basicamente iguais. Obedecem aos mesmos padrões. (Nos níveis mais profundos da fisicalidade, todos os elétrons são iguais, o que levou Richard Feynman a afirmar que existe apenas um único elétron.) A recursividade nos ajuda a entender o desenvolvimento a partir de padrões familiares. Podemos entender o outro e nos comunicar. Isso só é possível repetindo os mesmos processos presentes em cada célula e conectando-os de volta ao DNA.

# AGRADECIMENTOS

Diante de colaborações férteis, sobretudo sendo este um livro de complexa tecedura, são necessários muitos agradecimentos.

Somos extremamente gratos a Leonard Mlodinow, da Caltech, amigo e físico de destaque, que fez uma boa crítica e avaliação de nosso original. Agradecemos também ao conhecimento e talento da escritora de divulgação científica Amanda Gefter. Eles nos garantiram que a pesquisa que fazemos é bastante séria, mesmo quando nos aventuramos por áreas controversas que desafiam a ciência convencional.

O estudo da consciência deixou de ser uma consideração de menor importância das ciências exatas para ser objeto de pesquisas importantes. Três grandes congressos e seus incansáveis organizadores contribuíram muito com o tema:

Stuart Hameroff, importante pioneiro no assunto. Dirige o inestimável Science and Consciousness Conference: http://consciousness.arizona.edu/.

Maurizo e Zaya Benazzo, fundadores e organizadores do SAND, congresso científico e holístico de importância internacional: https://www.scienceandnonduality.com/.

Simpósio de Sábios e Cientistas, oferecido pela Chopra Foundation: www.choprafoundation.org.

## AGRADECIMENTOS

No ramo das publicações, tivemos muita sorte com a equipe que viabilizou este livro, desde nosso dedicado e paciente editor, Gary Jansen, até toda a equipe de trabalho da Harmony: Aaron Wehner, editor; Diana Baroni, vice-presidente e diretora editorial; Tammy Blake, vice-presidente e diretora de publicidade; Julie Cepler, diretora de marketing; Lauren Cook, publicitária sênior; Christina Foxley, gerente de marketing; Jenny Carrow e Christopher Brand, capistas; Elizabeth Rendfleisch, diretor de arte; Heather Williamson, gerente de produção; e Patricia Shaw, editor de produção sênior. Somos gratos também a todos os executivos: Maya Mavjee, presidente e editor do Crown Publishing Group, e mais uma vez a Aaron Wehner, vice-presidente e editor da Harmony Books.

Os coautores têm ainda seus agradecimentos individuais:

De MENAS:

A minha família teve papel fundamental na minha formação como pessoa e cientista, a começar pelos meus pais, Constantine e Helen, que me ensinaram a respeitar as pessoas e a ter bons princípios na vida; meu irmão mais velho, Anthony, que sempre esteve do meu lado e me protegeu; e meu irmão Fotis, cujos passos segui em Cornell e que me mostrou o caminho da vida científica. O meu tio George Xiroudakis estimulou a minha paixão pela matemática. O meu orientador no MIT, Philip Morrison, me apresentou os conhecimentos básicos da astrofísica e da cosmologia e o entusiasmo por elas. A todos os maravilhosos professores da MIT, Cornell e Harvard com quem estudei, o meu agradecimento.

O meu mais profundo agradecimento a minha esposa, Susan Yang. Você sempre me apoiou e esteve do meu lado à medida que meus horizontes se expandiram. Devo a meus três filhos, Lefteris, Stefanos e Alexios, o significado profundo de ser pai. Agradeço ainda aos meus grandes amigos dos Estados Unidos, Coreia do Sul e Grécia, que são uma extensão da família e que acreditam nos mesmos sonhos, apesar de nossas diferenças. Todos fazem parte de mim. Por fim, meu conhecimento científico e minha filosofia não significariam nada sem Niels Bohr, todos os importantes físicos quânticos e meu professor espiritual.

De DEEPAK:
Pelo amor generoso que oferece a tudo, agradeço a minha esposa, Rita, a nossos filhos, Gotham e Mallika, e a nossos netos, que nos trazem otimismo em relação ao futuro.

Os dois autores gostariam de agradecer à maravilhosa equipe do Chopra Center, sobretudo Carolyn, Felicia e Gabriela Rangel, essa família que lida com os problemas e cuida dos detalhes, sem os quais este livro não seria possível.

# ÍNDICE

acaso, 28 *ver também* aleatoriedade
acelerador de partículas, 92, 116
adaptação, 272
aiurveda, 266, 267
aleatoriedade, 11, 27-28, 67-68, 75, 78,
    80, 122-125, 128-130
    constantes e, 62-65, 66-67, 133
    média e, 129-132
    moléculas de gás e, 128-129
    problema de sintonia fina e, 61-80; *ver*
    *também* sintonia fina
    teoria quântica e, 26, 128
    visão de Einstein sobre, 29
alma, 166, 171, 222
aminoácidos, 63
    em meteoritos, 177, 185
antimatéria, 72
"apagador quântico", 146
ateus, 152, 225
átomos, 86, 120, 163-64, 187, 222
    adquiriram consciência, 164
    big bang e, 35, 39, 40, 72, 86
    constante de estrutura fina e, 64
    descoberta dos, 105-106
    estrutura dos, 124-125
    interações dos, 181-185
    órbitas dos elétrons nos, 98
audição, 19, 42, 100, 106, 190, 191,
    205, 209

mecanismos de filtragem do
    cérebro e, 149
auto-organização, 78-81

beleza, 125, 126, 134, 135-137
Berkeley, George, 147
big bang, 35-59, 60, 73, 111, 115, 123,
    187, 194, 247-248
    coesão do universo e, 60-81; *ver*
    *também* sintonia fina
    como mudança de estado, 99
    constantes da natureza e, 55
    *continuum* espaço-tempo e, 37, 41-43, 111
    era de Planck e, 44-45, 50, 52, 53, 83,
    86, 99
    estado de pré-criação, 35-37, 49, 54,
    86, 95, 249-250, 253
    expansão do universo depois do, 46,
    72-75
    explicações alternativas e, 46-47
    informação e, 52-53
    limiar do tempo do, 36-41, 44-45,
    83-84, 86-87, 92-93, 249-250, 254
    linha do tempo, 38-39, 62
    matemática e, 53-56
    multiverso e, 47-51
biologia, 176, 177, 272
    ciência dos qualia e, 267

# ÍNDICE

microbiana, 185
  quantum e, 188-190
bioquímica, 177, 204
Blake, William, 36
Bohr, Niels, 120, 125, 247, 248
bomba atômica, 162
Bondi, Hermann, 46
bóson de Higgs, 58, 92
buracos negros, 15-17, 24, 35, 43, 52, 53, 106, 107, 109
Burbidge, Geoffrey, 46

caligrafia chinesa, 125
campo da consciência, 265
campo quântico, 97, 107, 108, 120, 234
  big bang e, 46-47, 75
  movimento no, 87
  tempo no, 85-86, 96
camuflagem 122-123
câncer, 71
caos, equilíbrio na organização e, 125, 132-133
carbono, 164, 177, 179, 183, 184, 187
Carroll, Lewis, 37-38
Carter, Brandon, 66
causa e efeito, 68, 98, 121
cérebro e, 141
células, 181
cosmos espelhado nas, 272-273
censura cósmica, 255, 271, 274
cérebro, 79-80, 100, 160, 195-212, 230, 242, 256
  atividade de partículas no, 166-168
  comparado ao computador, 127, 157, 166, 199-201, 204, 210
  dados sensoriais e, 125-126, 149, 202-203, 221
  evolução do, 202-204
  formado na infância, 206, 208
  limitações do, 148-152, 223
  limite de velocidade do, 91, 94
  mecanismos de filtragem, 149-151
  modelos de realidade do, 151-152
  música e, 205-206, 207-210
  neurociência e, 159, 169, 199-200, 205-207
  problema difícil (problema mente--cérebro), 164, 166-171, 210-211
  processando a informação no, 60-61, 97, 140-141, 160, 166199-201, 252
  proposição cérebro equivale à mente e, 169-171, 198-199
  realismo ingênuo e, 126-127
  tempo e, 88-89
Chalmers, David, 166
Chaplin, Charlie, 13
clorofila, 182, 184, 185, 189
coincidências, sintonia fina e, 64-68, 69, 74-78
colapso da função de onda, 119-121, 143
complementaridade, 145, 251-252, 256, 270, 273
comportamento cooperativo, 132
compostos orgânicos, 177, 179, 181-182, 183, 185, 253
computadores, 157, 165-166, 191-192, 206
  cérebro comparado a 127, 157, 165, 199-202, 204, 210
conhecimento subjetivo, 266
consciência, 9, 116-117, 170, 175, 196, 235-236, 239-40, 255
  cósmica, 251-252, 253, 270-274
  da existência do "outro", 270-271
  de que somos conscientes, 230
  detector de consciência, 168
  do eu, ciência dos qualia e, 266-267, 269
  hipótese do zumbi e, 204-205
  mente cósmica e, 198
  participação em todos os níveis da, 272-273
  possibilidade de mudança e, 231-233
  primeira e segunda, 162

problema mente-cérebro e, 210-211
pura, 255, 261, 264, 266-267, 269
qualia da experiência de, 255
qualidades criadas na, *ver* qualia
teoria da complexidade e, 203-204
terceira, 161-163
consciência cósmica 160, 251-253, 254, 270-273
constante cosmológica, 110
constante da gravitação universal, 62, 64, 66, 75, 77
constante de estrutura fina, 64
Copérnico, 66
corpo, experimentando como qualia, 259, 262
corte de Heisenberg, 143, 147, 153, 158
cosmologia, 24, 113, 116, 249-251 *ver também* big bang
cosmos:
   antes da existência do, 249-250
   comportamento mental do, 127
   espelhado em todas as células, 273-274
   evolução do, 46, 50, 66, 67, 271
   primordial, forçado a existir, 250-251
criação, 41, 247-248
   mudança de estado quântico e, 97-98
   *ver também* big bang
criacionismo, 66-67, 124, 210
criatividade, 203, 204-205, 212, 232, 241, 254, 262, 267
curvatura espaço-tempo, 15, 56, 73

dados sensoriais:
   ciência dos qualia e, 259-260
   coletados pelo cérebro, 202-203, 221
   percepção e, 223-225
   transformação no cérebro de, 125-126
darwinismo, 123, 131-132, 268
declínio radioativo, 153-157
   equação de Schrödinger e, 153-154
   gato de Schrödinger e, 154-158

decoerência quântica, 156
Deep Blue, 200-201
democracia galileana, 90-91
Dennett, Daniel, 204
*design*, 122-138, 254-255
   aleatório e, 122-125, 127, 128
   formas platônicas e, 134-135
   geométrico, 132-133
   inteligente, 122, 124
   matemático, 132-138
determinismo, 204, 208
Deus, 81, 219, 221, 231
*design* no universo e, 122, 123
   retirado da cena na era moderna, 140, 218, 221
dimensões, 95-96
dinossauros, 178
Dirac, Paul, 75-76, 133
distanciamento, 232
divisão, 139-143
   corte de Heisenberg e, 143, 147, 153, 158
DNA, 60, 65, 79-80, 88, 134, 164, 175, 183, 272, 273
   estrutura de dupla hélice do, 177
   mutações no, 70, 79-80
   repetição de, 180
doença mental, 198
domínio platônico, 134-135, 218-219
domínio quântico, 139-158, 159, 196
   adaptação ao, 153-154, 158
   corte de Heisenberg e, 143, 147, 153, 158
   elemento psicológico e, 99-104
   estados no, 96-99, 103
   experimento da dupla fenda e, 144-145, 149
   gato de Schrödinger e, 154-158
   no contexto de qualia, 255
   no horizonte de nossos sentidos, 143
dualidade entre onda e partícula, 54-55, 120, 145, 147, 172, 189, 219

# ÍNDICE

dualismo, 233, 237-238
Dyson, Freeman, 27, 28, 228

Eddington, Sir Arthur, 120, 72, 75, 142
efeitos do observador, 25-26, 118-121, 170, 202, 216
efeito Zeno quântico e, 171-165
experimento da dupla fenda e, 144-5, 149
 gato de Schrödinger e, 154-158
 princípio da incerteza e, 29, 101, 120-121, 125-6,130, 158
efeito Zeno quântico, 171-175
Einstein, Albert, 13-25, 29-32, 41, 81, 82, 83, 109, 158, 167, 218, 237, 239, 247, 248, 249
 encontro com Tagore, 29-32, 257
 gato de Schrödinger e, 156
 implicações da teoria quântica, 29
 relatividade e, 13-19, 20, 21-25, 56, 73, 84, 91, 94, 95, 139-140, 227
elefante, evolução do, 131
elementos, 63-64, 164, 218
elementos químicos, 105
 no corpo humano, 89, 179
 orgânico versus inorgânico, 177
eletromagnetismo, 23, 44, 44, 57, 63, 86, 92, 142, 204
elétrons, 26, 30, 39, 69, 86, 113, 125, 145, 274
 órbitas dos, 98
Ellis, George, 106
empatia, 265
energia:
 constante cosmológica e, 110
 dissipação de (entropia), 49-50, 52, 188
 do vácuo, 186-187, 188
 escura, 110, 113-114, 115, 143, 247, 256
 matéria sempre sendo transformada em ($E = mc^2$), 13-14, 21-22, 77, 93, 161
Engel, Gregory, 189
entropia, 49-50, 52, 188
equação de Schrödinger, 130, 153-154, 161

equilíbrio entre estabilidade e instabilidade, 181
era de Planck, 44-45, 50, 52, 53, 83, 86, 99
escolha, 157, 190
evolutiva, 232-3
 "retardada" dos fótons, 146-7
espaço:
 na escala de Planck, 44-45
 no limiar da criação, 37, 41-44, 925-93, 249-250
 problema da planura e, 72-757
 referências de movimento e, 91-92
 vazio do, 110
espaço interestelar, 186
 poeira no, 28, 63
Estação Espacial Internacional, 15
estado do vácuo, 40, 45, 47
estado quase estável do universo, 46, 47
estado virtual, 96-97
estrelas, 24, 40, 56, 94, 112, 113
 com sistema planetário, 51
 supernovas, 28, 63
eternidade, 46-47, 82, 86, 93, 215, 234, 250
"eu":
 conceito de, 243
 sentimento de, 262
eu cósmico, 215-218
 abraçando o, 236-246
Euclides, 133
Everett, Hugh, 156
evolução, 81, 122-124, 131-132, 178, 225, 273
 ciência dos qualia e, 266-269
 de formas de vida, 50-51, 67-68, 163, 178, 180, 181, 271
 do cérebro humano, 202-203
 do cosmos, 46, 50, 67, 68, 271
 gosto musical e, 209
 no tecido da própria realidade, 211
exclusivismo, 221, 225
existência, 250
experiência de "você", 262

experiências subjetivas das espécies, 263, 264
experimento da dupla fenda, 144-145, 149

ferro, 28, 61, 63, 164
   hemoglobina e, 182-183
Feynman, Richard, 147, 274
fisicalistas, 103, 118, 120, 121, 146, 152, 162, 199, 237, 244, 246, 247, 251, 259
Fleming, Graham, 189
força nuclear:
   forte, 23, 44, 57, 58-9, 63
   fraca, 23, 448, 57, 58-9, 63
fótons, 8, 22, 26, 93, 94, 95, 142, 147, 148, 184
   dualidade onda-partícula, 145, 147, 189
   experimento da dupla fenda e, 144-145, 149
   tomada de decisão, 146-148
fotossíntese, 49, 64, 142, 148, 184, 189, 190
Frost, Robert, 109

galáxias, 22, 28, 39, 56, 80, 94, 109, 110, 112-113, 114, 187-188
genes, 70, 80, 88 *ver também* DNA
Gênesis, 62, 122, 124
geometria, 133-134, 136
glicose, 164
Gold, Thomas, 46
GPS, dilatação do tempo e, 16
Grande Cadeia do Ser, 273
gravidade, 39, 44, 63, 73, 224
   dilatação do tempo e, 16
   maçã de Newton e, 73, 219-221
   matéria escura e, 113-114, 115
   ondas de, confirmação de, 23-25
   partículas (gráviton), 23, 55, 59
   relatividade e, 14-15, 22-23, 56, 73, 139-40
   teoria de tudo e, 57
   teorias quânticas e, 56-57, 58-59, 75, 95, 108

gravitação quântica de supercorda, 108
gravitação quântica em *loop*, 108
Guth, Alan, 73-74, 79

Hameroff, Stuart, 196-197
*harmonia mundi* ("música das esferas"), 136
Hawking, Stephen, 20, 78
Heisenberg, Werner, 120, 125, 130, 143, 244, 247, 248
hemoglobina, 182-185
hipótese de número grande, 76
hipótese do zumbi, 204
história judaico-cristã da criação, 62
Hitler, Adolf, 139, 150, 170
*How the Leopard Got Its Spots* ("Como o leopardo ganhou suas pintas"), 122
Hoyle, Fred, 46, 65

IBM, 191
iluminismo, 11, 218, 221
imprevisibilidade, 153-154
inclusionismo, 221, 223, 225
indeterminação quântica, 158
inflação:
   caótica, 46-47
   cósmica, 39, 123
   eterna, 46-47
informação, universo cíclico e, 52-53
inteligência artificial, 127, 200, 201
interatividade:
   criativa, 270-271, 273
   senciente, 270-271
interpretação de Copenhague, 120-121, 155, 156
Isherwood, Christopher, 170

Kasparov, Garry, 200
Kastner, Ruth, 109
Keillor, Garrison, 119

# ÍNDICE

Kepler, Johannes, 136
Kipling, Rudyard, 122
Korzybski, Alfred, 149, 151, 152, 223

Leonardo da Vinci, 60, 137
leopardos, pintas, 122
Linde, Andrei, 186-187
linguagem, ciência dos qualia e, 262-263, 263, 264
localização, ciência dos qualia e, 265
luz:
    big bang e, 39, 40
    comportamento de energia *versus* comportamento de matéria, 21-2
    partículas de, *ver* fótons
    velocidade da, 14-15, 62, 77, 91, 92, 94, 95, 252
    visão e, 125-126 *ver também* luz solar
luz solar, 7-8, 64, 93, 178
    fotossíntese e, 49-50, 64, 142, 148, 184, 189-190

mapeando a realidade, 265-266
Marte, especulação sobre vida em, 185
matemática, 35, 41-43, 59, 125, 218, 265-266
    antimatéria e, 72
    corte de Heisenberg e, 143
    *design* do universo e, 133-138
    domínio platônico e, 134-135, 218-219
    explicando a mente com, 166-168
    interações com a natureza descritas por, 53-54
    lacuna entre realidade e, 154
matéria:
    escura, 110, 113-116, 143, 247, 256
    mente cósmica e, 219
    no início da criação, 86-87, 93-94, 115-116
    quatro forças básicas e, 44; *ver também* constantes da natureza
    relacionando a mente e, 163-168, 235

    sempre se transformando em energia ($E = mc^2$), 13-14, 21-22, 77, 93, 161
    visível no universo, 113
matéria escura e energia, 110, 113-116, 143, 247, 256
mecânica quântica, 20-21, 22-28, 44, 153-154, 170, 265
    big bang e, 37-38
    ciência dos qualia e, 265, 269
    endeusamento dos heróis pioneiros da, 247-248
    experimento da dupla fenda e, 144-145, 149
    incerteza e aleatoriedade na, 26-28, 29
    *ver também* efeitos do observador
    problema da caixa-preta e, 110-111
    rixas entre relatividade e, 22-23, 29, 56-59, 139-40
    universo participativo e, 10, 199, 225
média, 129-132
medicina, qualia e, 266
mente, 117, 126-128, 160, 195-212, 222-223, 256
    "priorizar a mente", 165, 171-175, 249, 252
    exercendo controle sobre, 198
    experiências interiores e, 201
    explicações inválidas sobre a, 202-205
    ligando matéria e, 163-168, 235
modelo de cérebro computadorizado e, 202
música e, 207-209
    negação da existência da, 202
    origem da, 216, 217
    problema difícil (problema mente-cérebro), 164, 166-168, 210-211
    proposição cérebro equivale à mente, 169-171, 198-199
    subjetividade e, 161-163
    tempo e, 94
    teoria da complexidade e, 203
    teoria quântica e, 26-27

# ÍNDICE

universo como criador da, 118, 193-194, 217 *ver também* mente cósmica
mente cósmica, 118, 161, 211, 215-218, 230, 231, 232, 239, 251
mente humana e, 159-160, 198-199
"minha" mente e, 233-236
metáfora do Gato de Cheshire, 109
meteorito, 177, 185
meteoro, 178
microtúbulos, 197
milagres, 225
Misra, Baidyanath, 172
mitocôndria, 180
mitos da criação, 45, 61-62, 71
modelos de realidade, 151-152, 163
moléculas, 164
    constante de estrutura fina e, 64
    de gás, comportamento de, 128
    interações de átomos nas, 181-183
monismo, 237
    duelo monista, 245-246
morfogenes, 123
    democracia galileana e, 90
morte, 83, 94, 222, 239, 265
movimento, 87
mudança, escolha evolutiva e, 232-233
mudanças de estado:
    na vida humana, 99-100
    no domínio quântico, 96-99, 103
multiverso, 47-51, 78-79, 83, 97, 143, 159, 188
música, 169, 205-206, 207-211
    ligação do cérebro para, 206, 208
    resposta musical, 208-210
    teoria das cordas e, 54-55
mutações, 70, 79

nanomáquinas, 180
Narlikar, Jayant, 46
nascimento, 94, 265
nebulosa solar, 63

neurociência, 159, 169, 199, 205-207
neurônios, 25, 89, 90, 92, 126, 148, 152, 169, 199, 204, 207, 209, 210, 252
    comunicação de, 141
neutrinos, 115
nêutrons, 39
Newton, Isaac, 22, 73, 221-223
noção de "biocampo", 190

objetividade, 101, 119, 162, 233, 260, 262
    qualia em desacordo com, 227-228
Observatório de Ondas Gravitacionais por Interferômetro Laser (LIGO), 24
observatório de Kepler, 112n, 163
ondas de probabilidade, 120
onipresença velada, 255, 271, 274
opostos:
    complementaridade, 145, 251-253, 256, 270, 273
    dualismos e, 237-239
    engrenagem dos, que torna a vida possível, 181 *ver também* dualismos
Orch-OR (Redução Objetiva Orquestrada), 196-197
origem da vida, 93, 176-194, 256
    "a vida surge da vida" e, 178, 179, 185, 186, 190, 192
    ciência dos qualia e, 265
    coincidências cósmicas e, 63
    energia do vácuo e, 186-187
    interação de átomos e moléculas e, 180-184
    nanomáquinas e, 180
    propósito da, 191-194
    seres vivos mais antigos e, 185
oxigênio, 130, 164, 181, 192, 192, 273
    hemoglobina e, 182-183
    livre, necessário à vida, 183, 184
    reações do ferro com, 28, 61, 182-183

palavras, mudança de estado e, 99-100
pampsiquismo, 222
paradoxo da flecha de Zenão, 171
    efeito Zenão quântico e, 172-175
partículas maciças de interação fraca (WIMPS), 115
partículas subatômicas, *ver* partículas específicas; quanta
pássaros, migração de, 142
Pauli, Wolfgang, 225, 247, 248
percepção, 148-152, 223-225, 229
    ciência dos qualia e, 259-264
    dos efeitos quânticos na vida cotidiana, 148 *ver também* dados sensoriais
    existência e, 147
    limitações do cérebro e, 148-152, 223
    órgãos dos sentidos e, 263
percepção passiva, 202
Penrose, Roger, 49-51, 52, 66, 134-135, 136-137, 196-197
pensamento puro, 106-108
    problema da caixa-preta e, 108-111
peso, ausência de, 15
Pitágoras, 136
Planck, Max, 22, 44, 116-118, 248
planetas, 56, 63, 68, 98, 112, 271
    semelhantes à Terra, 163
plantas, 49, 64, 142, 148, 184, 189, 190
poeira, interestelar, 28, 56
Point Trinity, Novo México, 162
práticas espirituais, 266-267
primeira consciência, 162
Primeira Guerra Mundial, 209
princípio antrópico, 66-69, 76, 77, 137
    forte (SAP), 68, 69

    fraco (WAP), 68
princípio da incerteza, 29, 101, 121, 125, 130, 158
"priorizar a matéria", 165, 171-175, 249, 252

probabilidades, 69-70, 79, 99, 130, 153-154
problema da caixa-preta, 108-111, 113
problema difícil (problema mente--cérebro), 164, 166-171, 210-211
    explicações inválidas, 201-205
problema do plano, 72-75
prótons, 39, 86, 113


qualia, 226-229, 237, 241, 242, 247-248, 254-255, 256, 259-269
    autoconsciência e, 266-267, 269
    dados objetivos e, 260, 262
    descrédito dos fisicalistas, 229
    evolução e, 269-268
    mapeamento da realidade e, 265-266
    medicina e, 266
    nascimento e morte e, 265
    outras formas de vida e, 263, 264
    práticas espirituais e, 266-267
    sabedoria antiga e, 266
    subjetividade e, 227, 262, 265
quanta (partículas subatômicas), 22, 41, 226
    comportamento semelhante ao da mente, 102, 164
    dualidade onda-partícula e, 54, 120, 145, 147, 172, 189, 219
    mudanças de estado e, 98-99
    pensamento puro e, 106-108
*quantum*, significado da palavra, 22, 98
quarks, 39
química, leis da, 61

radiação, 72, 105, 177
    de fundo, 24, 42
    do big bang, 42, 73
    solar, 64
radicais livres, 181

realidade, 220, 223
   "priorizar a mente" *versus* "priorizar a matéria" e, 165, 171-175, 249, 252
   cegueira diante da, 170
   ilusões de separação da, 233-234
   lacuna entre matemática e, 154
   limitações cerebrais e, 148-152, 223
   mapeamento, 265-266
realismo ingênuo, 126-127, 130, 149, 245
recursividade, 271, 274
Redouté, Pierre-Joseph, 126
relatividade, 13-19, 20, 21-24, 49, 56, 73, 84, 95, 227, 252
   distorções do espaço e, 92
   $E = mc^2$ e, 13-14, 21-22, 77, 93, 161
   enganos dos sentidos e, 17-18
   gravidade e, 14-15, 22-23, 56, 73, 139-140
   obstáculos entre teoria quântica e, 22-23, 29, 56-59, 139-140
   tempo e, 15-16, 18, 91-92
relógios atômicos, 84
representações simbólicas, 264
roubo de elétrons, 181
Russell, Bertrand, 13

saber tradicional, 266
Santo Graal, lendas sobre, 71
Schrödinger, Erwin, 82, 102, 103, 117, 211, 244, 247, 248
   *O que é vida?* de, 176-177
   paradoxo do gato de Schrödinger, 154-158
segunda consciência, 162-163
seleção natural, 268
separação, experiência da, 239-241
sentidos, enganos dos, 17-18
sentimentos, ciência dos qualia e, 261-262, 264
ser humano:
   experiências interiores e, 200-201
   lugar privilegiado no cosmos, 65-69, 81; *ver também* princípio antrópico
   mente cósmica e, 198-199
   origem e evolução do, 27, 31, 163, 253
ser real, 241
Shakespeare, William, 85, 176
Siegel, Daniel, 226
SIFT (sensações, imagens, sentimentos e pensamentos), 226, 261
Silk, Joe, 106
singularidades, 53
sintonia fina, 61-81
   auto-organização e, 79-81
   coeficientes que vinculam quantidades microscópicas e macroscópicas e, 75-76
   coincidências e, 64-65, 67, 75-79
   constantes da natureza e, 62-64, 67-70, 72, 75, 77
   plano e, 72-75
   princípio antrópico e, 66-68, 69, 70, 76-77, 137-138
   probabilidade e, 69-70
   realidade cotidiana e, 64
sistemas recorrentes, 79-80
sistema imunológico, 181
sistema nervoso, 87, 149, 152, 190, 232
sistema solar, formação do, 123
Smolin, Lee, 52, 53
sobrenatural, 266-267
sobreposição, 155
sol, 184
sonda especial *New Horizons*, 117
sonhos, 88, 89
Spira, Rupert, 239
Stalin, Joseph, 139, 150
subjetividade, 101, 119, 134, 136, 152, 161-163, 166-167, 227, 233, 234
   atividade das partículas no cérebro e, 167
   ciência dos qualia e, 227, 262, 265
   como obstáculo para a mente cósmica, 161

# ÍNDICE

empatia e, 265
Sudarshan, George, 172
supergravidade, 95
supernovas, 28, 63-64

Tagore, Rabindranath, 29-32, 257
taxas relacionando quantidades
   microscópicas e macroscópicas, 75-76
Tegmark, Max, 78, 165-168
teletransporte, 95
tempo, 82-104
   aspecto pessoal do, 84-85, 90-92
   cérebro e, 88-90
   criação do tempo, 90-91
   cronológico, 84-85, 86-87, 94, 95, 98
   elemento psicológico do, 102-103
   em sonhos, 88, 89
   mente humana e, 94
   movimento e, 87
   mudanças de estado e, 96-99
   natureza ilusória do passado e do futuro e, 18, 82, 83
   no campo quântico, 85-87
   no limiar da criação, 36-41, 44, 45, 86-87, 2-93, 249-250, 254 *ver também* eternidade
   relatividade e, 15-16, 18, 91-92
teletransporte e, 87
teoria:
   da complexidade, 203-204
   da informação, 168, 169
   das cordas, 54-55, 59
   das supercordas, 54, 55, 59, 78-79, 108
   de tudo, 20, 57, 237-238
   dos muitos mundos, 156
   M, 55, 59, 78, 79
teorias inflacionárias do cosmos, 47-48, 50, 51-52
terceira consciência, 161-163
termodinâmica, segunda lei da, 49, 50, 51, 52

Terra, 63, 84, 112-113, 183, 185, 186
   condições especiais de origem da vida, 50-51
   necessidade da vida na, 193
   origem da, 28; *ver também* big bang
   origem da vida na, *ver também* origem da vida
Tononi, Giulio, 168
totalidade, jornada para, 236-246
trinitita, 162
Turing, Alan, 123
Tyson, Neil deGrasse, 245-246

universo, 105-121
   cíclico, 48-49, 53
   como um sistema que se auto-organiza, 79
   como um todo indivisível, 254
   comportamento semelhante ao da mente, 117-118, 147-148, 218, 222-223
   criação do, 41, 248; *ver também* big bang
   criado na mente humana, 111
   *design* do, 122-138, 254
   expansão do, 46, 72-75, 76, 116
   humano *versus* sentido pelos animais, 195
   incerto, 11, 221, 225, 237, 248
   mecânico, 218, 219-221
   observável, acumulação de conhecimento sobre o, 111-114
   problema da caixa-preta e, 108-111, 113
   problema do observador e, 120-121
   reflexão pura e, 106-108
universo consciente, 10, 212, 219, 232-255, 256-257
   átomos aprendendo a pensar e, 164
   atrás de muitas ordens de magnitude, 110

## ÍNDICE

constantes da natureza, 44-45, 62-64,
  67-70, 72, 75, 77, 133-134
ignorado pela ciência convencional,
  160-164
planetas semelhantes à Terra e, 163
potencial para mudanças, 232-233
presença da mente no, 216
problema mente-cérebro e, 166-171
sementes e propósitos de vida e,
  178-179 *ver também* qualia
teoria da informação e, 168
vida humana como indicação do, 217
vivendo no, 236-248
universo divino, crença no, 29-32
universo estacionário, 46-48
universo participativo, 10, 12, 77, 147, 199
  tempo e, 90-91 *ver também* efeitos do
  observador


vácuo quântico, 445, 47, 58, 75, 87,
  95-96, 106-107, 110, 186, 234, 250
vida:
  como consciência pura, 267 *ver
    também* origem da vida
  equilíbrio entre estabilidade e
    instabilidade e, 181
  necessidade de oxigênio livre, 183, 184
  ser humano, origem e evolução do,
    27, 31, 163, 253
vida microbiana, 185
vida orgânica, 185
visão, 149, 203-4
Viscott, David, 171
von Neumann, John, 101-103, 116,
  118-119, 145, 151


Wheeler, John Archibald, 109, 146-47,
  157, 161, 163
Whitman, Walt, 215
Wilberg, Peter, 237

Wilczek, Frank, 135-137
Wilkinson Microwave Probe (WMAP),
  sonda, 113
Witten, Edward, 55


xadrez, jogado pelo computador,
  200-201


zero, número, 43
zero dimensões, 95